VALABLE POUR TOUT OU PARTIE DU DOCUMENT REPRODUIT

RELIURE SERRÉE
Absence de marges intérieures

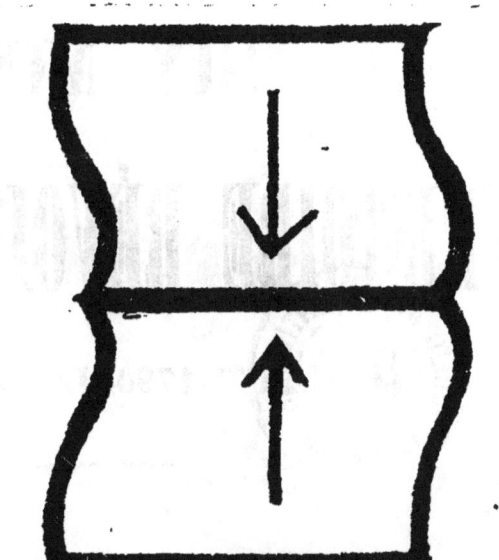

Couverture inférieure manquante

SIX MOIS
D'HISTOIRE RÉVOLUTIONNAIRE
(JUILLET 1790–JANVIER 1791)

LA QUESTION POLITIQUE
ET
LA QUESTION RELIGIEUSE

PAR

MARIUS SEPET

PARIS
ANCIENNE MAISON CHARLES DOUNIOL
P. TÉQUI, LIBRAIRE-ÉDITEUR
29, rue de Tournon, 29

1903

SIX MOIS

D'HISTOIRE RÉVOLUTIONNAIRE

OUVRAGES DE L'AUTEUR SUR LA RÉVOLUTION FRANÇAISE

Les Préliminaires de la Révolution. 1 vol. in-12. 3 50
La Chute de l'ancienne France. — Les Débuts de la Révolution. 1 vol. in-12. 3 50
La Chute de l'ancienne France. — La Fédération. 1. vol. in-12. 3 50

AUTRES OUVRAGES DE L'AUTEUR

Jeanne d'Arc.
Gerbert et le changement de dynastie.
Le Drapeau de la France.
Les Prophètes du Christ. — Études sur les origines du théâtre au moyen âge.
Le Drame chrétien au moyen âge.
Napoléon, son caractère, son génie, son rôle historique.
En Congé. — Promenades et séjours.
Les Maîtres de la poésie française.
Saint Louis, dans la collection « Les Saints ».
Saint-Gildas de Ruis. — Aperçus d'histoire monastique.
Voyages de corps et d'esprit.
Origines catholiques du théâtre moderne.
Le Drame religieux au moyen âge, dans la collection « Science et Religion ».

SIX MOIS
D'HISTOIRE RÉVOLUTIONNAIRE
(JUILLET 1790—JANVIER 1791)

LA QUESTION POLITIQUE
ET
LA QUESTION RELIGIEUSE

PAR
MARIUS SEPET

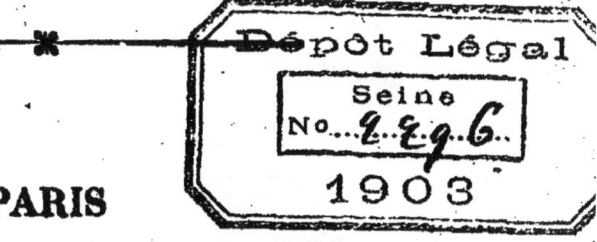

PARIS
ANCIENNE MAISON CHARLES DOUNIOL
P. TÉQUI, LIBRAIRE-ÉDITEUR
29, rue de Tournon, 29

1903

AVERTISSEMENT

Le livre que nous offrons au public a son autonomie. Mais il se rattache aussi d'une façon étroite à nos précédentes études sur la Révolution française, c'est-à-dire aux ouvrages intitulés : *Les Préliminaires de la Révolution,* — *Les Débuts de la Révolution,* — *La Fédération,* — ces deux derniers ayant pour titre commun : *La Chute de l'ancienne France.*

Aujourd'hui comme alors, ce que nous voulons présenter au lecteur, c'est un tableau d'histoire vraie. Nous risquons par là de déplaire aux passionnés, qui, sans souci de la critique et de la méthode, ne cherchent dans le passé qu'un écho et un aliment à leurs préventions et à leurs haines. Mais nous croyons pouvoir dédier cet ouvrage avec confiance aux esprits justes, aux cœurs droits, aux hommes éclairés de tous les partis.

Clamart, le 20 avril 1903.

SIX MOIS
D'HISTOIRE RÉVOLUTIONNAIRE

CHAPITRE PREMIER

APRÈS LA FÉDÉRATION. — LE DÉSORDRE ET LA FIÈVRE GÉNÉRALE. — LE CAMP DE JALEZ. — LE COMITÉ DIPLOMATIQUE.

L'état de chaos et d'anarchie fiévreuse, auquel le mouvement de fédération qui aboutit à la journée du 14 juillet 1790 avait eu pour objet de remédier, se manifesta en France après comme avant cette cérémonie tumultueusement vaine. La licence effrénée de la presse, pamphlets et journaux, ne contribuait pas peu à l'entretenir. Malouet résolut de tenter un effort pour opposer enfin une digue à cette licence. D'accord avec un certain nombre de ses collègues de l'Assemblée, il parut à la tribune dans la séance du 31 juillet et dénonça avec indignation deux récents libelles : l'un de Camille Desmoulins, le n° 35 des *Révolutions de France et de Brabant*, et l'autre de Marat, un pamphlet intitulé : *C'en est fait de nous*. Malgré la résistance du côté gauche, l'orateur fit partager son émotion à l'Assemblée en lui lisant cette exhortation furieuse du prétendu *ami du peuple* :

« Citoyens de tout âge et de tout rang, les mesures prises par l'Assemblée ne sauraient vous empêcher de périr. C'en est fait de vous pour toujours, si vous ne courez aux armes, si vous ne retrouvez cette valeur héroïque qui, le 14 juillet et le 5 octobre, sauva deux fois la France. Volez à Saint-Cloud [1], s'il en est encore temps; ramenez le Roi et le Dauphin dans vos murs, tenez-les sous bonne garde, et qu'ils vous répondent des événements; renfermez l'Autrichienne et son beau-

---

[1] Depuis le commencement du mois de juin 1790, le Roi et sa famille étaient en villégiature au château de Saint-Cloud. Ils avaient pu quitter momentanément Paris sans obstacle, mais non sans de vives clameurs d'une partie de la presse révolutionnaire. Marat, lui, s'était, en cette circonstance, pour une raison ou pour une autre, montré tout à fait modéré. Il avait déclaré ces alarmes « peu fondées » et même « chimériques ». Cf. Buchez et Roux, t. VI, pp. 320-323.

frère [1], qu'ils ne puissent plus conspirer; saisissez-vous de tous les ministres et de leurs commis; mettez-les aux fers; assurez-vous du chef de la municipalité et des lieutenants de maire; gardez à vue le général; arrêtez l'état-major; enlevez le parc d'artillerie de la rue Verte; emparez-vous de tous les magasins et moulins à poudre; que les canons soient répartis entre tous les dictricts; que tous les districts se rétablissent et restent à jamais permanents; qu'ils fassent révoquer les funestes décrets. Courez, courez, s'il en est encore temps, ou bientôt de nombreuses légions ennemies fondront sur vous; bientôt vous verrez les ordres privilégiés se relever; le despotisme, l'affreux despotisme réparaîtra plus formidable que jamais. Cinq à six cents têtes abattues vous auraient assuré repos, liberté et bonheur; une fausse humanité a retenu vos bras et suspendu vos coups : elle va coûter la vie à des millions de vos frères. Que vos ennemis triomphent, et le sang coulera à grands flots; il vous égorgeront sans pitié, ils éventreront vos femmes, et, pour éteindre à jamais parmi vous l'amour de la liberté, leurs mains sanguinaires chercheront le cœur dans les entrailles de vos enfants [2]. »

[1] Sans doute le comte de Provence.
[2] Buchez et Roux, t. VI, pp. 445, 446.

Malouet obtint de l'Assemblée un décret conçu en ces termes :

« L'Assemblée nationale, sur la dénonciation qui lui a été faite par un de ses membres d'une feuille intitulée : *C'en est fait de nous*, et du dernier numéro des *Révolutions de France et de Brabant*, a décrété que, séance tenante, le procureur du Roi au Châtelet de Paris sera mandé, et qu'il lui sera donné ordre de poursuivre, comme criminels de lèse-nation, tous auteurs, imprimeurs et colporteurs d'écrits excitant le peuple à l'insurrection contre les lois, à l'effusion du sang et au renversement de la Constitution. »

Le procureur du Roi ne tarda pas en effet à se présenter à la barre et, après avoir entendu lecture de ce décret, il donna l'assurance « de son empressement à obéir aux ordres de l'Assemblée [1] ».

Mais cet empressement n'eut pas lieu de s'exercer. Dès le lendemain, 1ᵉʳ août, la gauche commença un mouvement tournant. Rabaud de Saint-Étienne demanda la parole sur le procès-verbal et, après avoir fait ajouter aux libelles inculpés dans le décret de la veille « tous écrits qui inviteraient les princes étrangers à faire des invasions dans le

---

[1] *Archives parlementaires*, t. XVII, pp. 450-452.

royaume », il demanda que la connaissance des délits de ce genre fût déférée non pas au Châtelet, mais à un jury désigné pour cet effet. « Il faut prendre garde, dit-il, que la trop grande extension de notre décret puisse avoir des suites funestes ; ce n'est pas du sein de cette assemblée qu'il peut s'élever un tribunal inquisitorial. » De son côté, Dubois de Crancé, député du tiers-état du bailliage de Vitry-le-François, demanda que les poursuites ordonnées la veille fussent restreintes aux écrits qui avaient été nominalement dénoncés à l'Assemblée. L'une et l'autre proposition furent rejetées. Mais Dubois obtint ensuite qu'une séance extraordinaire serait tenue le lendemain soir, 2 août, pour entendre sa dénonciation d'un certain nombre d'écrits incendiaires [1].

Camille Desmoulins ne perdit pas la tête. Payant d'audace, mais avec habileté, il adressa une lettre à « l'auguste Assemblée », et il y joignit un exemplaire du numéro incriminé de son journal. Il se prétendit victime de la haine personnelle de Malouet, qui avait déjà antérieurement porté contre lui plainte en justice. « Je demande d'être traité comme vous avez traité jusqu'ici tous les écrivains accusés devant

---

[1] *Archives parlementaires*, t. XVII, pp. 485, 486. — Cf. Buchez et Roux, t. VI, pp. 451, 452.

vous. Vous avez toujours renvoyé la dénonciation des écrits les plus pervers au Comité des recherches et des rapports, afin que la lecture en précédât la condamnation... Je pose sur le bureau mon numéro 35. Je supplie l'Assemblée de charger un de ses comités d'en prendre au moins lecture, pour lui en faire le rapport, avant de soulever contre moi l'indignation générale par un décret qui me préjuge criminel de lèse-nation. Je demande que l'Assemblée prononce qu'il ne sera pas donné suite à ce décret contre moi, jusqu'à ce que ses commissaires aient pris lecture de mon numéro et lui aient montré un corps de délit. Et si l'Assemblée ne jugeait pas à propos de suspendre l'effet de ce décret, je demande d'être autorisé à prendre à partie mon dénonciateur inviolable, et à lui faire partager les périls où il m'expose. » Subsidiairement il réclamait un autre tribunal que le Châtelet [1].

La lecture de cette lettre, dans la séance du 2 août, fut accueillie par les murmures de la droite, mais par les vifs applaudissements de l'extrême gauche et des tribunes. Malouet demanda la parole. « Il est bien question de ma plainte! s'écria-t-il; de plus grands intérêts doivent nous occuper; ce sont des crimes pu-

---

[1] Buchez et Roux, t. VI, pp. 458, 459.

blics et non des délits privés dont j'invoque le châtiment. Je vous demande dans quel gouvernement ou dans quelle société barbare on permettrait ce que votre décret défend. Camille Desmoulins est-il innocent? Il se justifiera. Est-il coupable? Je serai son accusateur et de tous ceux qui prendront sa défense. Qu'il se justifie, s'il l'ose! »

A ce moment, une voix s'élève dans l'une des tribunes : « Oui, je l'ose! » — C'était celle de Camille Desmoulins, qui assistait à la séance. L'Assemblée est saisie d'étonnement. Une partie des membres se lève.

« Vous venez d'être témoins, dit le président, de l'indécence qui vient d'être commise dans le sanctuaire des lois. J'ai cru devoir donner des ordres provisoires pour que l'homme qui a troublé l'Assemblée soit arrêté. »

Robespierre prit la défense de son ancien condisciple. « Je crois, dit-il, que l'ordre provisoire donné par M. le président était indispensable; mais devez-vous confondre l'imprudence et l'inconsidération avec le crime? Il s'est entendu accuser d'un crime de lèse-nation : il est difficile à un homme sensible de se taire. On ne peut supposer qu'il ait eu l'intention de manquer de respect au Corps législatif. L'humanité, d'accord avec la justice, réclame en sa faveur. Je demande son élargissement et qu'on passe à l'ordre du jour. »

Mais l'élargissement n'était pas nécessaire. Le président annonça en effet « que M. Camille Desmoulins s'étant échappé, il n'avait pu être arrêté ». L'Assemblée passa à l'ordre du jour.

Cet ordre n'était autre que la dénonciation annoncée la veille par Dubois de Crancé. Mais, comme celui-ci l'avoua franchement, le véritable but de ce député était de remettre en question le décret du 31 juillet, dont les conséquences devaient être, selon lui, intolérables. « Lorsqu'il n'y a aucun principe constitutionnel de posé sur l'étendue que l'homme peut donner à la pensée qu'il désire communiquer, confier à un tribunal le droit de juger, sans autre guide que sa conscience, *ce qui tend* à soulever le peuple contre les lois, c'est vouloir rétablir à la fois et la Bastille et les bûchers de l'Inquisition, c'est tuer la Constitution sous prétexte de la défendre. » Il ne nia point d'ailleurs la licence de la presse. Il la dépeignit lui-même et la flétrit en ces termes :

« Chaque jour voit éclore les pamphlets les plus séditieux; les portiques mêmes de cette salle en sont couverts ; nos villes, nos campagnes, les casernes de nos soldats en sont inondées; inutilement on imprimerait des ouvrages instructifs, on ne vend plus que des calomnies : deux partis acharnés se font une guerre implacable, et celui qui doit succomber semble compter ses pertes pour rien, s'il peut entraîner l'autre dans sa ruine... Les peuples sont bien malheureux! Tristes jouets des cabales, leur sort, dans tous les siècles, sera donc de servir d'instrument aveugle, ou de périr victimes des passions les plus criminelles? »

Il signala et stigmatisa un certain nombre de publications et de pamphlets royalistes. Il réclama sur la matière « une loi ferme et prudente, qui consacre la liberté en réprimant la licence ». Puis, tout à coup, au moyen d'une transition moins ingénieuse qu'insolente, il aborda une autre question et, à propos d'une publication du Comité des recherches de la ville de Paris, relative à l'affaire Bonne-Savardin[1], qu'il feignit d'abord de considérer comme un libelle, il inculpa le ministre de l'intérieur, M. de Saint-Priest, du crime de haute trahison.

L'Assemblée refusa de le suivre sur ce terrain et continua la discussion en cours. Gaultier de Biauzat fit une sortie contre le

[1] Voyez *La Chute de l'ancienne France. La Fédération*, pp. 128, 129.

I.

Châtelet. Pétion de Villeneuve proposa d'abord un décret suspensif, puis un décret explicatif de celui du 31 juillet, dont, en réalité, il demandait la rétractation. Il fut vivement appuyé par Alexandre de Lameth :

« Quel est le but qu'on s'est proposé, dit celui-ci, en vous présentant, samedi dernier, un décret dont les expressions vagues se prêteraient aux poursuites les plus arbitraires ? Ce but, on ne peut se le dissimuler, c'est de fermer la bouche à tous les écrivains patriotes; c'est d'empêcher que la censure publique ne s'attache à ceux qui trahissent le devoir, qui leur est imposé, de servir, de défendre les intérêts du peuple. Je ne m'étonne pas de trouver ces dispositions dans une partie de l'Assemblée. Mais qu'elles ne soient pas plus généralement repoussées par la majorité, je ne puis que m'en affliger. Je vous demande si la motion de M. Pétion eût trouvé, il y a quelques mois, autant de contradictions. Je le demande aux généreux membres des communes qui se sont si utilement, si glorieusement réunis au Jeu de Paume, pour faire le serment de donner une constitution libre à leur pays. »

Finalement, la proposition de Pétion, amendée par Camus, fut adoptée en ces termes :

« L'Assemblée nationale décrète qu'il ne

pourra être intenté aucune action, dirigé aucune poursuite pour les écrits qui ont été publiés jusqu'à ce jour sur les affaires publiques, à l'exception, néanmoins, du libelle intitulé : *C'en est fait de nous*, à l'égard duquel la dénonciation précédemment faite sera suivie.

« Et cependant, l'Assemblée, justement indignée de la licence à laquelle plusieurs écrivains se sont livrés dans ces derniers temps, a chargé son comité de constitution et celui de jurisprudence criminelle réunis de lui présenter incessamment le mode d'exécution de son décret du 31 juillet[1]. »

L'issue pratique de cette affaire fut celle à laquelle il fallait s'attendre. Marat en sortit indemne, aussi bien que Camille Desmoulins.

L'échec de Malouet en fut un aussi pour Bailly et pour La Fayette, qui avaient, à ce qu'il semble, non seulement approuvé sa motion, mais pris d'avance des mesures pour en assurer l'efficacité. Déjà amplement débordés, ce n'est que par l'illusion qui leur était naturelle qu'ils pouvaient se flatter encore de contenir la Révolution dans les limites de leurs propres vues. La réélection de Bailly comme maire de Paris, par douze mille voix

---

[1] *Archives parlementaires*, t. XVII, pp. 506-510.

sur quatorze mille votants, annoncée par lui à l'Assemblée le 3 août, témoignait, sans doute, de l'influence conservée par son nom sur la bourgeoisie parisienne. Mais les violentes et mordantes attaques de la presse révolutionnaire, de jour en jour plus puissante sur l'opinion, était un présage redoutable de l'avenir qui l'attendait [1].

Dans le désarroi politique et social du pays, les efforts des hommes désireux de remonter le courant, par cela même qu'ils n'aboutissaient point à un résultat pratique, risquaient fort de ne paraître autre chose qu'un élément, un excitant de plus du désordre général. Tel fut, ce semble, le cas de l'essai tenté, le 18 août, au camp fédératif de Jalez, et dont l'objet était de réagir contre la défaite et l'oppression des catholiques et des conservateurs du Languedoc à la suite des récents événements de Montauban et de Nîmes [2].

Les délégués de la garde nationale du district de Largentière, réunis à Bannes le 1ᵉʳ août, avaient convoqué à une assemblée générale, dans la plaine de Jalez, commune de Berrias, les gardes nationales des dépar-

---

[1] Cf. Buchez et Roux, t. VI, pp. 439, 440; t. VII, pp. 4, 5.
[2] Voyez *La Chute de l'ancienne France. La Fédération*, p. 341 et suiv.

tements de l'Ardèche et de la Lozère, et ils avaient désigné l'état-major chargé de commander cette armée fédérée. On y remarquait de nombreux officiers ou anciens officiers de l'armée royale et plusieurs chevaliers de l'ordre militaire de Saint-Louis. Le but indiqué était de renouveler le serment civique, récemment prêté lors de la fédération générale. Cet appel fut entendu. Les détachements des diverses gardes nationales affluèrent au rendez-vous, au nombre de vingt mille hommes, qui en représentaient soixante mille, et il y vint aussi des représentants d'un certain nombre de municipalités. Après la messe et le *Te Deum*, la cérémonie du serment fut accomplie avec enthousiasme. On jura « de demeurer à jamais fidèles à la nation, à la loi et au Roi: de maintenir de tout son pouvoir la Constitution décrétée par l'Assemblée nationale et acceptée par le Roi; de protéger, conformément aux lois, la sûreté des personnes et des propriétés, la libre circulation des grains et subsistances dans l'intérieur du royaume; de demeurer unis à tous les Français par les liens indissolubles de la fraternité. »

A l'issue de la cérémonie et pendant que le camp se dispersait[1], l'état-major, le comité

[1] Selon l'*Histoire authentique* (t. II, pp. 49, 50), cette dispersion n'eut pas lieu sans peine et fut due

fédératif, les représentants des municipalités et des délégués des gardes nationales se réunirent au château de Jalez et y délibérèrent, ce jour-là même et le lendemain, 19 août. Ils entendirent et ils émirent divers vœux relatifs aux récents troubles religieux du Languedoc, celui notamment « que les catholiques de Nîmes et du département du Gard fussent

précisément à la sagesse de l'état-major. La version recueillie dans cet ouvrage mérite tout au moins d'être notée.

« À l'exemple de plusieurs provinces, dit l'auteur, il s'était établi au milieu de la plaine de Jalez, dans le Bas-Languedoc, un camp fédératif très considérable, puisqu'on y comptait cent trente-huit drapeaux et quarante-cinq mille hommes. On l'avait déjà complété le 18 août, lorsque dix mille Vivarais, armés chacun de deux pistolets, d'un fusil à deux coups et d'un sabre, descendirent de leurs montagnes. Ces nouvelles troupes achevèrent de former le bataillon carré. Au milieu fut dressé un autel, où l'on célébra la messe, après laquelle fut chanté le *Te Deum*. La messe finie, l'on entendit un grand murmure parmi toutes les lignes, et chaque légion disait qu'elle avait juré de ne pas rentrer sur son territoire, sans avoir vengé ses frères, les catholiques et les capucins de Nîmes, massacrés par les protestants. Dans quelques rangs l'on abaissa les drapeaux et les bannières, et, à leur place, on éleva des croix de bois, comme s'il eût été question d'une croisade. On cite même un prêtre, l'abbé de la Bastide, qui, d'avance, adoptant le projet de l'abbé Sieyès de proscrire le costume ecclésiastique, se promenait au milieu de l'armée, un sabre ou une épée à la main, et animait le zèle de la Ligue. Le général ne fut pas plutôt instruit de ces dispositions, qu'il fit rompre les lignes et les fit défiler chacune du côté de son canton, après les avoir prévenues que, malgré toutes ses précau-

réintégrés dans tous leurs droits de citoyens français, qu'ils pussent en jouir librement et en paix, et que leurs armes leur fussent rendues ». Ils se constituèrent enfin, dans les termes suivants, en autorité permanente : « Comme l'armée, en se fédérant, a voulu rendre ses liens indissolubles, il a été convenu

tions, les vivres allaient manquer, et qu'il ne restait presque plus de vin. Ce stratagème lui réussit; les Vivarais seuls, qui s'ébranlaient déjà pour défiler dans le pays ennemi, ne furent pas si aisés à persuader. Le général accourut de leur côté; il harangua de nouveau ce détachement, en assurant qu'il marcherait à leur tête, si les protestants de Nîmes ne se rendaient pas aux propositions de toutes les troupes du camp. Ce discours eut pourtant son effet, malgré la pétulance de quelques-uns, qui, de rage, brisaient leurs fusils contre terre ou contre les arbres. — Pour satisfaire à l'engagement pris avec les Vivarais, les chefs du camp se retirèrent de la plaine dans le château de Jalès et, sous le titre de l'état-major de l'armée fédérée, ils rédigèrent un arrêté, etc. »

Au sujet de l'abbé de la Bastide, l'auteur ajoute à son récit la note suivante : « Cet abbé de la Bastide a commencé par être mousquetaire; il s'est fait ensuite cluniste; puis il devint amoureux d'une femme et s'enfuit avec elle en Hollande. Il y demanda du service au comte de Maillebois dans sa légion. Quand elle fut supprimée, il revint en France et, son ordre étant dissous, il prit le costume d'abbé. »

Dans le procès-verbal officiel du camp et du comité de Jalez, que nous avons surtout suivi dans notre récit, on trouve un « abbé La Bastide », désigné comme « commandant la garde nationale du district de Villefort ». Si les détails donnés sur lui par l'*Histoire authentique* sont exacts, c'est assurément un curieux type de la fin du dix-huitième siècle.

que le comité du camp de Jalez demeurera toujours en activité; qu'il sera renforcé et les membres changés suivant les vœux des commettants; qu'il connaîtra des différentes pétitions faites ou à faire par les membres de l'armée; qu'il tâchera de concilier les discussions qui pourraient intervenir entre eux; et qu'enfin il sera un point central où toutes les gardes nationales fédérées correspondront pour toutes les affaires qui auront trait à la fédération, le tout avec l'approbation du département de l'Ardèche dans ce qui sera de son ressort. »

Mais l'administration départementale de l'Ardèche, bien loin d'approuver le comité de Jalez, en prit ombrage et alarme. Elle publia, le 26 août, une proclamation où elle blâmait formellement ses décisions et défendait à ses membres de continuer à se réunir « à peine d'être poursuivis comme perturbateurs du repos public ». De plus, par une lettre en date du 30 août, elle le dénonça au Comité des recherches de l'Assemblée nationale.

Celui-ci porta l'affaire devant l'Assemblée, par l'organe de Sillery, dans la séance du 7 septembre. Le rapporteur, l'un des principaux membres de la gauche, ne manqua pas de signaler les espérances que la droite commençait à fonder sur la fédération languedocienne.

« Depuis environ quinze jours, dit-il, les papiers publics, dont les principes sont connus pour être opposés à la Révolution, publient avec profusion des détails du camp fédératif qui vient d'avoir lieu à Jalez; ils disent hautement que les résolutions qui ont été prises, et qui ne sont que l'expression des sentiments de l'armée entière, vont fixer l'opinion du midi de la France sur la Révolution actuelle. »

L'Assemblée déclara la délibération du Comité de Jalez « inconstitutionnelle, nulle et attentatoire aux lois », et demanda au Roi d'ordonner des poursuites contre ses membres. En outre, elle défendit « aux gardes nationales de tous les départements du royaume de former aucun camp fédératif, à moins d'être autorisées par les directoires de leurs départements respectifs ».

L'essai de Jalez n'eut point de suite. Les associations et tentatives révolutionnaires étaient seules assurées de l'impunité, seules pouvaient à bon droit compter sur le succès[1].

Le moindre incident soulevait les alarmes de l'opinion et les passions de l'Assemblée

---

[1] *Archives parlementaires*, t. XVIII, p. 639 et suiv. — *Deux Amis de la liberté*, t. VI, p. 6 et suiv.

et n'aboutissait que trop aisément à un affaiblissement nouveau de l'autorité ministérielle, à une nouvelle déchéance du pouvoir royal. Vers la fin du mois de juillet, M. de Mercy, ambassadeur de Léopold II, avait demandé l'autorisation de faire défiler sur la frontière française un corps de troupes autrichiennes qui ne pouvait, sans passer sur notre territoire, se rendre du Luxembourg dans les Pays-Bas. Il invoquait un cas de réciprocité résultant, selon lui, d'une faculté analogue accordée à la France par le traité de 1769. M. de Montmorin, ministre des affaires étrangères, ne vit là aucune difficulté, et M. de La Tour du Pin, ministre de la guerre, envoya des instructions conformes au marquis de Bouillé, chargé du commandement sur cette frontière. Mais l'ordre donné en conséquence par M. de Bouillé à M. de Bonnesson, lieutenant de Roi à Mézières, et d'ailleurs nullement secret, excita aussitôt le patriotisme soupçonneux du directoire du département des Ardennes. Ce corps administratif prit une délibération contre le passage projeté et expédia un courrier extraordinaire à Dubois de Crancé, natif de Charleville, et à qui sa qualité d'ancien militaire avait fait attribuer une haute compétence dans les questions de cet ordre, afin qu'il appelât sur une aussi dangereuse éventualité l'attention de l'Assemblée nationale.

Dubois ne négligea pas une si belle occasion de se mettre en relief et porta la question à la tribune dans la séance du 27 juillet. Fréteau vint à la rescousse et toute la gauche aussitôt prit feu. « Chacun publie les nouvelles inquiétantes qu'il a recueillies. C'est un assaut de commérages véhéments. L'Angleterre arme, l'Espagne la suit, la Sardaigne concentre ses forces vers le Dauphiné et la Provence, l'Autriche masse des troupes aux Pays-Bas. « Vous êtes menacés de toutes parts ! » s'écrie d'André. Le ministère dégarnit les places en Flandre, ajoute un député. Un autre affirme que les émigrés embauchent les garnisons d'Alsace. On dénonce une fabrique de faux assignats à Coblentz [1]. »

Mais l'Assemblée a l'œil sur le salut public et le pouvoir exécutif n'a qu'à se bien tenir.

« L'Assemblée nationale décrète que six commissaires, nommés sur-le-champ, se retireront, à l'heure même, au secrétariat de la guerre, à l'effet de prendre communication des ordres qui ont été adressés aux commandants pour le Roi, de livrer passage aux troupes étrangères par les départements,

---

[1] Albert Sorel, *L'Europe et la Révolution française. La Chute de la Royauté*, p. 92.

terres et villes de la domination française; même aux commandants des corps de troupe de ligne d'évacuer les places frontières du royaume, notamment du côté de la Champagne et des pays belges, à l'effet d'être rendu compte desdits ordres à l'Assemblée le plus tôt possible, ensemble des mesures qui peuvent avoir été prises pour la défense et sûreté de la nation au dehors.

« Décrète, en outre, que lesdits commissaires se rendront de suite au secrétariat des affaires étrangères, à l'effet de demander au ministre la communication des nouvelles et dépêches qu'il a reçues relativement à la situation politique des puissances voisines du royaume [1]. »

La délibération du directoire des Ardennes était de nature à exciter plutôt qu'à prévenir ou à calmer les alarmes des populations rurales de son ressort, toujours promptes à la panique depuis le 14 juillet 1789 [2]; la délibération et le décret de l'Assemblée ne pou-

---

[1] *Archives parlementaires*, t. XVII, p. 381.
[2] « Je dois vous apprendre, dit Dubois à l'Assemblée, que, la semaine dernière, des hommes couraient pendant la nuit sur les frontières, et criaient : « Aux armes! voici l'ennemi! » Les paysans se sont armés, ils ont failli tirer les uns sur les autres : ils pourraient croire que les troupes autrichiennes sont les ennemis qu'on leur a annoncés. » *Archives parlementaires*, t. XVII, p. 379.

vaient manquer de soulever l'émotion de la population parisienne et de fournir une excellente matière aux extravagances de la presse. C'est à la séance du 27 juillet que se réfère en partie le pamphlet de Marat : *C'en est fait de nous*, qui fut inutilement, comme nous l'avons vu, dénoncé par Malouet[1].

Dans la séance du 28, une lettre de M. de Montmorin réduisit l'incident à ses véritables proportions. La demande de l'Autriche, écrivait-il, « est conforme aux usages constamment suivis entre les deux puissances, et naturelle entre deux pays voisins, dont les possessions sont entremêlées... Un refus aurait été non seulement contraire aux formes les plus simples qui s'observent entre puissances voisines, mais nous aurait exposés au même procédé en pareille occasion. J'observerai, de plus, ajoutait-il, que la demande de M. le comte de Mercy était de pure prévoyance, qu'il n'a encore passé aucunes troupes sur notre territoire; que vraisemblablement, il n'en passera pas, et que, dans tous les cas, il ne peut être fait question que d'un petit nombre de gens de guerre. »

Mais la gauche n'entendait pas lâcher l'occasion qu'elle avait saisie. Fréteau fit, au nom

---

[1] Cf. Buchez et Roux, t. VI, p. 443.

du comité nommé la veille, un rapport de nature à accréditer tous les soupçons. Par une interprétation abusive d'une disposition du décret du 28 février précédent, laquelle ne se rapportait en réalité qu'à l'admission des soldats étrangers au service de la France, il dénia au ministère le droit d'accorder l'autorisation demandée par l'Autriche. Il se plut à montrer l'émigration grossissant chaque jour, « les troupes du corps germanique » se mettant en mouvement, les princes allemands possessionnés en Alsace et les princes français réfugiés en Allemagne, s'accordant pour rétablir par la force le régime féodal.

D'Aiguillon enchérit encore. « Nous ne pouvons, dit-il, nous dissimuler les inquiétudes que donne l'état politique de l'Europe. La Prusse est sur le point de faire la paix avec la Hongrie; on assure qu'une des clauses du traité sera de soutenir les prétentions des princes d'Allemagne. D'un autre côté, les intentions de la Sardaigne sont peu connues; mais on sait qu'elle fait des rassemblements de troupes : l'Angleterre et l'Espagne négocient avec la Savoie, avec la Bohême, même avec la Prusse, pour appuyer les projets contraires à la Révolution française. Nous voyons en même temps éclater, dans les provinces méridionales, des signes d'insurrection, excités certainement par les mauvais patriotes, et peut-être même par les nations voisines. » Il qualifia l'autorisation accordée par M. de Montmorin de « négligence dangereuse et coupable », de « démarche qui peut nous plonger dans les horreurs de la guerre ». Selon lui, « jamais l'Autriche n'aurait une plus belle occasion de s'emparer de nos frontières, pour pénétrer ensuite dans l'intérieur du royaume. » Il demanda, aux applaudissements de la gauche, que le ministre fût rendu « personnellement responsable des événements qui seraient la suite d'ordres donnés d'une manière imprudente ou perverse ».

Mirabeau qui, dans son for intérieur, et même dans ses entretiens intimes ou ses notes secrètes, faisait le cas voulu de pareilles outrances, jeta tout à coup dans le débat, probablement pour rompre les chiens, certainement pour soutenir sa popularité dans l'Assemblée et au dehors, une motion menaçante contre le prince de Condé, sommé de désavouer un manifeste récemment publié sous son nom, à peine d'être « déclaré traître à la patrie » et de voir ses biens placés sous séquestre. Combattue par Robespierre et par Le Pelletier de Saint-Fargeau, cette motion fut écartée [1].

[1] L'appréciation qu'en fit Camille Desmoulins dans son journal est intéressante : « L'adroit Mirabeau,

Mais l'Assemblée, sans consentir d'ailleurs à inculper Montmorin, consacra les amères inquiétudes et les noires perspectives de Fréteau et d'Aiguillon par un décret où l'on remarque les dispositions suivantes :

« L'Assemblée nationale déclare que, con-

dit-il, Honoré Riquetti, l'Ulysse de 1789, vit bien qu'il fallait, comme on dit, *donner de la corde* au peuple, au lieu de s'exposer à la rompre en la tenant trop tendue; après avoir ruminé tout le cas dans sa tête, il imagina un décret admirable pour calmer ce peuple, en lui faisant croire que l'Assemblée partageait sa fermentation; il était impossible de concevoir rien de mieux pour enrhumer les colporteurs... Cazalès, pour mieux faire donner dans le piège, a feint de s'opposer de toutes ses forces à la motion... Le hors-d'œuvre de la motion Mirabeau, et la colère du contradicteur Cazalès ne dit rien de bon à notre féal Robespierre; on sait qu'il ne pêche pas par trop de confiance; et comme il est toujours à l'avant-garde des patriotes, croyant reconnaître une manœuvre savante du général Mirabeau, il fut le premier à crier : *Ce sont les ennemis, à moi d'Auvergne!* c'est-à-dire : « C'est le club de 1789, à moi les Jacobins! » MM. Charles Lameth et Le Pelletier appuyèrent son avis. » — Buchez et Roux, t. VI, pp. 433, 434.

On remarque dans le discours de Le Pelletier cet argument tout classique : « Coriolan, aigri par les Romains, se retira chez les Volsques, et il en obtint des secours qui mirent sa patrie à deux doigts de sa perte... Ce ne sera pas chez les Volsques que Louis-Joseph de Bourbon prendra sa retraite; mais des peuples puissants de l'Europe sont gouvernés par des Bourbons; voilà l'hospitalité qui l'attend; et je ne veux pas lui prêter l'intérêt que ses malheurs mêmes lui donneraient, lorsqu'il se présenterait devant ses propres parents, tout couvert de blessures morales que lui auraient faites vos décrets. »

formément au décret du 28 février, accepté par le Roi, le passage d'aucune troupe étrangère sur le territoire de France ne doit être accordé qu'en vertu d'un décret du Corps législatif, sanctionné par Sa Majesté; qu'en conséquence, les ordres émanés du secrétariat de la guerre, et adressés aux commandants des frontières du royaume, seront réputés non avenus : cependant, l'Assemblée nationale se réserve de statuer sur le passage demandé par l'ambassadeur du roi de Hongrie, lorsqu'elle aura connaissance du nombre de troupes, des différentes espèces d'armes et attirail de guerre, de l'ordre de leur marche et de l'objet de leur destination...

« Décrète, en outre, que le Roi sera supplié de donner les ordres les plus prompts pour la fabrication des canons, fusils et autres armes, et pour les munitions nécessaires : le tout, suivant les prix et conditions qui auront été communiqués au Comité militaire; que le Roi sera prié de faire distribuer des armes aux citoyens, partout où la défense du royaume rendra cette précaution nécessaire[1]. »

Fréteau cependant ne fut pas encore satisfait. Le lendemain 29, il revint à la charge et

---

[1] *Archives parlementaires*, t. XVII, pp. 386-395. — Cf. Albert Sorel, ouvrage cité, pp. 92, 93.

fit une proposition nouvelle qui, amendée par Emmery, fut adoptée en ces termes :

« Il sera nommé un comité de six membres, chargé de prendre connaissance des traités existant entre la France et les puissances étrangères et des engagements respectifs qui en résultent, pour en rendre compte à l'Assemblée au moment où elle le demandera. »

Ce Comité fut élu au scrutin et composé des membres suivants : Fréteau, Mirabeau, Du Châtelet, Barnave, Menou et D'André. Il prit bientôt le nom de Comité diplomatique et un caractère de permanence. L'Assemblée mettait la main sur la direction de la politique extérieure [1].

Mirabeau, surtout depuis ses relations avec la cour, n'était aucunement partisan de la diminution du pouvoir royal. Mais, dans le cas présent, son intérêt personnel lui commandait de favoriser cette nouvelle usurpation. Il se proposa donc, en devenant l'inspirateur et le rapporteur habituel du Comité, de se rendre de fait, ce qu'il ne pouvait être de nom, le véritable ministre des affaires étrangères. Montmorin lui-même se vit obligé de lui en fournir l'occasion. Dans la séance du 2 août,

---

[1] *Archives parlementaires*, t. XVII, pp. 399, 489. — Cf. J. Gros, *Le Comité de Salut public de la Convention nationale*, pp. 11, 300, 301.

il adressa, au nom du Roi, une communication à l'Assemblée sur l'état des négociations pendantes au sujet du différend qui s'était élevé entre l'Espagne et l'Angleterre, et sur les armements persistants de cette dernière puissance [1]. S'inclinant devant les exigences manifestées par les récents décrets, il invitait l'Assemblée à charger un comité de conférer avec lui sur cette grave affaire. Elle fut renvoyée au Comité diplomatique. Mirabeau, chargé du rapport, le présenta dans la séance du 25 août.

Le cas était difficile et le pas glissant. L'Espagne réclamait avec un mécontentement non dissimulé l'exécution immédiate des stipulations du *pacte de famille*. « D'après les engagements mutuels, écrivait dès le 16 juin son ambassadeur, Sa Majesté catholique désire que les armements, ainsi que toutes les autres mesures convenables pour remplir et réaliser en entier ces engagements sacrés, soient mis incessamment à exécution. Elle me charge d'ajouter encore que l'état actuel de cette affaire imprévue exige une détermination très prompte, et que les mesures que la cour de France prendra pour venir à son secours soient si actives, si claires et si positives, qu'elles évitent jusqu'au moindre sujet de

---

[1] Voyez *La Chute de l'ancienne France. La Fédération*, p. 145 et suiv.

méfiance : autrement Sa Majesté très chrétienne ne devra pas être surprise que l'Espagne cherche d'autres amis et d'autres alliés parmi toutes les autres puissances de l'Europe, sans en excepter aucune, sur qui elle puisse compter toujours en cas de besoin. »

Mirabeau était convaincu de la nécessité de conserver l'alliance espagnole, mais il n'était pas peu gêné par les préventions de l'Assemblée, et de la majorité même de ses collègues du Comité, contre l'aspect dynastique du *pacte de famille*, et par la solennelle et illusoire déclaration émise lors de la discussion du droit de paix et de guerre, et à laquelle il avait lui-même participé, à savoir que « la nation française renonçait à toute espèce de conquête [1] », ce qui modifiait singulièrement, même au seul point de vue des négociations, le champ de notre politique extérieure. Il essaya de maintenir sous ses pieds et sous ceux du gouvernement royal un terrain pratique, tout en caressant la manie

---

[1] Cf. *La Chute de l'ancienne France. La Fédération*, pp. 150, 151, note. — Pour des raisons de politique intérieure et eu égard surtout à l'attitude passive du Roi dans cette politique, Mirabeau était d'ailleurs, au mois d'août 1790, un partisan déterminé du maintien de la paix. Cf. sa *dix-huitième note pour la Cour* dans la *Correspondance entre le comte de Mirabeau et le comte de la Marck*, t. II, p. 137.

utopique de l'Assemblée. Il lui versa, dans son rapport, de belles effusions de philanthropie déclamatoire, mais il insista fortement sur les nécessités de notre situation continentale et coloniale et sur les avantages que nous avions tirés déjà et devions tirer encore de notre alliance avec l'Espagne. Il conclut à l'observation des engagements du *pacte de famille*, qui toutefois devait être revisé et transformé en un pacte national avec le caractère d'une alliance purement défensive. En réponse aux armements de l'Angleterre, le Roi serait prié (c'est-à-dire recevrait l'autorisation) d'élever notre flotte au chiffre de quarante-cinq vaisseaux de ligne. Ces conclusions furent adoptées dans la séance du 26 août.

Mais le cabinet de Madrid, auquel la Révolution française était déjà plus que suspecte, ne goûta pas les théories et les réserves de l'Assemblée, ni la politique à double fond de Mirabeau. Il préféra baisser pavillon devant les menaces de Pitt. « L'ambassadeur d'Espagne à Paris prit un congé; Florida-Blanca (le ministre espagnol des affaires étrangères) se renferma devant Bourgoing (le chargé d'affaires de France) dans un tel mystère, que ce fut par la cour de Londres que Montmorin apprit le peu qu'il sut des négociations. Elles aboutirent à un traité, signé à l'Escurial le 12 octobre 1790.

L'Espagne y faisait réparation aux Anglais et leur abandonnait le territoire contesté. Cette déférence de l'Espagne annonçait un revirement complet de sa politique. Elle allait chercher désormais à obtenir, par sa complaisance envers l'Angleterre, la sécurité que l'alliance française ne lui fournissait plus. C'était un grand succès pour Pitt et le véritable objet de sa diplomatie en toute cette affaire ; il avait rompu le *pacte de famille*, et il tenait l'Espagne à sa discrétion. La France était humiliée et isolée ; Pitt n'en demandait pas davantage. Le ton de la correspondance entre Paris et Londres s'adoucit rapidement, et l'on s'accorda pour désarmer les vaisseaux que l'on avait respectivement armés. La France échappait à la guerre ; mais cette crise n'avait que trop découvert l'infirmité de son gouvernement, l'irrésolution de l'Assemblée et le désarroi général de l'État [1]. »

[1] *Archives parlementaires*, t. XVII, pp. 503, 504 ; t. XVIII, pp. 263-267, 291-293. — Albert Sorel, ouvrage cité, pp. 94, 95.

CHAPITRE II

L'INSUBORDINATION MILITAIRE. — LE MARQUIS DE BOUILLÉ. — LA RÉBELLION DE NANCY.

Le désarroi n'était pas moindre dans l'ordre militaire que dans l'ordre civil. L'armée tombait de jour en jour davantage en pleine anarchie. La fédération avait contribué à augmenter le désordre dans les régiments. Les députés de ceux-ci à la cérémonie parisienne du 14 juillet étaient en effet demeurés en correspondance avec les meneurs politiques de la capitale qui, par leur intermédiaire, entretenaient l'esprit de rébellion dans l'armée[1]. Des comités s'y étaient formés qui, après

---

[1] « J'interceptai, dit M. de Bouillé, beaucoup de lettres écrites par des membres de l'Assemblée, tous jacobins, aux soldats des différents régiments qui étaient à la tête des insurrections; ceux-ci leur ren-

avoir obtenu la réforme de certains abus[1], avaient porté leurs exigences au delà de toutes les bornes et prétendaient faire la loi aux états-majors. Les officiers, consignés de force et gardés à vue, voyaient leurs soldats s'emparer des drapeaux et des caisses régimentaires, faire ouvrir celles-ci et s'en distribuer l'argent. M. de la Tour du Pin vint à l'Assemblée, dans la séance du 6 août, renouveler et redoubler les plaintes qu'il avait énoncées dans la séance du 4 juin[2].

« Dans le dernier message que j'eus l'honneur de faire auprès de vous, dit ce ministre[3], je vous exposai tous les inconvénients que devaient entraîner ces comités illégaux, établis dans plusieurs corps par les sous-officiers et soldats. Chaque jour voit multiplier ces étranges sénats, et chaque jour ils osent davantage. Matières politiques, affaires de finance, règlements de police, tout est de leur ressort, tout devient l'objet de leurs turbulentes délibérations. C'est dans ces funestes

---

daient compte et recevaient leurs instructions. » *Mémoires du marquis de Bouillé*, édition F. Barrière, 1859, p. 175, note 1.

[1] Ces abus sont reconnus par M. de Bouillé, *Mémoires*, p. 179, et définis en termes techniques par l'auteur de l'*Histoire authentique*, t. II, p. 56, note 2.

[2] Voir *La Chute de l'ancienne France. La Fédération*, p. 320.

[3] *Archives parlementaires*, t. XVII, pp. 640, 641.

comités que fermentent sans cesse les plus violentes passions; là triomphent toujours les plus séditieux et les plus emportés; là s'est préparée, là s'est résolue la détention du lieutenant-colonel de Poitou, deux fois mis en prison par ses propres soldats. Ce sont ces mêmes et dangereuses communications qui ont enhardi une partie de Royal-Champagne à refuser de reconnaître pour sous-lieutenant un des sous-officiers que le Roi venait d'élever à ce grade, où l'appelaient ses services et son ancienneté. C'est encore de ces foyers de révolte et d'audace que partent ces pétitions scandaleuses qui viennent, de toutes parts, assaillir l'autorité. Il n'est plus de pouvoir qui ne soit méconnu; une partie de l'armée négocie tous les jours par ses envoyés avec le ministère, et mon cabinet est fréquemment rempli de soldats députés, qui viennent m'intimer fièrement *les intentions de leurs commettants*; ce sont leurs expressions...

« Je viens, Messieurs, de vous indiquer le mal, et croyez que je suis loin d'en avoir exagéré la grandeur et l'urgence; daignez jeter les yeux sur les extraits joints à ce mémoire, et vous sentirez combien le péril est pressant. Hâtez-vous d'accourir au secours de la patrie; c'est désormais de vous seuls qu'elle attend son salut. L'autorité du trône devient insuffisante en ce moment critique... Unissez toute votre force à celle du Roi pour arrêter la dangereuse fougue du corps militaire. »

Parmi les épisodes de cette fougue universelle de rébellion, deux surtout attiraient, à ce moment, l'attention publique. L'un, auquel le ministre avait fait allusion dans son discours, était la révolte à Hesdin, le 1er août, d'une partie de Royal-Champagne. Les incidents tumultueux survenus à cette occasion alarmèrent tellement la municipalité de cette ville qu'elle prit des mesures extraordinaires, appela des détachements des garnisons voisines, et braqua six canons, mèches allumées, dans l'Hôtel-de-Ville. Menacé d'être cassé, le régiment envoya des députés à l'Assemblée nationale. Un certain nombre de soldats n'en fut pas moins licencié. « Quelques-uns d'entre eux, racontent nos *deux amis de la liberté*[1], s'arrêtèrent à Paris et furent accueillis et logés par la section de Saint-Jacques de l'Hôpital. Ils demandaient « leur honneur et leurs armes, ou la mort ». La section se déclara leur protec-

---

[1] *Histoire de la Révolution de 1789 et de l'établissement d'une constitution en France*, t. VI, p. 52. — Cf. *Archives parlementaires*, t. XVIII, pp. 180, 181. Ces deux récits sont d'une partialité visible en faveur des soldats révoltés.

trice par un sentiment d'humanité très louable sans doute, mais qui l'entraîna au delà de toutes les bornes, en l'engageant à s'ériger, pour ainsi dire, en juge et à envoyer à Hesdin des commissaires à qui elle n'avait pu transmettre des pouvoirs qu'elle n'avait pas elle-même, car apparemment elle n'avait pas de juridiction sur la municipalité de cette ville, ni sur le régiment de Royal-Champagne. »

L'autre épisode, encore plus grave, eut lieu à Metz, siège du commandement de M. de Bouillé. Ce général, qui en fut le héros et faillit en être la victime, en a fait lui-même dans ses *Mémoires*[1] ce récit caractéristique :

« Dès que je vis les premiers symptômes de cette insurrection, je me décidai à ne pas profiter de mon congé (il allait partir pour les eaux), et à faire mes efforts pour l'empêcher, ou au moins pour l'arrêter. Je fus au premier régiment qui prit les armes pour s'emparer de la caisse militaire et des drapeaux ; je haranguai les soldats, qui s'étaient mis en bataille, leurs armes chargées, et qui avaient ordonné à leurs officiers de prendre leurs places ordinaires dans les rangs. Je ne

---

[1] Ouvrage cité, pp. 180-182.

pus rien obtenir d'eux. Ils me répondirent constamment et unanimement qu'ils voulaient de l'argent, et ils me demandaient une somme très considérable. Les officiers se réunirent à moi pour les exhorter, mais inutilement. C'était un régiment allemand (Salm-Salm), dont j'espérais tirer meilleur parti que des autres. Je me trompai ; il y mit plus d'ordre et de méthode, mais autant d'opiniâtreté. Les soldats s'étant écriés qu'il fallait s'emparer de la caisse et des drapeaux, qui étaient chez le chef du régiment, à quelques pas de distance, j'appelai à moi les officiers ; nous y courûmes, nous nous mîmes devant la porte de la maison, l'épée à la main ; les grenadiers vinrent se ranger devant nous, en très bon ordre, portant les armes, tandis que le reste du régiment était resté en bataille devant les casernes, après avoir envoyé des détachements garder les débouchés des principales rues, pour m'ôter toute communication avec le reste de la ville.

« J'avais fait cependant parvenir à un régiment de dragons, dont les casernes étaient presque contiguës, l'ordre de monter à cheval, et de charger le régiment allemand. Les officiers obéissent, les dragons s'y refusent unanimement. Les commandants des différents corps de la garnison, ayant voulu également les faire agir pour apaiser cette insurrection, les soldats refusèrent de prendre les armes, en disant hautement qu'ils avaient promis de ne pas s'en servir contre ceux de ce régiment, dont les demandes étaient justes, et dont ils approuvaient la conduite. Ainsi, privé de tout secours, je restai pendant deux heures dans cette position, sans que les grenadiers osassent ou voulussent forcer la porte, gardant le plus profond silence. Quelques-uns, excités par des hommes du peuple qui leur criaient qu'il leur fallait de l'argent ou du sang, me mirent en joue à plusieurs reprises, mais des bas officiers relevèrent leurs armes. Enfin la municipalité, instruite de ma position, vint en corps pour m'en tirer. Le maire, qui était un très honnête homme, harangua les soldats, qui rentrèrent avec le plus grand calme dans leurs casernes; ce qui n'empêcha pas que le lendemain ils ne se fissent donner par leurs officiers la moitié de la somme qu'ils avaient exigée la veille.

« Dans le commencement d'août, ces scènes se répétèrent successivement dans tous les régiments de la garnison, sans qu'il me fût possible de m'y opposer. Les autorités constituées et les bourgeois de Metz, effrayés des suites qui pouvaient résulter de la licence effrénée de dix mille hommes, qui ne connaissaient plus ni chefs, ni lois, ni discipline, ni autorité, se réunirent à moi pour arrêter le désordre. Les gardes nationales même, qui, depuis la confédération qui avait eu lieu dans cette ville le 4 mai précédent, m'étaient restées affectionnées, m'offrirent leurs services contre les troupes; et avec leur assistance nous parvînmes à les remettre un peu en ordre. Les chefs et les officiers reprirent une partie de leur autorité; mais ils perdirent leur considération, qu'ils ne recouvrèrent jamais. »

L'Assemblée, dans son ensemble, n'avait pu méconnaître la nécessité de réagir contre cette anarchie militaire qui attaquait, dans leur agent essentiel, la paix intérieure et la puissance extérieure du pays. Dans la séance où le ministre lui avait exposé le lamentable état des choses, Emmery, député du tiers-état du bailliage de Metz, présenta un rapport et un projet de décret, déjà préparés par lui au nom du comité compétent. Le décret fut adopté. Il avait, selon la coutume de l'Assemblée en pareil cas, un caractère transactionnel. De larges satisfactions y étaient accordées aux réclamations des soldats, dont l'insubordination était attribuée dans le préambule aux « insinuations des ennemis du bien public », et auxquels l'Assemblée concédait le droit de lui faire parvenir directement leurs plaintes « sans avoir besoin de l'attache ou permission d'aucune autorité intermédiaire ». Mais en même temps l'exécution des lois et ordonnances en vigueur y était maintenue jusqu'à la promulgation d'une législation nouvelle, et toutes les associations délibérantes établies dans les régiments, sous quelque forme et dénomination que ce fût, devaient cesser immédiatement [1].

Selon le désir de l'Assemblée, ce décret fut « envoyé à tous les régiments, lu et publié à la tête de chacun d'eux ». Mais il ne produisit aucun effet. Les comités délibérants ne furent point dissous et l'anarchie continua en s'aggravant. Dans la séance du 20 août, Mirabeau proposa tout à coup un remède singulier. Après avoir insinué que la Déclaration des droits de l'homme n'était pas étrangère à la situation par ses « principes hors de la portée commune », et qu'il serait peut-être bon d'y ajouter « la déclaration des devoirs de chaque citoyen », ce qui souleva des murmures sur les bancs de la gauche, il proposa « de licencier l'armée le 10

---

[1] *Archives parlementaires*, t. XVII, pp. 641-643.

du mois prochain, et de la recomposer sur-le-champ des mêmes individus, d'après l'organisation (qui serait) décrétée par l'Assemblée nationale, acceptée et sanctionnée par le Roi, en ne recevant, soit pour soldats, soit pour chefs, que les citoyens qui prêteront le serment de remplir les devoirs attachés à leur état, tels qu'ils auront été statués par l'Assemblée nationale. » Cette motion fut renvoyée au Comité militaire [1]. L'insurrection de la garnison de Nancy, dans laquelle l'esprit de rébellion qui s'était emparé de l'armée, allait se déployer avec une fureur nouvelle, et bientôt aboutir à la guerre civile, était alors commencée.

La garnison de Nancy se composait de deux régiments d'infanterie : le régiment du Roi, l'un des plus célèbres et des plus honorés de l'armée française, et le régiment suisse dit de Châteauvieux, du nom de son colonel. Elle comprenait en plus le régiment appelé « Mestre-de-camp cavalerie ».

C'est dans le régiment du Roi, stationné depuis plusieurs années dans cette même ville et recruté, par voie d'engagements volontaires et de racolage, dans la région voisine, que le désordre s'était manifesté d'abord. Le

[1] *Archives parlementaires*, t. XVIII, pp. 179-181.

système militaire de l'ancien régime faisait, avec des vauriens, d'excellents soldats, mais à condition que les liens de la hiérarchie et de la discipline fussent sévèrement maintenus. Or, ces liens s'étaient relâchés dans le régiment du Roi comme dans toute l'armée française. Les soldats, vu leur origine[1], étaient facilement accessibles aux excitations révolutionnaires, et naturellement disposés à mettre à profit l'état général de crise où se trouvait le pays. Peu de semaines après la prise de la Bastille, le régiment avait exigé en tumulte et obtenu quelques adoucissements aux règles habituelles du service. Un antagonisme de plus en plus marqué s'y établit entre les soldats et les officiers qui, appartenant à la noblesse, ajoutaient à leur mécontentement des progrès de l'indiscipline celui de la déchéance de leur ordre, de la ruine des anciennes institutions françaises, des affronts et des violences infli-

[1] Toutefois cette origine n'était pas toujours de basse condition. Les engagements volontaires amenaient aussi dans l'armée des mauvaises têtes de bonne bourgeoisie. « Il y a dans le régiment du Roi, dit un document contemporain, relatif à l'affaire de Nancy, un grand nombre de fils de famille; plus instruits que leurs camarades, ils leur ont fait connaître la Constitution; ils en ont prêché les principes. » Le document ajoute : « En même temps, ils prêchaient la subordination. » Mais ce dernier renseignement est beaucoup plus sujet à caution. — *Archives parlementaires*, t. XVIII, p. 431.

gés au Roi. Quelques-uns d'entre eux, les plus jeunes, se laissèrent aller, pour essayer de retenir les rênes dans les mains de l'état-major, à de fâcheuses imprudences, peut-être à de maladroits subterfuges. La mutinerie s'en accrut.

Au printemps de l'année 1790, l'esprit de rébellion du régiment se donna un organe quasi-officiel par la constitution d'un comité de soldats, qui se para du titre d'*Ami de la Paix et de la Constitution*, et se posa en rival du corps d'officiers. Ces Jacobins au petit pied s'arrogèrent autorité sur leurs camarades ; ils inscrivaient le nom des soldats qui leur déplaisaient et les menaçaient de les punir. Toutefois, les officiers conservaient encore un assez grand nombre de partisans et le régiment se trouva divisé en deux fractions qui, dans la seconde quinzaine du mois de juillet, commencèrent à en venir aux mains. Les fusiliers, irrités contre le comité, menaçaient de faire feu sur les grenadiers et sur les chasseurs, qui le soutenaient. La moitié du régiment annonçait qu'elle allait partir pour Paris en emportant les drapeaux et la caisse militaire. Sur la prière de l'état-major, la municipalité de Nancy s'entremit et réussit à ramener un peu de calme.

Mais, par la pente même des choses, l'influence du comité révolutionnaire devint la plus forte. Sous son impulsion, le 9 août, l'état-major fut directement et publiquement mis en cause. A la parade, deux hommes par compagnie sortirent des rangs et demandèrent que l'état-major déléguât cinq officiers pour entendre les « récriminations » des soldats : ce fut le terme dont ils se servirent. Ces réclamations étaient surtout relatives aux sommes dont ils prétendaient avoir été lésés dans l'administration des fonds communs du régiment, et ils faisaient remonter leurs revendications jusqu'à l'année 1767. Après deux jours de pourparlers, durant lesquels les principaux chefs furent gardés à vue et le trésorier, vieillard de soixante-dix-huit ans, tenu en prison, les officiers, effrayés, consentirent à la distribution d'une somme de cent cinquante mille livres.

Alléchés par ce résultat, les régiments de Châteauvieux et de Mestre-de-camp cavalerie, jusqu'alors demeurés dans l'ordre, et qui même avaient servi à contenir le régiment du Roi, s'ébranlent à leur tour. Deux grenadiers de Châteauvieux, influents sur leurs camarades, s'érigent en meneurs, font circuler des billets, préparent une insurrection, adressent à l'état-major des revendications appuyées de menaces. Les régiments suisses au service de la France avaient leur juridiction propre et la discipline y était spécialement sévère. Le major fit arrêter les deux grenadiers et les traduisit en conseil de guerre. Le procès fut court. Le cas des deux séditieux était passible de la pendaison, mais ils furent seulement condamnés à être, comme on disait, « passés par les courroies ». Après l'exécution, qui fut immédiate, ils furent ramenés en prison. A cette nouvelle, les régiments du Roi et Mestre-de-camp se soulevèrent. Des détachements de l'un et de l'autre se rendirent à la caserne de Châteauvieux. Les portes de la prison furent forcées, les deux Suisses délivrés et promenés en triomphe par la ville. Finalement, ils reçurent un asile l'un dans la caserne du régiment du Roi, l'autre dans celle de Mestre-de-camp.

La proclamation solennelle, faite le lendemain 12 août, devant les troupes assemblées, du décret de l'Assemblée nationale en date du 6, ne remédia au désordre en aucune façon. A peine les régiments étaient-ils rentrés dans leurs quartiers, qu'un détachement des cavaliers de Mestre-de-camp en ressortit, ayant au premier rang l'un des deux Suisses condamnés la veille, et se rendit à la caserne du régiment du Roi. Les grenadiers et les chasseurs de ce régiment prirent les armes; ils placèrent, eux aussi, au premier rang le Suisse dont ils s'étaient chargés, et, tous ensemble, entourés d'une grande affluence de peuple, se présentèrent au quartier du régiment de Châteauvieux. Là, ils forcèrent M. de Mérian, lieutenant-colonel, à compter cent louis à chacun des deux soldats, comme indemnité pour le châtiment qu'ils avaient subi. Le major, M. de Salis, considéré comme en étant le principal auteur, fut activement recherché par eux et dut se tenir caché ce jour-là même et la nuit suivante. Cette nuit ne fut pas moins orageuse que la journée. Les soldats, parcourant les rues avec des tambours, causèrent les plus vives alarmes aux habitants.

Le lendemain, les officiers de Châteauvieux, consignés par leurs hommes à la caserne, furent obligés d'emprunter d'un notable de la ville la somme de vingt-sept mille livres, qu'ils distribuèrent à titre d'à-compte. D'autre part, les cavaliers de Mestre-de-camp, réclamant aussi de l'argent, se saisissaient de leur quartier-maître, mettaient une garde à la caisse du régiment et retenaient leurs officiers captifs jusqu'au paiement d'une somme de vingt-six mille livres, qui leur fut avancée par la municipalité. Enfin, le régiment du Roi, invoquant ses privilèges particuliers pour ne tenir aucun compte du décret du 6 août, persistait à réclamer une immédiate reddition de comptes. Deux cents hommes enlevaient de vive force au trésorier la caisse du régiment et la transportaient à la caserne.

La municipalité de Nancy, dont l'intervention courageuse et prudente, plusieurs fois réitérée, avait évité de plus grands maux, mais qui se sentait de plus en plus débordée, envoya en toute hâte un courrier aux députés de la ville à l'Assemblée nationale en les invitant « à peindre à l'Assemblée tout le désordre qui désole cette ville et la nécessité d'y apporter un prompt remède ».

La députation de Nancy saisit l'Assemblée de cette grave affaire au cours de sa séance du 16 août et, dans cette séance même, Emmery, au nom de trois comités réunis sur-le-champ[1], en présenta le rapport avec un projet de décret, qui fut adopté sans discussion et à l'unanimité. L'Assemblée, se déclarant « indignée » des faits portés à sa connaissance, les qualifiait de « crime de lèse-nation au premier chef », ordonnait des poursuites contre les instigateurs de la rébellion et contre tous ceux qui, y ayant pris une part quelconque, ne feraient pas, dans les vingt-quatre heures, leur soumission à leurs chefs respectifs. Elle

[1] Le Comité militaire et les Comités des recherches et des rapports.

priait le Roi « d'ordonner à la municipalité et aux gardes nationales de Nancy, ainsi qu'au commandant de cette place, de faire, chacun en ce qui les concerne, les dispositions nécessaires et qui seront en leur pouvoir, pour s'assurer des coupables et les livrer à la justice ; même d'ordonner le rassemblement et l'intervention d'une force militaire tirée des garnisons et des gardes nationales du département de la Meurthe et de tous les départements voisins, pour agir aux ordres de tel officier général qu'il plaira à Sa Majesté de commettre à l'effet d'appuyer le présent décret, de faire en sorte que force reste à la justice, et que la liberté et la sûreté des citoyens soient efficacement protégées contre quiconque chercherait à y porter atteinte : à l'effet de quoi cet officier général sera spécialement autorisé à casser et licencier les régiments de la garnison de Nancy, dans le cas où ils ne rentreraient pas immédiatement dans l'ordre, ou s'ils tentaient d'opposer la moindre résistance au châtiment des principaux coupables. »

Le Roi, pleinement d'accord en cette occurrence avec La Fayette, sanctionna sans délai le décret de l'Assemblée et désigna l'officier général chargé de cette mission difficile. C'était M. de Malseigne, mais sous les ordres et avec l'appui éventuel de M. de Bouillé, qui reçut le commandement général de cette région, et qui, à partir de ce moment, tint, durant quelque temps, un des rôles principaux dans les événements et parmi les personnages de cette époque.

François-Claude-Amour, marquis de Bouillé, était né, le 19 novembre 1739, au château du Cluzel-Saint-Eble, en Auvergne, d'une famille d'ancienne noblesse. Orphelin de bonne heure, son éducation fut faite à Paris, au collège Louis-le-Grand, alors encore dirigé par les Jésuites, puis à l'*académie* de gentilshommes, tenue par le sieur Duguet. En même temps qu'il devenait pensionnaire de cet établissement, il prenait rang dans la compagnie des mousquetaires noirs [1]. Au mois de juin 1756, avant qu'il n'eût dix-sept ans, il fut pourvu d'un brevet de capitaine dans le régiment de dragons de La Ferronnays. Il manifesta, dès ses débuts, les plus brillantes et plus solides qualités militaires et se distingua par de remarquables exploits durant la guerre de sept ans. Ce fut à son coup d'œil tactique et à

---

[1] Entre sa sortie du collège et son entrée à l'*académie*, il avait déjà fait une saison d'apprentissage militaire au camp de Gray, en qualité de cadet gentilhomme, dans le régiment d'infanterie dont le prince de Rohan-Rochefort était colonel. Il y avait rempli exactement tous les devoirs de simple soldat.

son audacieuse intrépidité que fut due la victoire de Grünberg (21 mars 1761), et il fut chargé, en récompense, de porter au Roi les drapeaux pris sur l'ennemi. Il répondit aux questions de Louis XV avec une modestie qui lui valut ce compliment royal : « Messieurs, il loue tout le monde ; il n'y a que lui dont il ne parle pas : cependant, il s'est fort distingué, il a pris des canons et des drapeaux [1]. » Puis, remarquant son extrême fatigue, le Roi lui donna de sa main (faveur alors sans prix !) un verre de vin de champagne et le congédia avec de nouveaux éloges. Promu au grade de colonel, il se couvrit de nouveau de gloire en cette qualité dans la campagne suivante, où il fut deux fois blessé.

Au commencement de l'année 1765, il fut envoyé avec son régiment à la Martinique, puis, en 1768, à l'âge de vingt-neuf ans, nommé gouverneur de la Guadeloupe. Dans ce poste, puis dans le gouvernement général des Antilles, qui lui fut confié peu de temps avant la guerre d'Amérique, et qu'il conserva pendant tout le cours des hostilités avec l'Angleterre, il déploya des talents administratifs à la hauteur de sa capacité militaire, qui, s'élevant et se développant avec sa situation même, le

---

[1] *Essai sur la vie du marquis de Bouillé*, en tête des *Mémoires*, édition citée, p. 15.

signala comme l'un de nos meilleurs généraux.

Non seulement il défendit victorieusement les Antilles françaises, mais il enleva de vive force aux Anglais plusieurs de leurs possessions, notamment la Dominique, les îles de Tabago et de Saint-Christophe. Ses qualités morales et sa générosité chevaleresque lui conquirent l'estime et la sympathie des ennemis eux-mêmes. Dans un voyage qu'il fit en Angleterre en 1784, après la paix, il en reçut de précieux témoignages. Les négociants anglais dont, au sein même de la lutte, il avait, dans la mesure de ses devoirs, protégé les propriétés et les intérêts privés, voulurent lui montrer leur reconnaissance et lui offrirent de riches présents. Mais il n'accepta des commerçants de Londres qu'une épée et une plaque du Saint-Esprit en acier, et des marchands de Glascow qu'une paire de pistolets. La reine d'Angleterre, un jour qu'il était allé lui présenter ses hommages, lui dit à cette occasion avec une grâce ingénieuse : « Monsieur le marquis, il faut que vous ayez bien du mérite pour vous faire tant aimer de ceux dont vous vous étiez si longtemps fait craindre [1]. »

---

[1] *Mémoires* cités, p. 101, note 1.

Maréchal de camp dès 1777, il avait été élevé, le 19 avril 1783, au grade de lieutenant général, en récompense de la conquête de Saint-Christophe. Rentré en France au mois de mai de cette même année, il fut compris, le 8 juin, dans une promotion de chevaliers de l'ordre du Saint-Esprit. Dans ses campagnes des Antilles, il n'avait pas contracté, au service du pays, moins de sept cent mille livres de dettes. Il en refusa le remboursement offert par Louis XVI. Mais ce prince, par un brevet signé à Versailles le 24 septembre, lui fit le don plus glorieux de deux des pièces de canon prises à Saint-Christophe, que Sa Majesté, dit l'acte, « lui a permis et permet de placer à sa maison d'Orly, près Paris, et ce, nonobstant toutes ordonnances contraires[1] ». Elles n'y restèrent que peu d'années, car elles furent enlevées, à la fin de juillet 1789, par un détachement de la garde nationale parisienne.

Le marquis de Bouillé, jouissant d'une gloire si bien acquise, se délassa de ses fatigues guerrières par des voyages en Angleterre, en Hollande, en Prusse, en Bohême. En 1787, il fut nommé membre de l'Assemblée des notables, s'y montra très attaché

---

[1] *Essai* cité, p. 96, note 1.

« aux anciens principes de la monarchie » et y fut le témoin attristé des oscillations du gouvernement et des intrigues qui portèrent au pouvoir l'ambitieux et faible Loménie. A l'issue de cette assemblée, il fut chargé du commandement militaire de Metz et de la province dite des Trois-Evêchés.

C'est dans cette situation que le trouva la Révolution, « préparée, dit-il, depuis si longtemps par la dégradation progressive des mœurs ». Ses sentiments et ses traditions, plus encore peut-être que les vues de son esprit, naturellement observateur et modéré, porté aux décisions et aux transactions pratiques, le rangèrent tout d'abord du côté des partisans déterminés de la résistance. La fermeté de sa conduite ne fut pas toutefois exempte de prudence et il ne se buta point avec une illusion aveugle contre la force des choses et le cours précipité des événements.

« Je ne m'occupai à Metz, dit-il, dans les premiers temps, et pendant que les troubles agitaient la capitale et les provinces, qu'à contenir le peuple de celle où je commandais, qui, malgré mes efforts, était, ainsi que les autres, toujours en agitation, et à conserver la discipline des troupes et leur fidélité au Roi... J'étais resté constamment à Metz, haï du peuple, mais assuré de la confiance de mon armée, où j'avais entretenu la jalousie contre les bourgeois et le mépris pour la populace. Le gouvernement, trop faible pour les circonstances, ne me donnait ni ordres, ni instructions; j'ignorais même les intentions du Roi, qui devaient avoir changé depuis ce qu'il avait éprouvé; je n'avais adopté aucun parti, n'ayant de communication avec aucun, inspirant de la crainte et de la méfiance à tous, isolé au milieu de la Révolution, regardé comme ennemi de ce qu'on appelait la Constitution, à laquelle je n'avais pas voulu faire le serment ordonné, serment que j'avais seulement fait prêter aux troupes par ordre du Roi, sentant l'impossibilité de revenir sur le mal qui avait été fait, et désirant me réunir à ceux qui auraient la volonté, la force, le courage et le talent de rétablir une monarchie sur des bases convenables aux circonstances, ou résolu à quitter la France et à aller chercher une autre patrie[1]. »

Après les désolantes journées des 5 et 6 octobre 1789, La Fayette, qui commençait à se sentir entraîné à la dérive, avait eu dans ses vaniteuses illusions comme une percée de saine lumière. Il songea sérieusement alors, ses principales chimères sauves, à endiguer

[1] *Mémoires* cités, pp. 139, 143, 144.

le torrent révolutionnaire[1]. Parmi les forces qu'il conçut l'idée de grouper autour de lui pour cette tâche vraiment louable, il donna une place à la belle renommée et au solide caractère du marquis de Bouillé, dont il était le proche parent. Il renoua, non pourtant sans quelque hésitation et quelque méfiance, leurs relations, remontant à son enfance et, malgré la dissidence de leurs opinions, toujours entretenues jusqu'à ces derniers temps.

Avec une méfiance pour le moins égale, M. de Bouillé, dans l'intérêt de la monarchie, ne crut pas pourtant devoir se refuser à un rapprochement, et il s'établit entre eux, par intermédiaire, puis par correspondance, un échange de vues. La Fayette essaya de gagner son cousin à la cause de la Révolution, contenue dans les limites où il désirait maintenant l'arrêter, c'est-à-dire, selon ses propres termes, avec « une forte mesure de pouvoir exécutif... L'Assemblée nationale, ajoutait-il, après avoir détruit à Versailles, vient édifier à Paris; elle sera d'autant plus raisonnable qu'on aura dissipé tout prétexte de méfiance : et plus vous, mon cher cousin, serez rallié à la nouvelle constitution, plus vous aurez de moyens de servir la chose publique. »

[1] Cf. *La Chute de l'ancienne France. La Fédération*, pp. 36 et suiv., 40, 41.

« Je vous dirai, lui répondit M. de Bouillé avec fermeté mais avec diplomatie, que je hais le despotime autant que vous, que j'aime peut-être moins la liberté, et que, pour me servir de votre expression, il m'en faut une moins forte dose qu'à vous [1], étant persuadé que ce qui est outré et exagéré ne peut durer, et qu'au contraire une liberté raisonnable et modérée peut se conserver longtemps : d'ailleurs, mon cher cousin, mettant à part tout intérêt particulier, toute vue personnelle, je puis vous assurer que toutes les fois qu'il s'agira du bien public, du bonheur de la nation, et de l'anéantissement d'un pouvoir arbitraire, quel qu'il soit, vous me verrez prêt à seconder vos vues et celles de tous les bons Français [2]. »

Quelque temps après, cédant à l'exhortation, non de La Fayette, mais de M. de la Tour du Pin, ministre de la guerre, avec lequel il était en pleine sympathie, il consentit à prêter, entre les mains des officiers municipaux de Metz, le serment constitutionnel, « ce qui, dit-il, me popularisa un peu [3] ».

[1] « Nous aimons l'un et l'autre la liberté, lui avait écrit La Fayette; il m'en fallait une plus forte dose qu'à vous, et je la voulais par le peuple et avec le peuple. Cette révolution est faite. »
[2] *Mémoires* cités, pp. 151-153.
[3] *Mémoires* cités, p. 154.

Le ralliement apparent du Roi à la Révolution, dans la célèbre séance du 4 février 1790[1], désola M. de Bouillé, qui prit alors la résolution de quitter la France. La Fayette, instruit de ce projet, lui écrivit pour l'en dissuader et s'efforça de nouveau de le rattacher à sa conception de l'ordre nouveau des choses. Cependant l'indiscipline commençait à gagner les troupes que M. de Bouillé avait jusqu'alors réussi à garder dans sa main. Il croyait savoir, en outre, que La Fayette, mécontent de voir ses avances froidement accueillies, songeait à lui faire enlever son commandement. Il demanda formellement au Roi la permission de sortir du royaume. Louis XVI la lui refusa en faisant appel à son dévouement. Non seulement M. de Bouillé consentit alors à rester à Metz, mais, d'après les instructions du Roi, transmises par M. de la Tour du Pin, il prit part à la fédération, empêchée par lui jusqu'à ce jour, de la garnison de cette place avec les gardes nationales de la ville et de la province. Cette fête eut lieu le 4 mai. M. de Bouillé y renouvela solennellement son serment à la Constitution.

« Ma démarche, dit-il[2], produisit un tel

---

[1] Voyez *La Chute de l'ancienne France. La Fédération*, p. 95 et suiv.
[2] *Mémoires* cités, p. 166.

effet, que toutes les gardes nationales de la province m'offrirent unanimement de m'élire leur général, et me pressèrent vivement d'accepter cette place. Je la refusai, et je m'en repentis, quand je sus par la lettre que m'écrivit M. de la Tour du Pin, peu de jours après, que le Roi le désirait, et que j'eus calculé de sang-froid tous les avantages que j'aurais pu en tirer et l'utilité dont j'aurais pu lui être, si je l'avais acceptée. »

M. de Bouillé fait à ce propos dans ses *Mémoires*[1] les réflexions suivantes, qui honorent également, selon nous, son jugement et son caractère :

« Si je reproche à M. de La Fayette ses fautes politiques, je peux gémir sur celles que j'ai faites moi-même. Une fois que j'eus consenti à obéir à la constitution nouvelle, et à servir par elle le Roi et la monarchie, j'aurais dû y prendre une place principale, me former un grand parti, comme je le pouvais, parmi les constitutionnels même; soutenir M. de La Fayette contre les Jacobins, servir d'appui au Roi contre tous les partis, et lui ménager des ressources pour les grandes circonstances. J'aurais donc dû, le 4 mai, accepter le commandement de la fédération des provinces

[1] Edition citée, pp. 170, 171.

des Évêchés et de Lorraine; j'aurais bientôt eu celui des autres frontières, qu'on mit sous mes ordres peu de temps après ; ce qui me donnait un grand moyen de contenir mon armée. Je devais alors aller à Paris sonder M. de La Fayette, lui inspirer, si ce n'est de la confiance, au moins de la sécurité, établir un plan de conduite avec ceux des ministres qui étaient éclairés et bien intentionnés (et il y en avait plusieurs que j'estimais, et auxquels je pouvais m'ouvrir avec assurance, entre autres M. de la Tour du Pin) e faire approuver ce plan par le Roi, avec promesse de sa part de le suivre.

« Il aurait dû être calculé, non seulement sur les circonstances, mais sur le caractère de Louis XVI, qui, avec la bonté de Henri IV, n'en avait pas les vertus guerrières. Le Roi devait donc laisser marcher le parti constitutionnel, en s'y ménageant des partisans ; faire des observations sages et judicieuses sur les différents décrets qui lui auraient été présentés, sans en rejeter aucun, en exprimant seulement son vœu constant pour que les lois nouvelles fissent le bonheur de ses peuples. Les vices de cette constitution étaient sentis par la grande majorité de l'Assemblée ; elle serait peut-être tombée d'elle-même, ou, ce qui était plus vraisemblable, on y aurait fait de grands changements, qui auraient laissé entre les mains du Roi tout le pouvoir exécutif et la disposition de la force publique. Sa conduite n'inspirant plus de méfiance, la crainte qu'on avait des aristocrates n'aurait plus existé, et le parti constitutionnel ne se serait pas réuni à celui des Jacobins. Le Roi affaiblissait M. de La Fayette dans le sien, et je conservais une force populaire et militaire imposante, qu'il aurait pu employer utilement, s'il en avait su ménager l'occasion. Des personnes réfléchies qui liront ces mémoires, me reprocheront sans doute ces fautes, je les ai senties; elles sont le sujet de mes regrets; mais mon horreur pour cette révolution déconcerta les mesures que me dictait la prudence: j'en fis trop peu pour mes principes, mais trop pour la chose. »

La grande situation que semblait en train d'acquérir M. de Bouillé, attira sur lui l'attention de Mirabeau, qui conseilla au Roi de le pousser dans la voie de la popularité afin d'en faire un utile rival de La Fayette [1]. L'insurrection de la garnison de Metz, racontée plus haut, redoubla la bonne opinion qu'on avait de ce général, par l'énergie avec laquelle il en vint à bout. S'il n'avait plus, comme na-

[1] Voyez *La Fédération*, p. 125.

guère, son armée en main, en revanche, la confiance de la garde nationale et des autorités constituées, dans les limites de son commandement, lui apportaient une force nouvelle, sur laquelle, comme il l'a reconnu depuis, il ne fit pas assez de fond. Ce fut vers lui que, dans l'effroi causé par l'insurrection militaire de Nancy, se tournèrent les regards, non seulement du Roi, mais de La Fayette.

« Vous avez appris, mon cher cousin, lui écrivit le 18 août le commandant de la garde nationale parisienne, les décrets unanimes de l'Assemblée nationale sur l'insurrection de Nancy. M. de la Tour du Pin vous adresse les ordres du Roi : Desmotte, mon aide de camp, qui en est porteur, vous donnera les détails qui pourraient vous intéresser. Je ne vous dirai donc que quelques mots : voici, mon cher cousin, le moment où nous pouvons commencer l'établissement de l'ordre constitutionnel, qui doit remplacer l'anarchie révolutionnaire... Le décret de Nancy est bon : l'exécution doit être entière et nerveuse... J'ai reçu cette nuit un billet du Roi pour m'entendre avec vous, pour voir M. de la Tour du Pin, et écrire aux gardes nationales... Il me semble, mon cher cousin, que nous devons frapper un coup imposant pour toute l'armée, et arrêter, par un exemple, le débandement général qui se prépare... Bonjour, mon cher cousin; c'est de tout mon cœur que je me joins à vous, parce que je suis sûr que vous servirez notre constitution, et que j'ai autant besoin que vous de l'établissement de l'ordre public [1]. »

Le Roi lui écrivit de sa main, le 20 août, pour lui témoigner toute sa confiance. Son commandement fut étendu sur toutes les troupes de la Lorraine, de l'Alsace, de la Franche-Comté et de la Champagne. L'état d'esprit de son armée était loin d'être rassurant. « Dans les quatre-vingt-dix bataillons que je réunissais sous mes ordres, dit-il [2], je ne pouvais disposer que de vingt bataillons allemands ou suisses; mais sur les cent quatre escadrons, il y en avait au moins soixante restés fidèles au Roi exclusivement, dont vingt-sept de hussards allemands. » Le plan que M. de Bouillé conçut d'abord, sous l'influence de ses sentiments de royalisme traditionnel, n'était aucunement conforme aux intentions de La Fayette, ni, à ce moment, du Roi lui-même. Il l'a, dans ses *Mémoires* [3], exposé en ces termes :

[1] *Mémoires précités*, pp. 182, 183.
[2] *Mémoires*, p. 185.
[3] Edition citée, pp. 187, 188.

« Dès que je fus à la tête de mon armée, et que j'envisageai la situation effrayante des troupes et l'état dangereux du royaume, il me fut facile de prévoir qu'il y aurait dans peu une grande catastrophe qui produirait vraisemblablement une guerre civile. Je songeai sur-le-champ à m'assurer d'une position qui me mît à même d'employer avec utilité les ressources que j'avais en main pour résister aux événements, et même pour m'en rendre maître. Je pouvais disposer d'une cavalerie nombreuse et de peu d'infanterie : je me proposai donc de rassembler les troupes sur lesquelles je pouvais compter, dans un lieu qui me donnât les moyens de résistance, des ressources pour les entretenir, et d'où j'aurais pu les faire agir librement et utilement sur les provinces voisines. Je choisis les bords de la Seille, qui tombe dans la Moselle, où il y a des prairies immenses, propres à nourrir un gros corps de cavalerie, surtout dans ce moment où l'on faisait la récolte des fourrages. J'avais pour point d'appui trois petites places, Marsal, Vic et Moyenvic, qui n'avaient qu'une petite population, qui exigeaient de médiocres garnisons, et dont la première, entourée de marais, était très forte ; j'avais des plaines pour faire manœuvrer ma cavalerie ; j'étais placé entre l'Alsace, la Lorraine et les Évêchés; et j'avais une entrée en Franche-Comté et en Bourgogne. Je m'assurai de Bitch et de Phalsbourg, petites forteresses excellentes qu'un bataillon suffisait pour garder, où il n'y avait ni peuple, ni bourgeoisie, ce qui était ce que je redoutais le plus. Ces places me rendaient maître de la partie des montagnes des Vosges qui sépare la Basse-Alsace de la Lorraine et des Évêchés. Je me proposai de m'assurer également de Montmédy, forteresse du même genre, qui me donnait une communication avec Luxembourg et l'étranger. Le second jour après avoir reçu l'ordre de prendre le commandement de cette armée, j'en donnai pour rassembler tous les fourrages sur la Seille et sur la Haute-Moselle, et des vivres à Marsal; j'y fis conduire un train d'artillerie, et je fis marcher mes meilleurs régiments dans cette partie. »

Toutefois, ces dispositions n'eurent point de suite. Sous l'empire des circonstances et par l'enchaînement des faits, M. de Bouillé agit en réalité dans l'affaire de Nancy selon les vues du parti constitutionnel.

Tandis que l'Assemblée rendait *ab irato* le décret du 16 août, une accalmie momentanée s'était produite à Nancy. Effrayés des conséquences de leur conduite, les soldats avaient témoigné le désir de rentrer dans l'ordre et de faire valoir pacifiquement leurs raisons. Le régiment du Roi avait envoyé à l'Assemblée nationale dix-huit députés, chargés de lui exposer les faits à leur point de vue, et les officiers n'avaient pu faire autrement que d'autoriser cette députation et même de lui payer les frais du voyage. Dès leur arrivée à Paris, les délégués, sur l'ordre de Bailly, concerté par lui avec MM. de la Tour du Pin et de la Fayette, furent arrêtés et emprisonnés à l'Abbaye, d'où, sur la demande des comités de l'Assemblée saisis de l'affaire, ils furent transférés aux Invalides. Bientôt après, ils furent mis en liberté. Les bonnes dispositions de la garnison de Nancy semblaient en effet persister. Sur les instances de la garde nationale, le régiment du Roi signa une déclaration de repentir et d'obéissance, qui fut lue par M. de Broglie à l'Assemblée dans sa séance du 25 août. Mais justement, à cette date, l'insurrection était en train de recommencer comme de plus belle.

M. de Malseigne était arrivé à Nancy le 23 ou le 24 août pour y remplir sa mission. C'était un officier supérieur d'une grande bravoure et très ferme sur la discipline. Dans l'examen des réclamations des soldats, il se montra en fait disposé à des concessions, mais il crut devoir adresser au régiment de Châteauvieux, dans la cour de la caserne, une allocution où il lui reprocha son insubordination avec véhémence. Les esprits s'aigrirent et les têtes se montèrent. Le 25, comme il s'était de nouveau rendu au quartier des Suisses, ses soldats voulurent l'empêcher d'en sortir. Quatre grenadiers, qui gardaient la grille, lui présentèrent leurs baïonnettes à la poitrine. Il mit l'épée à la main et força le passage. Soixante hommes s'élancèrent à sa poursuite. Il se retira d'un pas égal à la maison du commandant de place, où il fut bientôt investi par les Suisses. Toutefois protégé par des groupes d'officiers et de soldats des deux autres régiments et par des détachements de la garde nationale, il put se retirer sain et sauf à la municipalité. Le 26, à sept heures du soir, il fit porter au régiment de Châteauvieux l'injonction de quitter Nancy, où Desmotte, aide de camp de La Fayette, qui s'y était rendu avec les instructions de son général, convoqua les gardes nationales du voisinage. Le régiment suisse n'obéit pas et les deux autres commencèrent à donner de nouveau des signes de rébellion. On conjura M. de Malseigne de se mettre en sûreté. Le 28, vers midi, il sortit de Nancy avec quelques cavaliers et prit le chemin de Lunéville.

Son départ exaspéra la garnison. Cent

cavaliers du régiment de Mestre-de-camp coururent après lui pour le ramener. En même temps, on battit la générale, et l'insurrection se déclara dans la ville. M. de Noue, commandant de place, assailli dans sa maison par les soldats, fut conduit au quartier du régiment du Roi, dépouillé de ses vêtements, couvert d'un sarreau de toile et mis au cachot. Les officiers qui étaient venus à son secours et M. Pescheloche, autre aide de camp de La Fayette, envoyé par lui à Nancy, furent également jetés en prison. Cependant M. de Malseigne, arrivé près de Lunéville avec un peu d'avance sur les cavaliers qui le poursuivaient, avait fait appeler à son secours un détachement du régiment de carabiniers en garnison dans cette ville. Un combat s'engagea entre les deux troupes. Les carabiniers eurent le dessus et firent prisonniers soixante et un cavaliers de Mestre-de-camp.

A cette nouvelle, une explosion de fureur se manifesta dans l'armée en révolte. Elle marcha sur Lunéville au nombre de trois mille hommes et campa, le soir, à une lieue et demie de cette ville, menaçant d'y entrer le lendemain de vive force et d'y livrer bataille aux carabiniers. Ceux-ci prirent position au Champ-de-Mars, hors de la cité. Des négociations s'engagèrent, par l'entremise de la municipalité, entre les deux troupes, pour le retour de M. de Malseigne à Nancy et, pendant ces pourparlers, la plus grande partie de l'expédition révolutionnaire consentit à retourner sur ses pas. A la suite de diverses péripéties, un conflit sanglant éclata entre les soldats de cette expédition demeurés à Lunéville, qui avaient contraint M. de Malseigne à se mettre en route, et un détachement de carabiniers qui l'escortait, et dont plusieurs l'aidèrent à reprendre sa liberté. Mais bientôt ce régiment lui-même, ardemment travaillé par les soldats de Nancy, prit parti pour la révolte. M. de Malseigne, fait prisonnier, fut conduit à Nancy et livré à la garnison rebelle. On l'enferma d'abord dans la caserne du régiment du Roi, et il fut nettement question de le pendre. Mais enfin le directoire du département de la Meurthe et la municipalité de Nancy obtinrent son transfert à la Conciergerie du Palais. Ces autorités légales étaient elles-mêmes entièrement à la merci de la garnison, avec laquelle faisaient cause commune une partie de la garde nationale et toute la populace.

Une lettre de M. de Bouillé, en date du 29 août, et contenant le récit d'une partie de ces faits alarmants, fut transmise à l'Assemblée, dans sa séance du 31, par M. de la Tour du Pin. Ce récit fut confirmé par les procès-verbaux de la municipalité de Nancy, dont Emmery donna lecture. Ce député proposa un projet de décret qui donnait carte blanche à M. de Bouillé. Mais, sur la proposition de Robespierre, l'Assemblée consentit à entendre deux délégués envoyés huit jours auparavant par la garde nationale de Nancy. Leur exposé les montra sensiblement favorables aux régiments révoltés, dont ils s'attachèrent à justifier les griefs. A la suite de la discussion qui s'engagea, la sévérité première de l'Assemblée fléchit d'une façon notable. Au lieu du projet d'Emmery, appuyé pourtant par La Fayette, elle adopta la motion suivante de Barnave :

« L'Assemblée nationale, après avoir entendu son comité militaire, a décrété qu'il sera fait une proclamation tendant à ramener à la subordination et à faire rentrer dans le devoir les régiments en garnison à Nancy ; que cette proclamation sera portée par deux commissaires que le Roi sera prié de nommer à cet effet, et auxquels seront remises les instructions convenables ; ordonne, en conséquence, à son comité militaire de lui présenter un projet de proclamation à la séance de ce soir. »

Ce projet, rédigé aussi par Barnave, fut adopté le lendemain 1er septembre. Mais l'efficacité de ce moyen oratoire ne fut pas mise à l'épreuve. Les événements avaient marché. La rébellion de Nancy avait été vaincue et l'ordre rétabli par M. de Bouillé.

L'échec de la mission de M. de Malseigne et son départ forcé de Nancy avaient déterminé le général en chef à une action vigoureuse.

« Dès que j'appris cet événement, dit-il [1], je me décidai à rassembler des troupes et à marcher contre Nancy; mais je ne pouvais employer celles de la garnison de Metz, ni même celles des villes voisines; l'esprit d'insurrection agitait encore presque toute l'infanterie française, et je savais que les soldats avaient promis à ceux du régiment du Roi de ne point agir contre eux dans le cas où on le leur ordonnerait. Je n'avais aucune infanterie étrangère auprès de moi; je craignais d'employer les gardes nationales, sur lesquelles je comptais peu; je pris donc le parti d'expédier des ordres pour faire marcher quelques bataillons suisses et allemands, ainsi que quelques régiments de cavalerie, et je parvins heureusement à faire sortir de Metz un petit

[1] *Mémoires* cités, p. 190 et suiv. Nous ne croyons pas pouvoir mieux faire que de reproduire tout simplement ce récit, d'une sincérité et d'une modestie parfaites.

train d'artillerie de huit pièces de canon. J'en partis moi-même, le 28 août, secrètement, craignant que les soldats de la garnison ne m'en empêchassent. J'arrivai le même jour à Toul, où je trouvai un bataillon suisse et un régiment de cavalerie. »

Le général apprit en arrivant la défection des carabiniers de Lunéville, le retour forcé de M. de Malseigne à Nancy et son emprisonnement par les soldats de la garnison rebelle.

« Je fus instruit en même temps, continue-t-il, par l'officier général qui commandait à Metz en mon absence, que les troupes et les gardes nationales étaient très mécontentes de ce que je n'avais pas voulu les employer ; les unes et les autres lui avaient envoyé une députation pour l'engager à m'en faire la demande, et à l'appuyer auprès de moi. Il était très délicat de me servir de ces troupes dans une circonstance aussi critique et aussi dangereuse : je craignais que les soldats ne se réunissent aux rebelles, et que les gardes nationales ne montrassent ni le courage ni l'énergie qui étaient nécessaires dans une pareille occasion. Je pris donc le parti, pour ne pas les mécontenter, et pour diminuer, autant qu'il était possible, ces inconvénients, de commander seulement six cents grenadiers et six cents gardes nationaux, que je réunis le 30 août à Frouard, à une lieue et demie de Nancy, à quatre bataillons suisses ou allemands, et quatorze escadrons; mais la cavalerie m'était assez inutile contre cette ville. Les 30 et 31, ces troupes étaient rassemblées, au nombre de trois mille hommes d'infanterie et de quatorze cents chevaux. Deux mille hommes de gardes nationales des départements voisins, rassemblés quelques jours avant par l'aide de camp de M. de La Fayette aux environs de Nancy, avaient cédé aux invitations du peuple et de la garnison de cette ville, et s'y étaient joints; de sorte que dix mille hommes armés y étaient réunis. J'ignorais même si les huit escadrons des carabiniers n'étaient pas venus s'y joindre; je ne comptais donc plus attaquer Nancy avec des moyens aussi faibles; mais je voulais ramener par la persuasion (s'il était possible encore) le peuple et les soldats, les intimider et les soumettre, plutôt par l'appareil de la force que par la force elle-même. Si je ne réussissais pas, je comptais me retirer sur-le-champ à Marsal avec mes troupes, en rassembler un plus grand nombre, attendre des ordres, ou plutôt me conduire suivant les circonstances.

« Le 30 au matin, je fis parvenir dans la ville une sommation, dans laquelle je renouvelai au peuple et aux soldats l'ordre d'obéir aux décrets de l'Assemblée, de rentrer dans le devoir, et de livrer les chefs les plus factieux ; je leur donnai vingt-quatre heures pour y répondre.

« J'appris à Frouard que les rebelles avaient forcé l'officier général commandant à Nancy, qu'ils tenaient en prison, à signer un ordre pour faire retirer les troupes auxquelles j'avais ordonné de marcher contre cette ville : deux régiments de cavalerie avaient même suspendu leur marche. Le 31, je reçus, à onze heures et demie, une députation de la ville de Nancy, en réponse à ma proclamation : elle était composée de députés du peuple, ou plutôt de la populace, de soldats de différents régiments, parmi lesquels se trouvaient des carabiniers ; elle était accompagnée des principaux membres du département et de la municipalité, qu'ils avaient forcés de les suivre, en les menaçant de les massacrer s'ils s'y refusaient. Je leur donnai audience dans une vaste cour de la maison où j'étais ; j'y laissai entrer en même temps des soldats de mes troupes, et elle en fut bientôt remplie, principalement des grenadiers de la garnison de Metz et des gardes nationales de cette ville, dont j'eus peine à retenir la fureur et l'emportement contre les députés, auxquels je répétai ce que j'avais exprimé dans ma proclamation. Je dis aux soldats que j'ordonnais que les trois régiments sortissent de la ville, et qu'alors je ferais exécuter le décret prononcé contre eux par l'Assemblée, en faisant arrêter les principaux factieux. Je signifiai à ceux du peuple que je voulais avant tout qu'on me remît les deux officiers généraux qu'ils retenaient dans les prisons, qu'ils laissassent entrer mes troupes dans la ville, qu'ils leur livrassent leurs canons, et qu'ils se soumissent aux ordres qui leur seraient donnés par les autorités constituées. Je dis à tous en même temps que s'ils n'obéissaient pas, je ferais exécuter la loi dans toute sa rigueur, en employant les forces que j'avais en main. Les officiers municipaux gardaient le silence, et paraissaient dans la consternation ; mais les députés élevèrent la voix avec beaucoup d'insolence, témoignèrent leur mépris pour mes ordres, et proposèrent des conditions.

« Alors les soldats, principalement les grenadiers français, renouvellent leur fureur, et s'écrient : « Ce sont des coquins et des rebelles, il faut les pendre! » (Ils avaient déjà oublié, sans doute, que quinze jours auparavant ils en avaient fait autant.) J'eus beaucoup de peine à les en empêcher et à les arracher de leurs mains, et ce ne fut qu'aux conditions que je les mènerais sur-le-champ contre la ville, et qu'on l'attaquerait si le peuple et la garnison ne se soumettaient pas. Je renvoyai la députation, en annonçant mes dispositions, les mêmes que celles des troupes. Quelques membres des corps administratifs s'approchèrent de moi, et me dirent tout bas que la fureur des rebelles était si grande contre eux, qu'ils seraient perdus si je les laissais rentrer dans Nancy; ils m'assurèrent en même temps qu'ils avaient forcé la municipalité à requérir les carabiniers de venir se réunir à eux, et que ceux-ci avaient demandé un ordre du département qui avait refusé de le leur donner. J'ordonnai donc aux membres de la municipalité et du département qui avaient accompagné la députation, de rester avec moi. Les députés retournèrent à Nancy, et je mis mes troupes en marche, l'instant d'après, pour attaquer les rebelles, s'ils persistaient dans leur obstination.

« Il m'était impossible de ne pas faire cette démarche, quelque hasardée et quelque dangereuse qu'elle fût, et je n'en prévoyais qu'un résultat affreux. J'allais engager un combat avec des forces si inégales que je ne pouvais me flatter du succès; mais si je m'étais refusé au désir des troupes, et opposé à l'espèce de fureur dans laquelle elles étaient, je courais risque d'en éprouver moi-même les effets, en passant à leurs yeux pour un traître, ainsi qu'elles jugeaient depuis peu leurs chefs, et moi particulièrement. Je me livrai donc aveuglément à ma fortune.

« A deux heures et demie, j'étais à une demi-lieue de la ville de Nancy, où je rencontrai une nouvelle députation avec des officiers, que les soldats avaient contraints à venir avec eux. Je lui fis la même réponse qu'à la première : je répétai que je voulais qu'on rendît les deux officiers généraux, que les trois régiments sortissent de la ville, qu'ils attendissent, dans un endroit que j'indiquai, l'exécution du décret et les ordres qui en étaient la suite ; qu'on me livrât quatre coupables par régiment, que j'enverrais à l'Assemblée nationale pour être jugés, et qu'enfin j'exigeais la soumission du peuple. Les officiers et les députés demandèrent un délai d'une heure, que je leur accordai, et qui expira à quatre heures.

« J'approchai alors mon avant-garde des portes de la ville, qui étaient garnies de troupes et de peuple armé, et défendues par plusieurs pièces de canon. Il me vint encore une députation, avec laquelle il se trouvait plusieurs membres des corps administratifs et des officiers principaux de la garnison. Je fis arrêter une seconde fois les troupes à trente pas d'une des portes, et je fus parler à ces députés qui étaient sortis par une autre. Ils m'assurèrent que mes ordres allaient être exécutés, et que les régiments sortaient pour se rendre à l'endroit que j'avais indiqué, et qu'on allait me remettre à l'instant les deux officiers généraux. Effectivement, je vis bientôt après la tête de la colonne du régiment du Roi, qui débouchait de la ville, et les généraux Malseigne et de Noue vinrent me joindre. Regardant cette affaire comme finie, d'après l'assurance que m'en avaient donnée les députés de la ville et des troupes, j'avais suspendu la marche des miennes; j'avais même envoyé quelques gardes nationales de Metz dans la ville pour y préparer leur logement, et ils y avaient été reçus très amicalement. Je n'attendais pour y entrer et en prendre possession que la sortie de la garnison; j'étais donc dans la plus grande sécurité, et m'applaudissais d'être sorti heureusement d'une position aussi extraordinaire et dangereuse.

« Je causais avec les deux officiers généraux et les principaux bourgeois à peu de distance de la porte, auprès de laquelle était la tête d'une de mes colonnes, lorsque le peuple et la populace armés, avec lesquels étaient restés un grand nombre de soldats qui n'avaient pas suivi leurs drapeaux, se prennent de querelle avec mon avant-garde, composée de Suisses. Ils veulent faire feu sur elle de plusieurs pièces de canon chargées à cartouches, qu'ils avaient placées à l'entrée de la porte. Un jeune officier du régiment du Roi, nommé Desilles, les arrête quelque temps. Il se met devant la bouche du canon; ils l'en arrachent : il s'assied sur la lumière d'un canon de vingt-quatre ; ils le massacrent[1]; les canons partent, et jettent par terre cinquante à soixante hommes de l'avant-garde; le reste, suivi des grenadiers français, se précipite avec furie sur les canons; ils s'en emparent ainsi que de la porte de Stainville, que ces canons défendaient, et ils entrent dans la ville par une grande place, où ils sont assaillis d'une grêle de coups de fusils, qui partent des caves, des fenêtres et des toits, sans apercevoir aucun ennemi.

« Quel fut mon étonnement, quand j'entendis le signal d'un combat, que je m'étais efforcé d'éviter et auquel je ne devais plus m'attendre ! Je vole à la tête de mes troupes, dont une partie, déjà entrée dans la ville, était en désordre, culbutée, renversée, prête

[1] Atteint de quatre coups de fusils, foulé aux pieds, Desilles fut arraché à une mort immédiate par un jeune garde national, qui le releva et le transporta dans une maison voisine. Mais il succomba, le 17 octobre suivant, aux suites de ses blessures.

à fuir. Je fais mes dispositions à la hâte pour pénétrer par deux colonnes, qui ne peuvent avancer qu'avec beaucoup de peine et de lenteur dans les principales rues. Les troupes de la garnison, croyant qu'on avait profité de leur sortie de Nancy pour attaquer le peuple et leurs camarades, y rentrèrent avec précipitation pour les défendre. Heureusement que les officiers du régiment du Roi, forcés par leurs soldats de rester avec eux, parvinrent à leur persuader de se retirer dans la cour de leur caserne qui était fermée, de s'y mettre en bataille, d'y placer du canon, et d'attendre qu'on les y attaquât. Cette mesure très sage sauva tout; il n'y eut donc qu'environ six cents hommes de ce régiment réunis au reste de la garnison et au peuple qui combattirent contre nos troupes. Celles-ci croyaient également que, sur les apparences de la paix, ceux de Nancy les avaient laissés approcher avec sécurité pour les combattre avec plus d'avantage et leur tendre un piège, et elles étaient remplies de fureur et d'animosité.

« Dans ces dispositions de part et d'autre, ce combat extraordinaire s'engagea à quatre heures et demie du soir. Je fus jusqu'à sept heures et demie pour parvenir aux principales places où aboutissaient les casernes du régiment du Roi et celles des Suisses, situées aux deux extrémités de la ville : j'avais déjà perdu quarante officiers et près de quatre cents soldats tués ou blessés. Un des bataillons allemands, ainsi que les gardes nationales de Metz, s'étaient retirés après avoir perdu beaucoup de monde : je ne pouvais faire usage de ma cavalerie, et j'avais commis l'imprudence, au commencement de l'affaire, de lâcher dans la ville deux escadrons de hussards qui avaient été passés par les armes et dont la moitié avait été tuée : j'avais même été contraint d'envoyer une grande partie de ma cavalerie sur le chemin de Lunéville, pour s'opposer aux carabiniers que je craignais à tout moment de voir fondre sur moi. Il est vrai que nous avions pris douze pièces de canons, tué beaucoup de monde aux rebelles, fait plus de cinq cents prisonniers de la garnison ou du peuple, qui nous combattaient; que les régiments révoltés étaient retirés devant leurs casernes, avec leurs canons, et que le peuple était rentré dans les maisons ou avait quitté la ville; mais il ne me restait plus qu'environ quinze cents combattants répartis sur plusieurs points.

« J'étais sur la place royale avec environ quatre cents grenadiers français, à deux cents pas des casernes du régiment du Roi d'où on ne tirait pas, vivement sollicité par les grenadiers d'attaquer ce régiment trois fois plus nombreux qu'eux. La nuit approchait, et je ne savais à quel parti me résoudre, quand M. de Rodais, un de mes aides de camp, vint me rendre compte qu'il était parvenu aux casernes, où il avait parlé aux soldats, et les avait trouvés très alarmés et disposés à se soumettre; qu'ils commençaient à écouter la voix de leurs officiers; et que si je paraissais, il ne doutait pas de leur soumission. J'y courus à l'instant, seul; ils parurent consternés en me voyant, et voulurent mettre bas les armes, je les en empêchai; mais je leur signifiai de sortir de la ville dans un quart d'heure, et ils y consentirent. Je leur expédiai sur-le-champ des ordres pour aller tenir garnison à vingt lieues de là. Les officiers reprirent leur autorité et leur commandement, et ce régiment sortit de Nancy devant moi; il en était dehors et en pleine marche une demi-heure après. Ce qu'il y eut d'extraordinaire, c'est que les soldats me demandèrent une escorte et un de mes aides de camp pour protéger leur marche, quoiqu'ils eussent chacun trente coups à tirer, que je n'avais pas cru prudent de leur ôter, de crainte de faire naître quelque obstacle, ou d'occasionner du retard à leur sortie, objet le plus intéressant dans le moment. Mon fils, qui s'offrit pour remplir cette mission délicate, les accompagna jusqu'à deux lieues avec trente hussards que je leur donnai pour escorte et qui les conduisirent à leur nouvelle garnison.

« Je fis annoncer au régiment suisse le départ de celui du Roi, et mes ordres pour sortir de Nancy et pour aller dans une ville éloignée que je lui désignai : les soldats s'y soumirent, et cet exemple fut suivi par la cavalerie. A neuf heures du soir, toute la garnison était partie et était en marche ; le peuple de Nancy était dispersé, ou rentré chez lui ; les étrangers s'étaient retirés, et la ville était dans le plus grand calme. Le lendemain, je fis reprendre au département et à la municipalité leurs fonctions et leur autorité, et l'ordre fut entièrement rétabli. Ce qu'il y eut de particulier et d'heureux, c'est qu'aucune maison ne fut ni pillée ni brûlée, et qu'il n'y eut d'habitants tués ou blessés (dont le nombre, que je n'ai pu connaître, a dû être considérable) que ceux qui avaient pris les armes.

« Le 1er septembre, les trois bataillons suisses me demandèrent la permission d'assembler un conseil de guerre, pour juger environ quatre-vingts soldats de Château-vieux, qui avaient été pris les armes à la main. Le corps suisse au service du Roi avait le droit, d'après le traité des lignes suisses avec la France, de conserver sa justice particulière et indépendante. Ce conseil de guerre condamna vingt-deux soldats à mort et cinquante et quelques aux galères, ce qui fut exécuté sans que j'eusse le droit de l'empêcher. On avait pris environ cent quatre-vingts soldats du régiment du Roi, et trois cents hommes du peuple, les armes à la main : je ne pouvais les faire juger ; ils furent tous élargis depuis sans jugement et personne ne fut puni. »

L'Assemblée nationale, dans sa séance du 2 septembre, fut avisée par une lettre du Roi de la répression de la révolte de Nancy. Dans sa séance du 3, elle reçut communication du rapport de M. de Bouillé au ministre de la guerre. Après une délibération, où Robespierre essaya en vain de se faire entendre, elle adopta le décret suivant, proposé par Mirabeau :

« L'Assemblée nationale décrète que le directoire du département de la Meurthe et les municipalités de Nancy et de Lunéville sont remerciés de leur zèle ; — que les gardes nationales, qui ont marché sous les ordres de M. de Bouillé, sont remerciées du patriotisme et de la bravoure civique qu'elles ont montrés pour le rétablissement de l'ordre à Nancy ; — que M. Désilles est remercié pour son dévouement héroïque ; — que la nation se charge de pourvoir au sort des femmes et des enfants des gardes nationales qui ont péri; — que le général et les troupes de ligne sont approuvés pour avoir glorieusement rempli leur devoir; — que les commissaires, dont l'envoi a été décrété, se rendront sans délai à Nancy, pour y prendre les mesures nécessaires à la conservation de la tranquillité, et l'information exacte des faits, qui doit amener la punition des coupables, de quelque grade et état qu'ils puissent être[1]. »

La satisfaction de La Fayette, très vivement témoignée par lui à M. de Bouillé, qu'il appela le « sauveur de la chose publique[2] », ne fut aucunement partagée par le parti révolutionnaire parisien, que les événements de Nancy blessaient dans ses sentiments et dans ses intérêts, intimement liés partout à la cause du désordre. Le 2 septembre, des troubles se produisirent dans la capitale.

« Quarante mille hommes, racontent les *deux amis de la liberté*[3], se rendirent aux Tuileries devant la salle de l'Assemblée nationale, et un cri universel demanda le renvoi des ministres.

---

[1] *Archives parlementaires*, t. XVIII, pp. 494, 524 et suiv., 530.
[2] Bouillé, *Mémoires* cités, p. 202.
[3] T. VI, pp. 121-123.

« Lorsque les têtes furent échauffées, les motions se multiplièrent ; on proposa d'aller les enfermer dans leurs hôtels, et de leur donner des gardes ; d'autres voulaient qu'on plaçât une garde de citoyens aux barrières pour les empêcher de partir. Tout à coup une voix crie : « Allons à Saint-Cloud ! » Un *non* universel repousse la motion qui fut inutilement répétée plusieurs fois. Quatre jeunes gens voulurent grimper aux croisées de la salle pour y faire entendre la demande du peuple ; on se porta unanimement à les en empêcher.

« Enfin, on se décide à envoyer une députation à la barre de l'Assemblée, et l'on nomme à cet effet six députés. Ils partent ; mais la députation n'est point légale, elle n'est point admise. Cependant les cris qui continuaient sur la terrasse des Feuillants jetèrent l'effroi dans la partie droite de la salle de l'Assemblée, et plusieurs des membres qui s'y trouvaient placés passèrent du côté gauche.

« Quand le peuple fut fatigué de crier sur la terrasse des Tuileries, il résolut d'aller arrêter M. de la Tour du Pin, ou de demander à M. de La Fayette d'en répondre. Le premier parti prévalut, et quatre à cinq mille partirent pour se rendre à l'hôtel du ministre de la guerre; mais ils y trouvèrent une garde nombreuse, deux pièces de canon et la mèche allumée. Le lendemain, 3 septembre, une multitude de citoyens aussi nombreuse que la veille se porta aux Tuileries et cria longtemps le renvoi des ministres; on craignit même que cette extrême fermentation ne renouvelât à Paris les scènes désastreuses qui l'occasionnaient; mais la courageuse patience de la garde nationale sut prévenir un tel malheur. »

Les commissaires du Roi envoyés à Metz en exécution des décrets de l'Assemblée furent Cahier de Gerville, membre de la municipalité de Paris en qualité de procureur syndic, et Duveyrier, avocat, naguère secrétaire de l'assemblée des électeurs. L'un et l'autre étaient des membres zélés du parti constitutionnel et des amis de La Fayette. Ils arrivèrent à Metz le 5 septembre et trouvèrent cette ville dans un état d'esprit qui ne dut que médiocrement leur plaire. La défaite de la rébellion y avait déterminé un mouvement de réaction prononcé.

« Une circonstance assez extraordinaire, remarque M. de Bouillé[1], c'est que le peuple ne voulait plus, après l'affaire de Nancy,

---

[1] *Mémoires* cités, p. 206.

faire le service de la garde nationale; il avait déposé ses armes, jeté la cocarde nationale, et ne voulait plus reconnaître que l'autorité militaire émanée du Roi. Les autorités constituées avaient le même esprit. J'eus beaucoup de peine à persuader aux membres du département et de la municipalité qu'ils devaient reprendre leurs fonctions et obéir aux nouvelles lois constitutionnelles. Nancy était donc devenue royaliste; mais je jugeai qu'il n'était d'aucune utilité de les appuyer dans ces principes; ce mouvement ne pouvait être que momentané et n'aurait pas été suivi par les autres villes. Les commissaires eurent beaucoup de peine à ramener celle-ci à des sentiments patriotiques. »

Néanmoins, ils y réussirent. Toutes les personnes arrêtées pour participation à la révolte furent relâchées, la garde nationale fut rétablie, et la Société des Amis de la Constitution, affiliée aux Jacobins de Paris, reprit ses séances. Bien plus, les deux secrétaires de la commission royale s'y firent admettre, et les deux commissaires eux-mêmes, selon nos *amis de la liberté*[1], « regrettèrent que l'impartialité de leurs fonctions ne leur permit pas d'accepter la même faveur. »

[1] T. VI, p. 128.

Il eût été bien surprenant que les événements de Nancy ne donnassent pas lieu à quelque cérémonie théâtrale. La population parisienne eut un spectacle de plus.

« Une fête funèbre fut célébrée, le lundi 20 septembre, au champ de la fédération avec la plus grande solennité.

« Les amphithéâtres de ce cirque immense étaient tendus de noir et couverts de plus de deux cent mille spectateurs. La galerie du fond, également tendue de noir et ornée au dehors de draperies noires et blanches, était occupée par les 24 députés (délégués) de l'Assemblée nationale, par la municipalité, les électeurs de 1789 et les représentants de la Commune. Au milieu était l'autel de la patrie, tendu en noir, drapé de blanc et entouré de cyprès, et sur la plate-forme un trophée funèbre et guerrier. Sur le devant de ce trophée était cette inscription : *Aux mânes des braves guerriers morts à Nancy pour la défense de la patrie et de la loi, le 30 (31) août 1790.* Sur les trois autres faces étaient les trois inscriptions suivantes : *Ennemis de la patrie, tremblez, ils laissent leur exemple. — Le marbre et l'airain périront ; mais leur gloire est éternelle comme l'empire de la liberté. — C'est ici qu'ils venaient de jurer d'être fidèles à la Nation, à la Loi et au Roi.*

« Aux quatre coins de cet autel brûlaient des torches funèbres et quatre cassolettes d'où s'élevait une épaisse fumée. A l'entrée étaient placés soixante lévites vêtus de lin ; et les ministres de l'Éternel l'invoquaient pour les guerriers dont on pleurait la perte.

« Les six divisions de la garde nationale entrèrent dans le même instant par les six principales ouvertures, les armes bas et dans le plus grand ordre : elles portaient un étendard à la romaine. L'état du ciel était assorti à ce triste spectacle. Il était sombre, et quelques rayons de soleil, perçant à travers des nuages épais, semblaient annoncer des jours plus heureux qui feraient enfin disparaître les orages qui obscurcissaient notre horizon politique.

« Quand les bataillons et les gardes nationales des municipalités voisines eurent pris leurs places, tous les drapeaux allèrent se ranger autour de l'autel ; les drapeaux de la patrie devaient orner la tombe de ses défenseurs. Alors quatre coups de canon annoncèrent le commencement de la cérémonie, pendant laquelle un corps de musique très nombreux exécuta divers morceaux de symphonie adaptés au caractère de la fête.

« Après la messe, le commandant fut avertir la députation de l'Assemblée nationale qu'elle était attendue à l'autel, et que le clergé venait au devant d'elle pour l'y conduire.

« Précédés des ministres du culte et de la musique, environnés de tous les commandants militaires des gardes nationales, les armes renversées, les députés arrivèrent devant l'autel, et après avoir rendu un hommage religieux aux monuments élevés à la mémoire des glorieuses victimes de la patrie, ils reprirent au milieu de leur cortège, dans un triste silence, la route de la capitale [1]. »

Les conséquences politiques des événements de Nancy furent à peu près nulles et sans influence sur le cours général de la Révolution. Aussi est-ce bien à tort que le journaliste Loustalot en serait mort de douleur, s'il fallait sur ce décès accepter la version du boucher Legendre, l'un des séides de Danton, qui s'écria sur la tombe : « Malheureux ami de la Constitution, va dans l'autre monde puisque telle est ta destinée. C'est la douleur du massacre de Nancy qui a causé ta mort; va leur dire qu'au seul nom de Bouillé le patriotisme frémit; dis-leur que chez un peuple libre rien ne reste impuni; dis-leur que tôt ou tard ils seront vengés. » Mais cette version, quoique corroborée par Marat dans l'*Ami du*

---

[1] *Deux Amis de la liberté*, t. VI, pp. 134-137.

peuple, fut contestée, et les mauvaises langues du parti des *aristocrates* attribuèrent la mort de Loustalot à l'intempérance habituelle de ce publiciste [1].

La conséquence militaire de la répression de Nancy fut un rétablissement relatif dans l'armée de la discipline technique et de la subordination au pouvoir civil, mais nullement de l'esprit royaliste, qui s'y effaça de plus en plus devant l'esprit révolutionnaire [2].

[1] Cf. Buchez et Roux, t. VII, pp. 80, 81. — *Nouvelle Biographie générale* (Firmin-Didot) au mot *Loustalot*.
[2] Cf. Bouillé, *Mémoires* cités, pp. 209, 210.

CHAPITRE III

CHUTE DE NECKER. — L'INSUBORDINATION MARITIME ET L'ANARCHIE COLONIALE. — LA RÉBELLION DE BREST ET LE PAVILLON TRICOLORE. — CRISE MINISTÉRIELLE.

L'émeute des 2 et 3 septembre, occasionnée par les événements de Nancy, eut pour effet de déterminer la retraite de Necker. Un peu inquiet des dispositions de la populace, La Fayette avait engagé le ministre des finances à prendre des précautions pour sa sûreté personnelle. Necker, effrayé, s'était réfugié à sa maison de Saint-Ouen, et, comme son arrivée avait produit quelque agitation dans ce village, il était sorti secrètement de sa demeure et avait erré une partie de la nuit dans la campagne. Aussitôt rentré à Paris, il adressa au Roi sa démission et la porta par une lettre à la connaissance de l'Assemblée.

Son influence était, comme sa popularité, totalement éteinte. En vain avait-il essayé, par ses mémoires adressés de temps à autre à l'Assemblée, et où il mêlait volontiers au ton doctrinal l'accent élégiaque, de maintenir sur les députés la haute supériorité de pédagogie morale, politique et financière qu'il jugeait dévolue à son génie et à son expérience, la grande majorité des représentants en avaient assez de lui. Le Comité des finances, en particulier, plein d'une fougue juvénile, trouvait son pédantisme aussi arriéré qu'ennuyeux. Mirabeau, qui le détestait, s'était décidé par d'autres motifs encore à donner l'appui de son éloquence à une politique financière directement opposée à celle de Necker. La dissidence entre eux était complète sur une question capitale : le développement du système des assignats [1].

Necker y était hostile. Mirabeau, peu favorable d'abord à cet expédient, dont il voyait le péril, s'y était ensuite entièrement rallié, parce qu'il y avait reconnu un moyen puissant d'achever la ruine de l'ancien ordre des choses, et d'intéresser les futurs déten-

---

[1] Cf. *La Fédération*, pp. 227, 235.

teurs de ce papier d'État, intimement lié à la vente des biens dits nationaux, dont il représentait la valeur, aux institutions nouvelles, sur lesquelles l'audacieux tribun, devenu le conseiller de Louis XVI, entendait faire désormais reposer l'antique monarchie. Il avait conclu un discours prononcé dans la séance du 27 août et couvert d'applaudissements, par la proposition de rembourser en assignats la totalité de la dette exigible; de mettre en vente sur-le-champ tous les domaines nationaux ; de ne recevoir, en paiement des acquisitions, que les assignats, à l'exclusion de l'argent et de tout autre papier. Sur la réclamation de l'orateur, un mémoire en sens contraire envoyé par Necker et dont on voulait donner lecture avant que Mirabeau ne prît la parole, avait été renvoyé par l'Assemblée à la fin de la séance, et cette lecture fut écoutée avec beaucoup de froideur. Les illusions du ministre, si tenaces qu'elles fussent, achevèrent alors de se dissiper, et ses yeux s'ouvrirent tout à fait sur sa situation réelle durant sa douloureuse promenade nocturne de Saint-Ouen [1].

La lettre adressée par Necker à l'Assemblée

---

[1] Cf. Droz, *Histoire du règne de Louis XVI*, édition in-8°, t. III, p. 261 et suiv. — *Archives parlementaires*, t. XVIII, pp. 358 et suiv., 366 et suiv.

nationale fut lue dans la séance du 4 septembre. Elle était conçue en ces termes :

« Messieurs, ma santé est depuis longtemps affaiblie par une suite continuelle de travaux, de peines et d'inquiétudes : je différais cependant d'un jour à l'autre d'exécuter le plan que j'avais formé de profiter des restes de la belle saison pour me rendre aux eaux, dont on m'a donné le conseil absolu. N'écoutant que mon zèle et mon dévouement, je commençais à me livrer à un travail extraordinaire pour déférer à un vœu de l'Assemblée, qui m'a été témoigné par le Comité des finances ; mais un nouveau retour, que je viens d'éprouver, des maux qui m'ont mis en grand danger cet hiver, et les inquiétudes mortelles d'une femme aussi vertueuse que chère à mon cœur, me décident à ne point tarder de suivre mon plan de retraite, en allant retrouver l'asile que j'ai quitté pour me rendre à vos ordres. Vous approcherez, à cette époque, du terme de votre session, et je suis hors d'état d'entreprendre une nouvelle carrière.

« L'Assemblée m'a demandé un compte de la recette et de la dépense du Trésor public, depuis le 1er mai 1789 jusqu'à mai 1790. Je l'ai remis le 21 juillet dernier.

« L'Assemblée a chargé son Comité des finances de l'examiner, et plusieurs membres du Comité se sont partagé entre eux le travail. Je crois qu'ils auraient déjà pu connaître s'il existe quelque dépense ou quelque autre disposition susceptible de reproche, et cette recherche est la seule qui concerne essentiellement le ministre, car le calcul du détail, l'inspection des titres, la revision des quittances, ces opérations nécessairement longues, sont particulièrement applicables à la gestion des payeurs, des receveurs et des différents comptables.

« Cependant j'offre et je laisse en garantie de mon administration ma maison de Paris, ma maison de campagne, et mes fonds au Trésor royal ; ils consistent depuis longtemps en 2.400.000 livres, et je demande à retirer seulement 400.000 livres, dont l'état de mes affaires, en quittant Paris, me rend la disposition nécessaire ; le surplus, je le remets sans crainte sous la sauvegarde de la nation. J'attache même quelque intérêt à conserver la trace d'un dépôt que je crois honorable pour moi, puisque je l'ai fait au commencement de la dernière guerre, et que, par égard pour les besoins continuels du Trésor royal, je n'ai pas voulu le retirer au milieu des circonstances les plus inquiétantes, où d'autres avaient l'administration des affaires.

« Les inimitiés, les injustices dont j'ai fait

l'épreuve m'ont donné l'idée de la garantie que je viens d'offrir ; mais quand je rapproche cette pensée de ma conduite dans l'administration des finances, il m'est permis de la réunir aux singularités qui ont accompagné ma vie. »

A la suite de sa signature, Necker crut devoir ajouter de sa main ce singulier postscriptum : « L'état de souffrance que j'éprouve en ce moment m'empêche de mêler à cette lettre les sentiments divers qu'en cette circonstance j'eusse eu le désir et le besoin d'y répandre. »

L'Assemblée témoigna par sa complète indifférence qu'elle dispensait volontiers le ministre démissionnaire de l'effusion de ses sentiments, et qu'elle n'était même nullement affectée par les inquiétudes de Mme Necker. La lettre qu'on venait d'entendre n'aurait donné lieu à aucun débat ni à aucun vote, si Gaultier de Biauzat n'avait invité l'Assemblée à profiter de l'occasion pour mettre complètement la main sur la direction des finances. Sur sa proposition, les Comités des finances et de Constitution réunis furent chargés de présenter incessamment un projet de décret « pour l'organisation et la direction du Trésor national [1] ».

---

[1] *Archives parlementaires*, t. XVIII, p. 559.

Necker n'était pas au bout de ses déboires. Il vit une multitude furieuse enlever sous ses yeux l'inscription : *Au ministre adoré*, placée l'année précédente, lors de son retour triomphal, au-dessus de la porte de son hôtel, et il fut obligé de faire appel à la garde nationale pour se garantir des violences dont il était menacé. Il réussit pourtant à quitter Paris sans encombre. Mais, quoique muni de deux passeports, l'un signé du Roi et l'autre du maire de Paris, il fut arrêté à Arcis-sur-Aube. Sous la pression de la foule ameutée contre lui, les officiers municipaux de cette ville, par un procès-verbal en date du 9 septembre, constatèrent que « le peuple, pénétré des principes de responsabilité, s'est déterminé à retenir M. Necker et ses compagnons de voyage, jusqu'à ce que nous ayons reçu des ordres de l'Assemblée nationale pour les remettre en liberté ». En conséquence, deux courriers extraordinaires apportèrent à l'Assemblée une lettre éplorée de l'ancien ministre, qui fut lue dans la séance du 11 septembre.

« L'Assemblée, disait-il, jugera, sans que je l'exprime, les sentiments que j'éprouve. J'ai servi l'État sans aucune récompense [1],

---

[1] Necker avait toujours refusé de toucher ses appointements de ministre et fait preuve au pouvoir d'une probité et d'un désintéressement exemplaires.

avec le dévouement le plus entier, et, j'ose le protester, je n'ai pas eu un moment de mon ministère qui n'ait été employé à faire le bien, selon mes forces et mes lumières. Je supplie l'Assemblée de ne pas permettre que, pour résultat de tous mes efforts, je ne puisse jouir de la liberté que les lois assurent à tous les citoyens. »

Après un court débat, qui, de la part de quelques membres, notamment Charles de Lameth et Camus, ne fut pas exempt d'aigreur contre le ministre déchu, l'Assemblée vota une décision ainsi conçue :

« L'Assemblée nationale décrète que son président écrira à la municipalité d'Arcis-sur-Aube de mettre sur-le-champ M. Necker en liberté, et qu'il adressera à M. Necker une lettre qui lui servira de passeport. »

Le « peuple » d'Arcis-sur-Aube daigna s'incliner, mais, en dépit de son troisième passeport, le malheureux voyageur fut de nouveau arrêté en arrivant à Vesoul. Là, le « peuple » intervient encore, entoure la voiture, coupe les traits des chevaux, et ce n'est qu'à grand'peine qu'avec l'aide de la municipalité Necker peut continuer sa route. Il franchit enfin la frontière et arriva sain et

---

Cf. sur ce point Louis Blanc, *Histoire de la Révolution française*, édition in-8°, 1853, t. V, pp. 49-50.

sauf à Genève, d'où il alla s'établir dans son château de Coppet[1]. C'était la chute définitive d'un très honnête homme et d'un très habile administrateur, mais infatué de lui-même, qui s'était cru et que la France avait cru un grand homme d'État[2].

Necker parti, l'Assemblée n'en était que plus en demeure de pourvoir aux besoins urgents du Trésor et à la liquidation de la dette exigible, et de se prononcer sur le moyen proposé pour ce double objet, à savoir le développement du système des assignats. La discussion sur ce point se continua durant tout le mois de septembre. Le débat n'avait pas lieu seulement au sein de l'Assemblée. Les chambres de commerce, plusieurs administrations de département et de district, un certain nombre de municipalités émirent à cet égard des opinions divergentes. Des brochures circulèrent, écrites en des sens différents. L'une entre autres, hostile au papier-monnaie, était l'œuvre de Dupont de Nemours. Elle était intitulée : *Effets des assignats sur le prix du pain*, et signée : *Un ami du peuple*.

---

[1] Il y vécut jusqu'en 1804, dans une retraite laborieuse et gémissante, animé de très louables sentiments religieux, mais demeurant, au fond, toujours inconsolable du pouvoir et de l'influence perdus.
[2] Cf. *Deux Amis de la liberté*, t. VI, p. 178 et suiv. — *Archives parlementaires*, t. XVIII, pp. 694-695.

Elle fit grand effet et souleva un orage à l'Assemblée. Ce n'étaient pas seulement, on le voit, les chefs de la droite qui combattaient le nouveau système. Dans la séance du 18 septembre, le promoteur même de la vente des biens du clergé, l'évêque d'Autun, Talleyrand, s'y opposa par un vigoureux discours. Mais Mirabeau, devenu le champion de jour en jour plus déterminé de la révolution financière, qu'il ne jugeait pas plus incompatible que la révolution politique avec la restauration du pouvoir royal, mit à contribution, pour en assurer le triomphe, les ressources d'information, de dialectique et de style de l'atelier intellectuel qu'il avait organisé au profit de son éloquence. De là sortit le vaste discours prononcé par lui dans la séance du 27 septembre [1]. Il emporta la victoire. Dans sa séance du 29, l'Assemblée adopta, en l'atténuant, le projet de Mirabeau et rendit un décret conçu en ces termes :

« Art. 1er. La dette non constituée [2] de

---

[1] Ce discours, comme celui du 27 août précédent sur le même sujet, avait été rédigé par Reybaz, l'un des collaborateurs de Mirabeau. Sur le caractère de cette collaboration, cf. Loménie, *Les Mirabeau*, t. V, p. 353; — Alfred Stern, *Das Leben Mirabeaus*, t. II, pp. 195, 196, 198.

[2] C'est-à-dire la dette non consolidée, la dette exigible.

l'État, et celle du ci-devant clergé, seront remboursées, suivant l'ordre qui sera indiqué, en assignats-monnaie, sans intérêts.

« Art. 2. Il n'y aura pas en circulation au delà de 1.200 millions d'assignats, compris les 400 millions déjà décrétés.

« Art. 3. Les assignats qui rentreront dans la caisse de l'extraordinaire seront brûlés ; et il ne pourra en être fait une nouvelle fabrication et émission sans un décret du corps législatif, toujours sous la condition qu'ils ne puissent ni excéder la valeur des biens nationaux, ni se trouver au-dessus de 1.200 millions en circulation. »

Les adversaires de la mesure se consolèrent à la française, en chantant et en répandant le couplet suivant sur l'air populaire *J'ai du bon tabac :*

> J'ai des assignats,
> J'en ai plein mes poches ;
> J'ai des assignats
> Qu'on ne paiera pas !
> J'en ai pour tous les goûts divers :
> Des blancs, des rouges et des verts.
> J'ai des assignats,
> J'en ai plein mes poches ;
> J'ai des assignats
> Qu'on ne paiera pas [1] !

[1] Cf. Droz, t. III, pp. 267-270. — Louis Blanc, t. V, p. 52 et suiv. — *Archives parlementaires*, t. XIX,

Le départ de Necker était de mauvais augure pour le maintien du ministère dont il avait été longtemps considéré comme le chef, et dont la formation avait été la conséquence de son rappel triomphal [1]. La situation des ministres, déjà très ébranlée, reçut le dernier coup des débats soulevés à l'Assemblée par les troubles qui éclatèrent à Brest dans les premiers jours du mois de septembre 1790, puis qui s'y renouvelèrent et s'y prolongèrent avec des incidents et des contre-coups bizarres et des abus scandaleux.

L'insubordination qui, dans l'armée, avait abouti aux événements de Nancy, couvait aussi dans la marine. Elle s'y déclara en raison même de l'agglomération de matelots produite par les armements de précaution ordonnés par l'Assemblée dans sa séance du 26 août. L'escadre réunie à Brest était placée sous le commandement de M. d'Albert de Rioms, transféré de Toulon à la suite des troubles racontés par nous dans un précédent ouvrage, et qui était demeuré en butte aux soupçons des *patriotes* [2]. Toutefois, ce fut par

pp. 48 et suiv., 263 et suiv., 316. — *Histoire authentique et suivie de la Révolution de France*, t. II, p. 40.

[1] Cf. *La Chute de l'ancienne France. Les Débuts de la Révolution*, pp. 237-238.

[2] Cf. *La Fédération*, p. 330 et suiv.

l'Assemblée nationale elle-même que fut fourni le motif du premier soulèvement des marins.

Par son décret en date des 16, 19 et 21 août 1790, l'Assemblée, abrogeant « toutes les dispositions pénales contenues dans les ordonnances de la marine militaire » parce qu'elle les avait jugées « incompatibles avec les principes d'une constitution libre », avait institué dans tous ses détails un nouveau « code pénal pour être exécuté sur les vaisseaux, escadres et armées navales, et dans les ports et arsenaux [1] ». Les adoucissements apportés par elle à l'antique discipline étaient de nature, pensait-elle, à la rendre très populaire parmi les matelots. Mais il se trouva, au contraire, que l'une, entre autres, des peines établies dans le nouveau code, « les fers avec un anneau et une petite chaîne traînante », les blessa profondément par la similitude qu'ils y virent avec l'un des traitements infligés aux galériens. La lecture publique du nouveau code faite, le 6 septembre, sur les bâtiments de l'escadre, y produisit un acte de rébellion ouverte. Les marins, au nombre de quinze cents, mirent les chaloupes à la mer et, après avoir débarqué, marchèrent sur

---

[1] *Archives parlementaires*, t. XVIII, p. 297 et suiv.

l'Hôtel-de-Ville, afin de porter en force leurs réclamations à la municipalité. Celle-ci réussit à leur persuader de lui envoyer seulement deux délégués par navire, et le résultat de la conférence fut que leurs plaintes seraient transmises par elle à l'Assemblée nationale. M. d'Albert s'engagea de son côté à les y faire parvenir. Le calme se rétablit momentanément. Mais il fut troublé de nouveau et de la façon la plus grave par une suite singulière de la crise que la Révolution avait amenée dans la plus importante de nos colonies, qui était alors l'île de Saint-Domingue, dont le territoire était partagé entre la France et l'Espagne [1].

Au point de vue national et international et au point de vue économique, la situation coloniale de la France, malgré les pertes énormes faites sous Louis XV, était bonne à la fin de l'ancien régime. « Le domaine colonial de 1789, dit un écrivain spécialiste, grand partisan d'ailleurs de la Révolution [2], était supérieur à celui d'aujourd'hui en valeur internationale. Il l'égalait au moins en valeur intrinsèque... Les colonies ne coûtaient rien

---

[1] Cf. *Deux Amis de la liberté*, t. VI, p. 148 et suiv. — *Archives parlementaires*, t. XVIII, p. 729.
[2] Léon Deschamps, *Les Colonies pendant la Révolution. La Constituante et la réforme coloniale*, pp. 3, 9.

à la nation et leur commerce de 296 millions était tout profit. » Il ne suit naturellement pas de là que tout fût pour le mieux dans le système politique et administratif qui s'y rapportait. Aux colonies comme en France, et plus qu'en France, il y avait des abus à réformer, des institutions de garantie et de contrôle à établir. Un premier pas avait été fait dans cette voie par la création en principe d'assemblées coloniales, analogues aux assemblées provinciales de la mère-patrie. Mais bien plus encore qu'en France, l'action réformatrice dans les colonies demandait beaucoup de science et de sagesse, de fermeté et de prudence réfléchies, parce que les éléments divers de la société coloniale, notamment à Saint-Domingue, étaient dans un état de complexité et de rivalité redoutables.

Un terrible fait surtout y rendait périlleux tout mouvement mal conçu. Contraire au droit naturel et au droit chrétien, l'esclavage des nègres, une fois établi et alimenté par la traite, était devenu aux colonies une institution fondamentale, sur laquelle reposait l'édifice économique tout entier. « L'esclavage, dit l'écrivain déjà cité[1], était d'un intérêt vital pour les colonies. Comme étaient établis

---

[1] Léon Deschamps, ouvrage cité, pp. 15-19.

le travail et la propriété aux îles d'Amérique, il semblait impossible de se passer d'esclaves. On n'y connaissait que la grande propriété, et l'on n'y pratiquait que les cultures industrielles. Le travail de la coupe des cannes et des moulins à sucre, par exemple, exigeait la main-d'œuvre de la race nègre, résistante au climat tropical; celle des engagés avait été reconnue impossible et l'on y avait renoncé dès le début du siècle... Chaque colon était moins un agriculteur qu'un chef d'industrie, entouré parfois de plusieurs centaines d'ouvriers; de leur travail dépendait sa fortune, et de leur soumission sa vie...

« Diverses circonstances venaient encore compliquer cette situation. Il y avait aux colonies trois classes d'hommes, qui n'entraient pas dans le cadre de l'esclavage ou qui en étaient sortis, mais qui ne demandaient qu'à jouer un rôle. C'étaient les petits blancs, les mulâtres ou sang-mêlés et les affranchis. Les premiers n'étaient pas propriétaires; ils comprenaient les gens de loi, courtiers de commerce, soldats libérés ou réfractaires, domestiques, aventuriers, qui n'avaient pas d'attache dans le pays et qui étaient par nature fort turbulents. Arrivant avec des préjugés de race et de couleur, que n'atténuait pas, comme chez les planteurs, le contact journalier avec les esclaves, ils se montraient les implacables ennemis des noirs, surtout des mulâtres, dont ils convoitaient les biens, et ils se portaient souvent à des actes de violence, même contre les agents du pouvoir. Les mulâtres et sang-mêlés n'étaient pas moins inquiétants. Descendant directement ou indirectement des blancs et des femmes esclaves, représentant l'une des immoralités que comporte l'esclavage, possédant au dire de l'un d'eux le quart des esclaves et le tiers des propriétés, ayant reçu une demi-instruction et, par leurs fréquents séjours en France, une demi-teinte de la philosophie métropolitaine, ils avaient la prétention, d'ailleurs parfaitement juste, d'être les égaux de leurs pères et frères blancs, dont ils partageaient les charges militaires et financières. Mais les blancs ne l'entendaient pas ainsi. Par vanité d'abord, puis par crainte réelle ou affectée à l'égard des noirs esclaves, ils refusaient tout partage ; ils sollicitaient même et obtenaient des aggravations plus ridicules qu'efficaces, dans la législation. Quant aux affranchis, ils restaient pauvres généralement et, par suite, jalousaient mulâtres et blancs ; ils conservaient, en outre, le contact avec leurs anciens compagnons de chaîne, et ils seront d'actifs agents d'insurrection. La haine de race et la guerre civile étaient donc à l'état latent dans les colonies. »

La philanthropie utopique et déclamatoire, louable d'ailleurs en plusieurs points, dont se piquait la philosophie du dix-huitième siècle, ne pouvait demeurer indifférente à la question de l'esclavage des noirs. L'abolition de cette coutume inhumaine eut alors sa place dans le vaste programme théorique des abus sociaux à réformer. A la fin de l'ancien régime, les très nombreux partisans de ce progrès comptaient parmi eux deux personnages qui n'étaient pas de petite importance : le Roi et son premier ministre, Louis XVI et Necker. Ce dernier donna même officiellement place à cette pensée, à cette espérance dans l'immense discours prononcé par lui à l'ouverture des États généraux. « Un jour viendra peut-être, dit-il, où vous étendrez plus loin votre intérêt; un jour viendra peut-être où, associant à vos délibérations les députés des colonies, vous jetterez un regard de compassion sur ce malheureux peuple, dont on a fait un barbare objet de trafic, sur ces hommes semblables à nous par la pensée et surtout par la triste faculté de souffrir; sur ces hommes cependant que, sans pitié pour leurs douloureuses plaintes, nous accumulons au fond d'un vaisseau pour aller ensuite à pleines voiles les présenter aux chaînes qui les attendent[1]... »

Un zèle plus actif, mais moins pur, inspirait une association fondée en 1787 par Brissot, Sieyès et Condorcet : la Société des Amis des noirs. « Elle était dirigée, dit M. Léon Deschamps[2], par un comité régulateur, dont les premiers membres furent, avec les trois fondateurs, Mirabeau, La Fayette, le duc de la Rochefoucauld, Pétion, Clavière, Pelletier de Saint-Fargeau, Valadi, Carra, Bergasse, Gorsas, Le Page... La société ne différait pas, pour les principes et le mode d'action, de ces sociétés secrètes, clubs et loges maçonniques, qui existaient alors en grand nombre et qui exercèrent une profonde influence sur le mouvement révolutionnaire. On la disait même composée des membres de la loge des Philanthropes, affiliée au Comité central du Grand-Orient. Il semble toutefois qu'elle ait gardé auprès des autres une certaine originalité. Elle essaya d'abord de recruter des adhérents parmi tous ceux qui avaient quelques griefs contre la cour; puis elle s'adressa aux hommes du peuple dédaignés par les autres sociétés, et notamment aux artisans des faubourgs Saint-Antoine et Saint-Marceau. Elle

---

[1] Léon Deschamps, ouvrage cité, pp. 62-63.
[2] Ouvrage cité, pp. 50-53.

forma ainsi un groupe nombreux, — 500.000, dit-on, — réunissant toutes les classes sociales. Fondée à l'imitation des sociétés anglaises pour faire une propagande désintéressée en faveur des noirs, esclaves ou libres, elle généralisait souvent ses discussions, et elle agitait, avant la Révolution, les idées révolutionnaires de liberté et d'égalité; elle formulait déjà les droits de l'homme. Par cela même, autant que par sa composition toute démocratique, elle fut très influente. Elle se tint en correspondance avec toutes les sociétés d'action qui se fondèrent alors par toute la France. Elle pratiqua, avant les Jacobins, l'union, sinon l'affiliation jacobine. »

La société des Amis des noirs se préoccupait principalement de transformer en révoltés les sujets blancs du royaume de France. Mais elle n'oubliait pas entièrement les nègres des colonies. Ses principes et sa propagande sur ce dernier objet étaient trop peu conformes aux intérêts des colons, pour que ceux-ci ne se missent pas en mesure d'y opposer leur propre influence. C'est pour cela que fut fondée à Paris et ramifiée en province une association intitulée : « Société correspondante des colons français », qui fut définitivement constituée le 20 août 1789, et qui avait son siège à l'hôtel Massiac, place de la Victoire. Composée de riches planteurs et de leurs amis, l'esprit dit « aristocratique » y tint sans doute une place notable, mais elle compta pourtant au nombre de ses membres ou de ses alliés quelques-uns des partisans les plus déterminés et même des chefs du mouvement révolutionnaire en France. Tels notamment Moreau de Saint-Méry, le marquis de Gouy d'Arsy, Alexandre de Lameth, l'un des plus grands propriétaires de Saint-Domingue, et, sous l'influence de Lameth, Barnave lui-même, tandis que Mirabeau, comme nous l'avons vu, était l'un des principaux directeurs des Amis des noirs. Amis des noirs et Colons français se coudoyèrent ainsi fraternellement aux Jacobins [1].

Le règlement du 24 janvier 1789 pour l'élection aux États généraux était demeuré muet sur la représentation des colonies. Mais, avec la débilité connue du gouvernement, toutes les initiatives avaient le champ libre. Les colons de Saint-Domingue présents à Paris élurent de leur propre autorité huit représentants et, d'autre part, les planteurs de la colonie prirent sur eux d'en envoyer quatre. Dans sa séance du 4 juillet l'Assem-

---

[1] Cf. Léon Deschamps, ouvrage cité, pp. 53-60.

blée nationale reconnut définitivement six titulaires, dont la liste fut dressée par les élus provisoires eux-mêmes. Quelques mois plus tard, elle étendit la même concession aux autres colonies. Cette admission de députés coloniaux eut lieu contre l'avis de la Société de l'hôtel Massiac, qui rêvait pour les colonies une autonomie politique voisine de l'indépendance. Mais une fois la représentation constituée, elle agit de concert avec elle pour leurs intérêts communs. Selon la tendance successivement affirmée par elle pour les diverses branches de l'administration, l'Assemblée institua, le 2 mars 1790, un Comité spécial des colonies. L'influence des colons et de l'hôtel Massiac y avait la prépondérance [1].

Cette création fut déterminée par les mauvaises nouvelles arrivées des colonies et en particulier de Saint-Domingue. Surexcités par le succès de la Révolution en France et oubliant qu'en face des gens de couleur et surtout des esclaves, ils n'étaient eux-mêmes qu'une aristocratie très privilégiée, les blancs, et surtout les planteurs, avaient voulu, eux aussi, faire table rase de l'ancien régime, s'emparer du gouvernement et de l'administration, et tenir

---

[1] Cf. Léon Deschamps, ouvrage cité, pp. 61-81.

à leur merci les représentants de l'autorité royale et du pouvoir métropolitain. Des comités s'étaient installés dans les paroisses et dans les districts, une assemblée provinciale avait été élue pour chacune des trois provinces de la partie française de Saint-Domingue, enfin une assemblée générale, composée de 212 membres, s'était réunie à Saint-Marc. Empiétant par avance sur les attributions que cette dernière n'allait pas tarder à usurper, l'assemblée provinciale du Nord, siégant au Cap, s'était engagée dans une lutte ouverte avec le gouverneur de la colonie, M. de Peynier.

« Le 13 novembre 1789, dit M. Léon Deschamps[1], elle s'attribue le pouvoir législatif et exécutif. Coup sur coup, elle abolit les taxes, nomme un receveur, fait emploi des fonds, procède à un dénombrement pour établir le service des milices, emprisonne un nommé Dubois, qui a osé parler de l'affranchissement des noirs, casse le Conseil supérieur, qui a refusé de se laisser réduire aux fonctions judiciaires et qui a frappé de nullité l'emprisonnement de Dubois, en nomme un autre, force de Peynier à faire prêter, le 13 janvier 1790, le serment civique aux trou-

---

[1] Ouvrage cité, pp. 85-86.

pes de terre et de mer, nomme son président, Bacon de la Chevalerie, capitaine général des troupes nationales. Devant une semblable attitude, voisine de la rébellion, le gouverneur n'avait, comme il le dit, qu'à recourir aux baïonnettes, et il se disposait à le faire au moment où il envoyait sa dépêche. »

Mise ainsi en demeure de se prononcer sur le régime des colonies, l'Assemblée nationale, sur le rapport de Barnave, adopta, dans la loi du 8 mars 1790, développée par l'instruction ou décret du 28 du même mois, le système de l'autonomie dans une très large mesure, en imitant d'ailleurs, autant que possible, l'organisation qu'elle était en train d'appliquer à la France elle-même.

« Les assemblées de paroisses, seules circonscriptions électorales, députent directement à une assemblée coloniale... L'Assemblée coloniale a une pleine initiative pour les lois intérieures, qui sont exécutoires provisoirement, avec la sanction du gouverneur et jusqu'à l'approbation de l'Assemblée nationale et du Roi. Elle ne peut qu'émettre des vœux sur les questions communes à la métropole et à la colonie, sur lesquelles l'Assemblée nationale peut seule décréter... Nombre, forme et pouvoirs des assemblées administratives remplaçant les agents ministériels; nomination et contrôle des agents de perception : désignation des circonscriptions judiciaires, dont les charges seront données à l'élection ; lois touchant les personnes et les propriétés ; travaux publics ; mesures sanitaires : tout cela entre dans la compétence de l'Assemblée coloniale et forme la part de législatif qui est abandonnée aux colonies. La protection métropolitaine et la souveraineté royale ne sont plus représentées que par un seul agent, le gouverneur, qui est nommé par le Roi, mais dont le rôle se borne à sanctionner des mesures qu'il ne propose ni ne discute, à représenter dans les cérémonies, à correspondre avec les ministres, à nommer à quelques emplois militaires et de police. Comme en France, tous les services administratifs, judiciaires, financiers, sont remis à l'élection et régis par une assemblée presque souveraine ; l'exécutif est soumis au législatif. »

L'Assemblée nationale passe d'ailleurs l'éponge sur le passé et autorise les assemblées coloniales déjà formées à se maintenir, à condition de recevoir des paroisses une nouvelle investiture. Elle évite de s'expliquer nettement sur la concession des droits civiques aux gens de couleur de condition libre. Quant à l'esclavage, elle réprouve indirectement toute tentative prématurée d'abolition en mettant « les colons et leurs propriétés sous la sauvegarde spéciale de la nation » et en déclarant « criminel envers la nation quiconque travaillerait à exciter des soulèvements contre eux [1] ».

Les décisions de l'Assemblée nationale furent connues officiellement à Saint-Domingue seulement le 30 mai. Mais déjà l'Assemblée coloniale de Saint-Marc avait pris une attitude de révolution militante. « Avant de connaître les décrets, dit M. Léon Deschamps [2], l'Assemblée de Saint-Marc se conduisit comme avait fait celle du Cap... Elle destitua les officiers et les agents administratifs, ouvrit les dépêches du gouverneur, prononça l'inviolabilité de ses membres, s'attribua les pleins pouvoirs législatifs, se déclara permanente. Elle se croyait sincèrement une Constituante au petit pied. Comme la Constituante, elle entasse décrets sur décrets et se met en devoir de réorganiser dans l'île la justice, les finances, l'armée, l'administration. Le 20 mai, elle donne aux municipalités toutes les fonctions militaires et administratives; le 28 mai, elle élabore en un décret de dix articles un projet de constitution qui contient le dernier mot de

---

[1] Léon Deschamps, ouvrage cité, pp. 88 et suiv., 94-96, 305-306.
[2] Ouvrage cité, pp. 175-177.

ses prétentions. « Le droit de statuer sur son régime intérieur, y est-il dit, appartient essentiellement et nécessairement à Saint-Domingue, et l'Assemblée nationale elle-même ne peut enfreindre ce droit sans détruire les principes de la Déclaration des droits. En conséquence, les décisions législatives de l'Assemblée coloniale, votées à la majorité des deux tiers, ne peuvent être soumises qu'à la sanction du Roi; les décisions de l'Assemblée métropolitaine touchant les rapports communs doivent être soumises au *veto* de la colonie. »

« Cette attitude déplut à la municipalité de Port-au-Prince et à l'Assemblée provinciale du Cap, qui protestèrent aussitôt. Mais l'Assemblée de Saint-Marc, fortifiée par le vote des paroisses et par l'arrêté confirmatif du gouverneur, rendu le 13 juillet, ne se laissa pas arrêter par ces oppositions. Elle appliqua ses principes, en attendant qu'ils fussent condamnés par la métropole. Elle voulut imposer, le 14 juillet, le serment civique et un serment spécial de fidélité à de Peynier, aux officiers civils et militaires, aux troupes même volontaires; sur leur refus, elle les destitua ou ordonna leur dissolution... Elle licencia les troupes réglées et les remplaça par des gardes nationales à la solde de la colonie. Bref, elle fit, durant le mois de juillet, une vraie débauche de décrets, un véritable étalage d'insubordination. »

A l'imitation des révolutionnaires de France, cette très aristocratique assemblée coloniale faisait grand bruit de ses sentiments « patriotiques » et appliquait cette épithète à tout ce qui émanait d'elle. Elle réussit ainsi à séduire l'équipage du vaisseau royal *le Léopard*, qui se révolta contre ses officiers et se mit à son service. M. de Peynier jugea de tels agissements intolérables. Il lança une proclamation déclarant l'Assemblée coloniale traître à la patrie et mit en marche ses troupes, parmi lesquelles il y avait des soldats noirs. L'Assemblée répondit par un décret appelant aux armes tous les citoyens et frappant de proscription le gouverneur avec tout son état-major. Elle autorisa même l'enrôlement des mulâtres et nègres libres. Mais, d'autre part, l'Assemblée provinciale du Cap se rangea cette fois-ci du côté du gouverneur et mit à son service les volontaires qu'elle avait réunis et qui portaient pour insigne un pompon blanc. Le colonel de Vincent arriva en vue de Saint-Marc avec les forces royales et somma l'Assemblée coloniale de se dissoudre dans les vingt-quatre heures. Elle résolut d'obéir, mais sous une forme singulière. Quatre-vingt-cinq de ses membres s'embarquèrent à bord du *Léopard* et firent voile pour la France afin d'aller en personnes demander à l'Assemblée nationale la justice qu'ils se croyaient due [1].

Leur arrivée à Brest y fut le signal de nouveaux désordres. « Ces législateurs fugitifs, racontent avec le ton qui leur est propre nos *deux amis de la liberté,* [2] se présentèrent comme des martyrs du patriotisme, forcés de venir chercher dans la mère-patrie un asile contre les persécutions et le despotisme du gouverneur général. La municipalité, séduite par leur civisme hypocrite, les reçut avec distinction ; les citoyens abusés s'empressèrent d'offrir leurs maisons à ces prétendues victimes de la tyrannie, et la société des Amis de la constitution, également trompée, prévint leur désir secret en se déclarant hautement leur protectrice.

« On faisait circuler en même temps dans tous les vaisseaux de l'escadre que M. de Marigny, major général de la marine, devait se faire envoyer à Saint-Domingue « pour

---

[1] Cf. Léon Deschamps, ouvrage cité, pp. 177-179. — Ludovic Sciout, *La Révolution à Saint-Domingue. Les Commissaires Sonthonax et Polverel*, dans la *Revue des Questions historiques*, 1er octobre 1898, t. LXIV, p. 399 et suiv., 406-410. — *Deux Amis de la liberté*, t. VI, p. 152 et suiv.

[2] Ouvrage cité, t. VI, pp. 167-169.

mettre à la raison et tailler en pièces les partisans de l'Assemblée générale ». Ce propos incendiaire, faussement attribué à M. de Marigny, fut le signal de la rébellion. Un matelot du vaisseau *le Léopard* se rend sur *le Patriote* et se répand en invectives et en outrages contre M. d'Entrecasteaux, commandant du vaisseau, qui le renvoie « cuver son vin »; mais tout l'équipage, persuadé qu'on veut punir sévèrement le matelot, se soulève et déclare ouvertement qu'il ne le souffrira pas. On veut en vain rappeler aux séditieux leur serment de fidélité et d'obéissance, ils répondent « qu'ils n'ont point fait de serment, qu'ils sont les plus forts et qu'ils feront la loi ». M. d'Albert de Rioms vient lui-même pour faire rentrer les matelots dans le devoir; sa voix n'est point écoutée, le matelot du *Patriote* porte l'insolence jusqu'à crier à celui qui conduisait le canot dans lequel le général se rendait à terre : « Fais-le chavirer ! » Une potence, plantée pendant la nuit à la porte de M. de Marigny, fit appréhender les dernières violences du ressentiment des rebelles, mais on prit des mesures pour les prévenir, et le lendemain elle fut enlevée sans résistance. »

La municipalité de Brest ne laissa pas échapper cette occasion de sortir, elle aussi, de ses attributions et de mettre la main sur le pouvoir exécutif général. Le vaisseau royal *la Ferme* était sur le point de faire voile pour la Martinique. Elle lui défendit de lever l'ancre. Elle fit comparaître devant elle M. d'Albert de Rioms et exigea de lui la représentation des minutes de sa correspondance. La situation de ce chef d'escadre était devenue insupportable. Par une lettre en date du 4 octobre, il informa l'Assemblée nationale qu'il se sentait incapable de rétablir l'ordre et se devait à lui-même de résigner son commandement [1].

L'Assemblée commença par débarrasser Brest des législateurs fugitifs de Saint-Domingue. Dès le 20 septembre, elle leur ordonna de se rendre à Paris. Leur récente conduite, venant se joindre à leurs précédents empiètements, l'avait mal disposée à leur égard. Malgré les sympathies du Comité colonial pour les intérêts que représentait l'Assemblée de Saint-Marc, le rapport, présenté par Barnave, conclut à un décret sévère, qui fut adopté dans la séance du 12 octobre. Les actes de l'Assemblée coloniale furent déclarés « attentatoires à la souveraineté nationale et à la puissance législative, nuls et incapables de

---

[1] *Deux Amis de la liberté*, t. VI, p. 169. — Buchez et Roux, t. VII, pp. 359, 381.

recevoir aucune exécution » et « ladite assemblée déchue de ses pouvoirs ». L'Assemblée provinciale du Cap fut, au contraire, remerciée au nom de la nation; M. de Peynier et les chefs de l'armée royale de Saint-Domingue félicités pour avoir « rempli glorieusement les devoirs attachés à leurs fonctions [1] ».

L'affaire des troubles de Brest avait été renvoyée à l'examen de quatre comités réunis pour cet effet : les comités diplomatique, colonial, militaire et de la marine. Mirabeau, dont l'influence dans cette réunion sut se rendre prépondérante, résolut de transformer cet examen en question de politique générale, au profit de ses conceptions et de son ambition. D'une part, il mit en avant et fit triompher dans les comités la résolution de provoquer, à l'occasion des troubles, une déclaration formelle de l'Assemblée contre le cabinet; de l'autre, dans ses notes secrètes, il pressa le Roi de prendre les devants, de renvoyer les ministres et de réclamer ouvertement de l'Assemblée la révocation du terrible décret du 7 novembre 1789, qui interdisait l'accès du ministère à ses membres. Du côté de la cour, il n'obtint rien; du côté des

[1] *Archives parlementaires*, t. XIX, p. 570.

comités, s'il réussit à faire poser catégoriquement devant l'Assemblée la question ministérielle, ce ne fut qu'avec une affirmation nouvelle et non moins catégorique du principe d'exclusion qui lui barrait le chemin [1].

Le rapport fut présenté par Menou dans la séance du 19 octobre. La dernière partie, la plus importante, inspirée par Mirabeau, était conçue en ces termes :

« Les faits nous ont conduits naturellement à examiner la position politique du royaume. Nous avons vu la régénération de l'État s'avancer rapidement vers son terme, nous avons vu qu'elle n'avait plus besoin que du concours actif et réel des agents du pouvoir exécutif; mais ce concours n'est pas tel que nous devions l'attendre. Quelle que soit la cause de leur inertie, soit que la méfiance qu'ils ont inspirée au peuple leur ait opposé des obstacles, soit qu'ils ne connaissent encore la Constitution que de nom et qu'ils n'en aient pas adopté les principes, la force publique est ralentie dans leurs mains ; toutes leurs démarches, le retard dans l'envoi des décrets, des lenteurs continuelles en arrêtent l'organisation.

« Ils s'occupent bien de tous les désordres

[1] Cf. Alfred Stern, *Das Leben Mirabeaus*, t. II, p. 202 et suiv.

locaux, ils viennent chaque jour nous en entretenir, chaque jour ils nous annoncent la défiance qui suit leurs démarches et qui empêche de donner au pouvoir exécutif l'énergie et la puissance qu'il doit avoir. Cependant la situation de nos colonies, la crise qu'occasionnent les débats politiques de l'Europe exigent qu'on restitue toute cette puissance, toute cette énergie. Vos comités n'ont point oublié qu'il n'appartient qu'au Roi de nommer les ministres; mais ils savent qu'il est de votre devoir de faire connaître la vérité, que c'est la plus sacrée peut-être des fonctions qui vous ont été confiées. Ils ont cru que vous compromettiez le salut de l'État, si vous craigniez de dire la vérité à un roi digne de l'entendre.

« Un décret exclut du ministère les membres de cette assemblée; il doit être maintenu; c'est le *palladium* de la liberté. Les sentiments personnels du Roi ne permettent pas de douter que s'il se détermine à choisir de nouveaux ministres, il les prendra parmi les amis de la Constitution. La nouvelle organisation s'achèvera promptement, la force publique reprendra toute son énergie, s'il règne un concours d'intelligence et de zèle entre l'Assemblée nationale, le pouvoir exécutif et ses agents. »

Le projet de décret rédigé par les Comités se terminait par la disposition suivante :

« L'Assemblée nationale, portant ses regards sur la situation actuelle de l'État, et reconnaissant que la défiance des peuples contre les ministres occasionne le défaut de force du gouvernement, décrète que son président se retirera par devers le Roi pour représenter à Sa Majesté que la méfiance que les peuples ont conçue contre les ministres actuels apporte les plus grands obstacles au rétablissement de l'ordre public, à l'exécution des lois à l'achèvement de la Constitution. »

Ce fut sur cette motion que le débat s'engagea d'abord. Il occupa les séances des 19 et 20 octobre. Cazalès, qui prit le premier la parole au nom de la droite, prononça, de l'aveu de tous, un de ses plus éloquents discours. Cette éloquence fut ce jour-là une arme à double tranchant. L'orateur combattit la déclaration de défiance comme attentatoire à la prérogative royale, mais il commença par accabler les malheureux ministres et Necker entre tous, malgré sa chute, des coups sanglants de son mépris.

« Ce n'est point pour défendre les ministres que je monte à cette tribune; je ne connais pas leur caractère et je n'estime pas leur conduite... On peut excuser l'exagération de l'amour de la patrie; on peut beaucoup pardonner à ces âmes passionnées que de faux principes aveuglent, que l'esprit de parti égare; mais ces âmes froides sur lesquelles le patriotisme ne saurait agir, qui les excuserait, lorsque se renfermant dans le *moi personnel*, ne voyant qu'eux au lieu de voir l'État, ayant la conscience de leur impéritie et de leur lâcheté, ces ministres, après s'être chargés des affaires publiques, laissent à des factieux le timon de l'État, ne se font pas justice, s'obstinent à garder leurs postes et craignent de rentrer dans l'obscurité d'où jamais ils n'auraient dû sortir? Pendant les longues convulsions qui ont agité l'Angleterre, Stafford périt sur un échafaud; mais l'Europe admira sa vertu, et son nom est devenu l'objet du culte de ses concitoyens. Voilà l'exemple que des ministres fidèles auraient dû suivre : s'ils ne se sentent pas le courage de périr ou de soutenir la monarchie ébranlée, ils doivent fuir et se cacher. Stafford mourut. Eh! n'est-il pas mort aussi ce ministre qui lâchement abandonna la France aux maux qu'il avait suscités? Son nom n'est-il pas effacé de la liste des vivants? N'éprouve-t-il pas le supplice de se survivre à lui-même et de ne laisser à l'histoire que le souvenir de son opprobre? Quant aux serviles compagnons de ses travaux et de sa honte, objets présents de votre délibération, ne peut-on pas leur appliquer ce vers du Tasse :

Ils allaient encore, mais ils étaient morts !

MM. de Clermont-Tonnerre et de Virieu, au nom du centre droit, combattirent aussi la déclaration, mais dans un esprit favorable au ministère et en dénonçant l'intrigue qui était venue se greffer sur l'affaire des troubles de Brest. La motion fut naturellement soutenue par les orateurs du côté gauche, principalement par Barnave. Toutefois Briois de Beaumetz et Chapelier demandèrent et obtinrent une exception formelle en faveur de M. de Montmorin, ministre des affaires étrangères. Mirabeau, qui n'avait pu obtenir la parole pour répondre à Cazalès, garda ensuite le silence. La Fayette, qui désirait le remplacement des ministres, mais qui redoutait les suites de la crise et se méfiait des intrigues de Mirabeau, demeura neutre. Le résultat du vote causa une grande surprise. La motion de défiance fut rejetée par 403 voix contre 340. Il y avait eu un assez bon nombre d'abstentions à gauche [1].

[1] Cf. *Archives parlementaires*, t. XIX, p. 714 et suiv., 728 et suiv. — Buchez et Roux, t. VII, p. 380

Le débat sur l'affaire de Brest fut repris dans la séance du 21 octobre et porta maintenant sur les mesures proposées pour mettre fin à l'insubordination des matelots et en prévenir le retour. Une de ces mesures, réclamée, disait-on, par les marins, était la substitution au « pavillon blanc, qui jusqu'à présent a été le pavillon de France, » d'un « pavillon aux couleurs nationales ». Ces couleurs, dont, lors de leur première apparition, nous avons noté l'origine [1], n'avaient été portées d'abord que sous forme de cocarde, mais cette « cocarde nationale » avait été, au moins dans l'ordre politique, rendue obligatoire par une proclamation royale en date du 29 mai 1790. Un assez grand nombre des bataillons de la garde nationale de Paris avaient spontanément adopté sur leurs drapeaux les couleurs nouvelles, mais les étendards de l'armée, les pavillons de la marine, et, d'une façon générale, le drapeau civil du royaume étaient demeurés tels qu'ils étaient avant la révolution du mois de juillet 1789.

L'innovation proposée par les comités réunis fut mal accueillie à droite. « Laissez à

et suiv. — *Deux Amis de la liberté*, t. VI, p. 187 et suiv. — Droz, ouvrage cité, t. III, p. 277 et suiv. — Alfred Stern, ouvrage cité, t. II, p. 207.

[1] Cf. *Les Débuts de la Révolution*, pp. 139, 180.

des enfants, s'écria M. de Foucault, ce nouveau hochet des trois couleurs. » Mirabeau, irrité tout à la fois du vote de la veille et du peu de cas fait de ses conseils par la cour, saisit cette occasion d'agiter sa crinière, de montrer ses griffes et ses dents, et de réchauffer sa popularité par un rugissement oratoire. Dans une improvisation violente et même insultante, il menaça la droite de la vengeance populaire, qualifia la « couleur blanche » de « couleur de la contre-révolution », et célébra sur un ton dithyrambique les nouvelles couleurs « non comme les signes des combats et de la victoire, mais comme celui de la sainte confraternité des amis de la liberté sur toute la terre, et comme la terreur des conspirateurs et des tyrans ». Il conclut en proposant « que les matelots à bord des vaisseaux, le matin et le soir et dans toutes les occasions importantes, au lieu du cri accoutumé et trois fois répété de « Vive le Roi ! » disent : « Vivent la Nation, la Loi et le Roi ! »

Après ce discours, accueilli par la gauche avec enthousiasme, la discussion dégénéra en un long débat personnel. Un membre de la droite, M. de Guilhermy, accusé d'avoir traité Mirabeau de « scélérat » et « d'assassin » dans une réflexion faite à haute voix à l'un de ses collègues, fut, malgré un plaidoyer de Cazalès et sur l'insistance peu généreuse de Mirabeau, condamné par l'Assemblée à trois jours d'arrêts.

Enfin le décret relatif aux troubles de Brest fut adopté à la fin de cette séance. Outre l'innovation relative au pavillon avec l'addition proposée par Mirabeau, il contenait la déclaration, la réprimande et l'exhortation suivantes à l'adresse de la municipalité :

« L'Assemblée nationale, considérant que le salut public et le maintien de la Constitution exigent que les divers corps administratifs et les municipalités soient strictement renfermés dans les bornes de leurs fonctions ; — déclare que lesdits corps administratifs et les municipalités ne peuvent, sous peine de forfaiture, exercer d'autres pouvoirs que ceux qui leur sont formellement et explicitement attribués par les décrets de l'Assemblée nationale, et que les troupes de terre et de mer en sont essentiellement indépendantes, sauf le droit de les requérir dans les cas prescrits et déterminés par les lois. — Au surplus, l'Assemblée nationale, persuadée qu'un excès de zèle a pu seul entraîner la municipalité et le procureur de la commune de Brest dans des démarches irrégulières, inconstitutionnelles, et qui pouvaient avoir de dangereux effets, décrète que son président sera chargé de leur écrire pour les rappeler aux principes de la Constitution; ne doutant pas d'ailleurs qu'ils ne fassent tous leurs efforts pour concourir, avec les commissaires du Roi et le chef de la marine, au rétablissement de l'ordre et de la discipline parmi les vaisseaux actuellement en armement à Brest. »

Dans sa séance du 26 octobre, l'Assemblée fut informée que les matelots commençaient à rentrer dans le devoir. L'équipage du *Léopard* fut licencié. M. d'Albert de Rioms fut remplacé par M. de Bougainville. Bientôt d'ailleurs le rétablissement des bons rapports entre l'Espagne et l'Angleterre amena le désarmement de l'escadre en formation [1].

Malgré le rejet de la motion de défiance, le mot sanglant de Cazalès : « Ils allaient encore, mais ils étaient morts ! » s'appliquait aux ministres avec plus de justesse encore après qu'avant le débat sur l'affaire de Brest. Ils furent les premiers à le comprendre et, M. de Montmorin excepté, ils mirent leurs portefeuilles à la disposition du Roi par une lettre collective. Louis XVI leur répondit en rendant témoignage à leurs intentions et à leurs ser-

[1] Cf. *Archives parlementaires*, t. XIX, p. 742 et suiv. — Marius Sepet, *Le Drapeau de la France*, p. 163 et suiv., 193 et suiv. — Alfred Stern, ouvrage cité, t. II, pp. 209, 210. — *Deux Amis de la liberté*, t. VI, pp. 170, 171. — Buchez et Roux, t. XII, pp. 431-433.

vices et en les maintenant dans leurs fonctions jusqu'à nouvel ordre. Toutefois M. de la Luzerne, ministre de la marine, insista pour se retirer. Il fut remplacé par M. de Fleurieu, déjà indiqué antérieurement dans les notes de Mirabeau et d'ailleurs tout dévoué au Roi.

Les attaques contre les ministres restants redoublèrent dans l'Assemblée, dans les clubs, dans la presse révolutionnaire. Le 10 novembre, une députation des quarante-huit sections de Paris, conduite, malgré lui, par Bailly, parut à la barre de l'Assemblée. Son orateur fut Danton. Il demanda, il exigea « le renvoi immédiat des ministres » et dénonça nommément, en réclamant contre eux un procès criminel, MM. Champion de Cicé, de la Tour du Pin et de Saint-Priest. La députation obtint les honneurs de la séance. Le lendemain, l'Assemblée passa à l'ordre du jour sur la pétition, mais dans des conditions nullement favorables au ministère [1].

La crise prit alors une tournure décisive. Le 16 novembre, M. de la Tour du Pin fut remplacé par un ami de La Fayette, le maréchal-de-camp Duportail. Le 22, sous la même

---

[1] Cf. Buchez et Roux, t. VIII, p. 25 et suiv. — *Archives parlementaires*, t. XX, p. 369.

influence, le Roi introduisit dans son conseil, comme successeur de Mgr Champion de Cicé, mais avec le titre officiellement réduit de « garde du sceau de l'État », un avocat parisien, Duport-Dutertre, qui venait d'être nommé substitut du procureur de la Commune. Ce personnage, fort en renom alors pour sa « vertu modeste » et son « patriotisme éclairé », s'empressa, par une démarche dans le goût du jour, de venir chercher au sein du Conseil général de la municipalité une sorte d'investiture populaire à ses nouvelles et hautes fonctions. « J'ai accepté, dit-il, la place à laquelle j'ai été élevé, pour ne pas donner le mauvais exemple que l'homme honoré plusieurs fois de la confiance de ses concitoyens, se crût au-dessous de la confiance des rois. »

Il s'ensuivit une scène éminemment pathétique qui, plusieurs mois après, ravissait encore d'aise nos *deux amis de la liberté*. « Une sorte d'enthousiasme, de tendresse, nous disent-ils [1], avait saisi tous les cœurs ; un membre de l'assemblée fit la motion que M. le garde-des-sceaux fût embrassé et pressé dans les bras de tous les assistants. On vota de plus qu'il conservât l'écharpe qu'il venait

---

[1] Ouvrage cité, t. VI, pp. 201-203.

de déposer sur le bureau. Il la reprit et la serra contre son cœur... Un de ses collègues proposa de placer son buste dans la salle de la Commune; mais il demanda que cet honneur ne lui fût point déféré, pour qu'on n'accusât point la Commune de l'avoir jamais prodigué. Il sortit de l'assemblée au milieu des plus vives acclamations, qui l'accompagnèrent jusqu'à sa voiture. »

Le ministre le plus impopulaire, celui contre lequel étaient depuis le plus longtemps et plus particulièrement excités les soupçons de la gauche et déchaînée la haine des agitateurs, fut celui qui tint le plus longtemps tête à l'orage. M. de Saint-Priest ne se retira qu'à la fin du mois de décembre. Il eut pour successeur, comme ministre de l'intérieur[1], M. de Lessart, haut fonctionnaire des finances, tout récemment nommé contrôleur général en remplacement de M. Lambert, qui avait dirigé cette administration sous l'autorité de Necker, puis sous sa responsabilité propre depuis le départ de ce ministre.

---

[1] Ce ne fut en réalité qu'un peu plus tard, par la loi du 17 avril 1791, que fut créé le département de l'intérieur, auquel on transporta les principales attributions politiques et administratives du ministère de la maison du Roi, dont avait été titulaire M. de Saint-Priest. Cf. *Annuaire historique publié par la Société de l'histoire de France*, 7ᵉ année, 1842, pp. 105, 107.

Le résultat de la crise ministérielle fut une nouvelle déchéance de l'autorité royale en fait et dans l'opinion. Louis XVI qui, comme toujours, avait tergiversé, n'avait pris en face de l'Assemblée aucun parti net soit d'initiative, soit de concession raisonnée, soit de résistance, avait, comme toujours aussi, fini par se laisser publiquement forcer la main. Il avait capitulé soit pour la retraite des anciens ministres, soit, en partie du moins, pour le choix des nouveaux. Les titulaires de deux des plus importants portefeuilles, la justice et la guerre, étaient moins ses ministres que ceux de ses adversaires. Le ministère du 7 août 1789 tenait encore par bien des liens aux traditions de l'ancienne France, et, avec des nuances diverses, ne renfermait que des hommes dévoués sincèrement à la monarchie et au monarque. Le nouveau cabinet, totalement dépourvu d'homogénéité, contenait sans doute encore plusieurs fidèles serviteurs du Roi, mais, considéré dans son ensemble, ce n'était plus qu'une réunion fortuite d'hommes politiques et d'administrateurs de second ordre, aussi incapables de couvrir que de conseiller Louis XVI, sans influence soit sur la Cour, soit sur l'Assemblée, soit sur l'opinion, et réduits fatalement, dans l'exercice du peu qui subsistait entre leurs mains du pouvoir exécutif, au rôle d'exécuteurs passifs des ordres de l'Assemblée et de ses comités. Le Roi, il est vrai, considérait tout cela comme une suite inévitable de la captivité qu'il subissait depuis les journées d'octobre 1789; il prenait donc patience en s'entourant d'informations et d'avis multiples, et finalement en adoptant un plan élaboré pour rompre ses chaînes. Mais en attendant l'effet de ses méditations hésitantes et de son interminable temporisation, les forces nécessaires pour l'heure où pourtant il faudrait en venir aux actes, se brisaient l'une après l'autre ou échappaient à ses mains [1].

[1] Cf. Droz, ouvrage cité, t. III, p. 286 et suiv. — *Deux Amis de la liberté*, t. VI, pp. 183 et suiv., 195 et suiv. — Buchez et Roux, t. VIII, p. 144 et suiv. — Alfred Stern, ouvrage cité, t. II, pp. 208, 217, 218.

CHAPITRE IV

POLITIQUES ET PROJETS DIVERS. — LE COMTE D'ARTOIS. — LE ROI ET LA REINE. — VUES ET PLANS DE M. DE BOUILLÉ.

L'émigration réunie à Turin autour du comte d'Artois, impatientée de la marche désastreuse des événements et de la patience de Louis XVI, et d'ailleurs aussi peu pénétrée que son chef de la gravité terrible du mouvement qui emportait loin des institutions et des coutumes de l'ancien régime les choses et les esprits en France, nourrissait, d'une façon de plus en plus précise mais non pas de plus en plus sage, de hardis projets de contre-révolution à main armée. Elle comptait pour cela sur l'appui effectif et immédiat du roi de Sardaigne et des cantons suisses, et sur le concours éventuel du roi de Suède, de l'empereur Léopold et de l'impératrice Catherine II. L'entrée en France de corps de troupes étrangères y devait seconder ou déterminer un puissant soulèvement royaliste, prêt, croyait-on, à se produire dans les provinces de l'est et du midi, où l'on entretenait, plus ou moins habilement, des intelligences. On avait fondé de grandes espérances sur la fédération du camp de Jalez, qui, comme nous l'avons vu, n'aboutit à rien.

Mais le principal conseiller du comte d'Artois, M. de Calonne, toujours riche en illusions, n'était pas homme à modérer suffisamment celles du prince, dont s'enivraient les amis et les courtisans de celui-ci. Avec cette intrépidité à distance des personnes qui n'ont pas la notion vraie du danger, on jouissait déjà en imagination des prochaines victoires, de la future rentrée triomphale dans la capitale soumise, et de la restauration, dans Versailles rendu à sa splendeur d'hier, de la monarchie ancienne, tempérée dans une certaine mesure, on l'accordait, par des institutions représentatives [1].

[1] Il est juste de reconnaître que M. de Calonne, alors l'homme d'Etat en titre de l'émigration, ne concluait aucunement à la restauration pure et simple

A Turin et aussi à Venise, où le comte d'Artois faisait de trop longs séjours aux pieds de Mme de Polastron, on ne se faisait pas faute de hausser les épaules en déplorant la pusillanimité de Louis XVI. On n'y goûtait pas non plus beaucoup les idées politiques de Marie-Antoinette, et l'on se promettait bien sans doute, la restauration accomplie et M. de Calonne au gouvernail, de rendre tout entière l'aimable reine à sa bergerie de Trianon.

A ce dédain de l'émigration correspondit, de jour en jour davantage, de la part de l'infortuné couple royal, un dédain non moindre et plus mérité. Louis XVI avait trop de bon sens pour faire aucun fond sur la capacité politique de son jeune frère, et l'expérience l'avait suffisamment éclairé sur la valeur de Calonne. Il ne comptait point sur de tels libérateurs et ne se souciait point de se livrer à de pareils guides. Marie-Antoinette n'estimait pas plus leur mérite et elle redoutait davantage leurs prétentions. Dans ses entretiens et ses lettres

de l'ancien régime. Il a exprimé ses vues dans un écrit publié à Londres au mois d'octobre 1790 et intitulé : *De l'Etat de la France présent et à venir* Le principe fondamental de la politique exposée dans cet ouvrage, est le retour aux vœux exprimés dans les cahiers des trois ordres, tels du moins que les interprétait l'auteur.

confidentielles elle s'exprimait sur leurs projets de la façon la plus nette.

« L'extravagance de Turin paraît à son comble », écrivait-elle, le 26 juillet, au comte de Mercy, et, le 19 décembre, elle manifestait en ces termes à l'empereur Léopold ses intentions et la résolution du Roi : « Dans la crainte que les princes à Turin, malgré nos représentations réitérées, n'agissent en ce moment, le Roi a écrit au roi de Sardaigne et au comte d'Artois pour leur mander formellement que, s'ils persistaient dans leurs desseins, il serait obligé de les désavouer hautement et de rappeler tous ses sujets qui lui sont encore fidèles à la tranquillité et à l'obéissance. J'espère que cela les arrêtera. Il est certain qu'il n'y a qu'ici et nous qui puissions juger du moment et des circonstances favorables qui pourront enfin finir nos maux et ceux de la France [1]. »

Un *veto* si catégorique opposait un obstacle insurmontable aux projets de l'émigration turinoise. En fait, ses belles chimères n'avaient d'autre résultat pratique que de compromet-

[1] *Lettres de Marie-Antoinette*, édition de MM. de la Rocheterie et de Beaucourt, t. II, pp. 185, 203. Cf. *Correspondance du marquis et de la marquise de Raigecourt avec le marquis et la marquise de Bombelles pendant l'émigration*, édition La Rocheterie, pp. 17, 18, 25 et suiv., 29 et suiv., 32 et suiv., 37 et suiv.

tre ses agents et ses amis et de surexciter contre elle en France, à Paris surtout, l'opinion publique. Nous avons dit un mot, dans notre ouvrage précédent, de l'affaire du chevalier de Bonne-Savardin, écroué à l'Abbaye, puis délivré, le 13 juillet, par un habile subterfuge [1]. Cette aventure se développa ensuite en des incidents dignes d'un roman-feuilleton de notre temps, et où se trouva compromis un membre de l'Assemblée nationale, l'abbé Perrotin de Barmond, chez qui Bonne-Savardin avait cherché et trouvé, mais non sans peine, un asile. Arrêté avec son hôte sur la route de Châlons-sur-Marne, tandis que, par pitié, il le conduisait à la frontière, cet abbé fut consigné chez lui, puis traduit à la barre de l'Assemblée, qui se livra sur ce sujet à une discussion violente et tumultueuse. M. Lambert de Frondeville, membre de la droite, fut condamné par la majorité de gauche à la peine disciplinaire de huit jours d'arrêt. Sur le rapport de Voidel et la motion de Barnave, l'Assemblée déclara, le 23 août, qu'il y avait lieu à accusation contre l'abbé de Barmond, qui fut en conséquence renvoyé devant le Châtelet. Ce tribunal, au mois d'octobre suivant, le mit hors de cause,

---

[1] Voyez *La Fédération*, pp. 128, 129.

mais plaça décidément en état de prévention criminelle le chevalier de Bonne-Savardin.

Une procédure si peu expéditive exaspéra l'*Ami du peuple*, qui se donna du moins la satisfaction d'y impliquer La Fayette.

« Après mille rubriques employées à détourner l'attention publique de dessus cette cause importante, s'écria-t-il, après mille manœuvres mises en jeu pour la lui faire oublier, l'infâme Châtelet, devenu l'objet de l'exécration publique et prêt à être proscrit pour toujours, cherche à retarder de quelques moments sa honteuse expulsion, en faisant mine de poursuivre enfin des traîtres à la nation... Guignard (Saint-Priest) sera blanchi, Barmond sera blanchi, et Savardin paiera les pots cassés, s'il a l'imprudence de ne pas demander d'être entendu en public, et la sottise d'épargner le ministre, de prêter l'oreille aux promesses trompeuses de la cour et des créatures du général [1]. »

L'émigration avait, en dernier lieu, compté, d'une façon toute particulière, pour la réalisation de ses espérances sur un mouvement préparé à Lyon et qui devait y éclater vers le 10 décembre. L'opinion antirévolutionnaire

---

[1] Cf. *Deux Amis de la liberté*, t. VI, p. 38 et suiv. — *Histoire authentique*, t. I, p. 792 et suiv. — Buchez et Roux, t. VII, pp. 87 et suiv., 105 et suiv., 368, 369.

avait conservé dans cette riche cité beaucoup d'influence. De plus, la population ouvrière, très nombreuse, souffrait de la stagnation du commerce et de la chute de plusieurs manufactures, et elle se montrait assez disposée à regretter le labeur paisible et le gain régulier de naguère. Le 26 juillet, elle s'était soulevée à l'occasion de la démission du commandant de la garde nationale, Dervieux-Duvillart, qui lui était sympathique. Elle avait voulu forcer l'arsenal et avait échangé des coups de fusil avec la garde nationale et le régiment de Sonnenberg, appelé au secours [1]. La petite cour française de Turin espérait que, travaillée par d'habiles agents, qui lui promettraient, comme une conséquence certaine du retour des princes, la vie à bon marché et une grande abondance d'ouvrage avec de forts salaires; surexcitée et gagnée par des distributions d'argent et une active propagande faite dans les cabarets; la masse populaire se réunirait cette fois aux troupes de ligne sous le commandement de M. de la Chapelle, sur qui on croyait pouvoir compter et qui lui donnerait des armes. Maîtresse de la ville, où elle aurait installé une municipalité entièrement dévouée, l'armée contre-révolutionnaire ainsi

---

[1] Cf. Buchez et Roux, t. VI, pp. 436-438.

constituée aurait marché au-devant des émigrés et, grossie en route de toute la noblesse des environs, après avoir opéré sa jonction avec les forces que les princes eux-mêmes auraient pu réunir, elles les aurait amenés en triomphe à Lyon. Le Roi, échappant, s'il le pouvait, à l'étreinte parisienne, viendrait alors fixer, du moins pour quelque temps, dans cette seconde et meilleure capitale le siège de son autorité devenue libre.

Mis au courant de ce grand projet, Louis XVI ne l'avait pas plus goûté que les autres conceptions analogues de Calonne et du comte d'Artois. Il avait même positivement écrit à M. de Bouillé que ce dessein n'avait été formé que « contre son gré, contre sa volonté expresse, et qu'il avait pris tous les moyens pour l'empêcher [1] ».

A Lyon, du reste, la conspiration avorta toute seule. Plusieurs des affiliés n'y avaient pris part que pour la faire échouer. Le moment venu, ils la dénoncèrent. Les chefs en furent mis en état d'arrestation sans que personne dans la ville se levât pour les délivrer. C'est de quoi Voidel, qui présenta, dans la séance du 18 décembre, le rapport sur cette affaire à l'Assemblée nationale au nom du Comité des

[1] *Mémoires du marquis de Bouillé*, p. 232.

recherches, ne manqua pas de triompher en ces termes :

« Vous qui conspirez contre votre patrie, et qui vous bercez de ridicules espérances, apprenez que dans cette ville, que vous comptiez trouver toute prête à l'exécution de vos projets, il ne s'est pas élevé une seule voix en votre faveur. Le peuple entier de cette ville a exprimé, par les plus vifs applaudissements, la joie qu'il éprouvait d'avoir échappé aux pièges que vous lui tendiez. »

Il conclut par un projet de décret tendant : 1° à ordonner la translation des conjurés arrêtés à Lyon dans les prisons de Paris; 2° à faire prier le Roi de remplacer M. de la Chapelle et de changer la garnison devenue suspecte; 3° à enjoindre à tous les Français, fonctionnaires publics ou recevant des pensions ou traitements quelconques de l'État, qui seraient actuellement hors du royaume, d'y rentrer dans le délai d'un mois, sous peine d'être suspendus de leurs pensions et traitements. Sauf quelques modifications assez légères, ce décret fut adopté. Il est digne de remarque, comme la première des mesures de rigueur qui devaient être successivement prises contre l'émigration et portées si loin [1].

[1] Cf. *Deux Amis de la liberté*, t. VI, p. 231 et suiv. — Buchez et Roux, t. VIII, p. 269 et suiv.

Dès les mois de mai et de juin 1790, il faut, cela est certain, formellement distinguer la politique du Roi et de la Reine de celle des princes émigrés. Jusque vers la fin de cette année, Louis XVI eut plutôt des sentiments, des impressions, des opinions à la fois instinctives et raisonnées, des velléités, des espérances, qu'une vue nette et pratique des circonstances (il ne l'eut jamais complètement) et une résolution arrêtée de conduite à suivre. Se sachant captif de l'Assemblée et des Parisiens, il se complaisait trop dans l'irresponsabilité qui en résultait pour ses actes publics, et dans l'issue qui lui restait ainsi moralement ouverte pour revenir éventuellement sur des concessions qu'il jugeait funestes pour le bonheur de son peuple. Sur la façon pratique d'ouvrir matériellement cette voie de retour, et sur la mesure à conserver quand il lui serait possible de s'y engager, il hésitait, écoutait et méditait nombre d'avis fort divers, et ne prenant de parti définitif sur aucun, laissait aux événements futurs, selon l'habitude des indécis, le soin de lui tracer la meilleure route. De plus, son apathie naturelle le portait, malgré son chagrin, à retarder plutôt qu'à hâter la crise même de sa délivrance.

Deux répugnances profondes et tenant

presque dans son âme la place des résolutions et des systèmes qu'il n'arrêtait pas, dominèrent, l'une longtemps, l'autre toujours, sa conduite : l'abandon du centre actuel et traditionnel des affaires publiques et de l'autorité stable et assise, si impuissante qu'elle fût, pour une royauté mobile, fugitive ou conquérante, et, en second lieu, par-dessus tout, l'horreur de la guerre civile. C'est ainsi que, depuis les journées d'octobre 1789, il écarta successivement plusieurs projets formés pour le soustraire à l'oppression parisienne, et qui n'étaient pas tous, à ce qu'il semble, dépourvus de chances de succès. Le séjour de la cour à Saint-Cloud, dans l'été de 1790, avait paru offrir à cet égard une conjoncture favorable, dont M. de la Tour du Pin, ministre de la guerre, conseilla inutilement de profiter [1]. Cependant, à la fin, la révolte de sa conscience de chrétien, directement opprimée par la détestable politique religieuse de l'Assemblée et la part qu'elle exigeait qu'il y prît, triompha en Louis XVI de sa répulsion à s'éloigner de la capitale. Dans les derniers mois de l'année 1790, il se mit sérieusement à combiner un plan pour se dérober à cet affreux esclavage. Il se proposait, après avoir

[1] Cf. La Rocheterie, *Histoire de Marie-Antoinette*, t. II, pp. 182-185.

trouvé un refuge dans quelque ville forte de la frontière, où il s'entourerait de régiments dévoués, de faire appel à son peuple et de traiter du moins avec l'Assemblée d'égal à égal [1].

Ce parti, Marie-Antoinette aurait certainement désiré que le Roi s'y décidât plus tôt, et elle avait regretté plusieurs des refus opposés par lui à des tentatives de délivrance. Mais elle était résolue à ne se point séparer de son époux et elle avait rejeté pour cette raison, l'année précédente, le projet d'un officier de sa maison, nommé Augeard, qui offrait de la conduire à la frontière, elle et ses enfants [2]. Si cela eût entièrement dépendu d'elle, Louis XVI aurait adopté sans aucun doute une politique plus hardie et plus énergique, mais, tenant compte de son caractère et convaincue de la nécessité entre eux d'un plein accord, que l'affection mutuelle leur rendait maintenant aisé, la Reine partagea de jour en jour davantage les appréciations et les vues du Roi, qu'elle inspirait en partie et s'efforçait de mettre en action. Le plan adopté par Louis XVI, à la fin de l'année 1790, leur était commun. Il se distinguait de celui des princes dans son objet et encore plus

[1] Cf. Bouillé, *Mémoires*, pp. 223-224.
[2] Cf. La Rocheterie, ouvrage cité, t. II, pp. 117-118.

dans ses moyens. L'idée d'une contre-révolution proprement dite en avait été écartée comme une chimère, et, s'il comportait l'éventualité, approuvée, indiquée par Mirabeau lui-même, dès ses premières relations avec la cour, d'une certaine intervention des puissances étrangères, de l'Autriche en particulier, il ne s'y agissait tout d'abord de leur part que d'une action pacifique et plus fictive que réelle.

« Il me semble, écrivait le 12 juin Marie-Antoinette au comte de Mercy, qu'un point des plus raisonnables du plan de M. est, si la paix entre la Prusse et l'Autriche se soutient, d'engager ces deux puissances, sous prétexte des dangers qu'elles peuvent courir elles-mêmes si jamais ceci se consolide, à paraître, non plus (comme dans les projets des princes) pour faire une contre-révolution ou entrer en armes ici, mais comme garants de tous les traités, de l'Alsace et de la Lorraine, et comme trouvant fort mauvaise la manière dont on traite un roi. Elles pourraient alors parler avec le ton qu'on a quand on se sent le plus fort en bonne cause et en troupes. »

Elle écrivait, le 7 novembre, à son frère Léopold II :

« Notre position est toujours la même, mais l'excès du malheur où toutes les classes d'hommes se trouvent commence à bien ouvrir les yeux; mais nous sommes encore loin d'un retour à un ordre de choses raisonnable, et toute démarche trop précipitée replongerait dans de nouveaux malheurs. Ils sentent leurs peines en particulier, mais celles de leurs voisins ne les frappent pas encore; et les mots de liberté et de despotisme sont tellement gravés dans leurs têtes, même sans les définir, qu'ils passent sans cesse de l'amour du premier à la terreur du second. Il s'agit de bien épier le moment où les têtes seront assez revenues pour les faire jouir enfin d'une juste et bonne liberté, telle que le Roi l'a toujours désirée lui-même pour le bonheur de son peuple, mais loin de la licence et de l'anarchie qui précipiteraient le plus beau royaume dans tous les maux possibles [1]. »

Le Roi et la Reine se rendaient compte, on le voit, dans une certaine mesure, de l'état de l'opinion publique et de sa profonde répugnance pour un retour à l'ancien régime. Mais cette mesure de leur appréciation était, par malheur, trop étroite encore, soit au point de vue politique, soit surtout au point de vue social, dont ni l'un ni l'autre n'avaient une notion puisée dans la réalité des choses. La

[1] *Lettres de Marie-Antoinette*, édition citée, t. II, pp. 178, 199-200.

déclaration royale du 23 juin 1789, dont, en son temps même, l'insuffisance avait été si fâcheuse et l'effet si nul [1], leur apparaissait encore, malgré tant de signes évidents du contraire, mais en raison des habitudes invétérées de leur éducation et de leur milieu, comme la vraie charte du bonheur public.

Cette terrible illusion éclate dans le choix du principal dépositaire de leur confiance politique, du représentant autorisé de leurs vues et de leurs desseins auprès des cours étrangères, à savoir le baron de Breteuil, c'est-à-dire le chef du cabinet de réaction éphémère vaincu et renversé par la révolution de juillet. « Je vous ai choisi, lui écrivait Louis XVI le 26 novembre, pour vous confier les intérêts de ma couronne. Vous connaissez mes intentions... J'approuve tout ce que vous ferez pour arriver au but que je me propose, qui est le rétablissement de mon autorité légitime et le bonheur de mes peuples [2]. » M. de Breteuil au point de vue politique et diplomatique ; M. de Bouillé au point de vue militaire ; tels étaient les deux agents principaux et comme les deux lieutenants généraux

---

[1] Cf. sur ce point notre précédent volume : *Les Débuts de la Révolution*, pp. 56-62, 74-77.
[2] Albert Sorel, *L'Europe et la Révolution française. La Chute de la Royauté*, p. 143.

du Roi et de la Reine à la fin de l'année 1790. Mais le second choix était beaucoup plus raisonnable que le premier.

Nous avons considéré plus haut le caractère, les sentiments, les vues de M. de Bouillé. Nous avons pu constater que la fermeté inébranlable de son attachement au Roi et à la monarchie se tempérait de beaucoup de sagesse et de sens pratique, et que la vigueur de la volonté se joignait en lui à la souplesse et à la sagacité de l'intelligence. La grande situation que sa victoire de Nancy lui avait acquise, un peu malgré lui-même, son parfait désintéressement ne songeait à en tirer d'autre avantage qu'une contribution plus efficace au salut éventuel du prince dont le malheur et les vertus excitaient une douloureuse émotion dans son âme chevaleresque et dans son cœur fidèle. Il ne cessait de rouler cette pensée dans son esprit, de méditer et de préparer les combinaisons que lui suggéraient ses réflexions sur ce noble but. L'attitude légale et constitutionnelle qui, en ce moment, avait si fort accru son influence, n'était point toutefois, selon son propre témoignage, celle qu'il eût alors préférée et qu'il jugeait la meilleure.

« Je m'étais, dit-il[1], écarté dans cette cir-

---

[1] *Mémoires* cités, pp. 200-201.

constance des principes politiques que je croyais devoir adopter pour garantir la France des plus grands maux dont elle était menacée et qu'elle a éprouvés depuis. Quoique j'eusse la guerre civile en horreur, je la croyais nécessaire alors pour sauver le Roi, la monarchie, la France entière... J'en éteignis les premières étincelles : j'y étais cependant bien préparé. J'aurais rassemblé une armée purement royaliste, qui plus tôt formée et plus tôt en activité, aurait eu sans doute les premiers succès, lesquels auraient servi à augmenter encore nos forces. Le Roi, dans l'étendue de son royaume, pouvait disposer d'environ quarante bataillons suisses, allemands et autres étrangers, et d'environ cent escadrons qui lui étaient fidèles : les nobles et une partie des propriétaires se seraient réunis à lui ; le parti constitutionnel aurait partagé le reste de l'armée avec le duc d'Orléans, qui était à la tête des jacobins et de la populace... Il était impossible que les constitutionnels ne cherchassent pas à s'appuyer du Roi, qui aurait eu alors un parti qu'il n'avait pu avoir, depuis la Révolution : ce monarque sortait donc alors de la situation avilissante où il était ; il en prenait une plus relevée qui pouvait lui faire recouvrer une partie de sa souveraineté, s'il eût été bien conseillé ; et il avait à cette époque des ministres capables, qui voyaient les choses sous leur vrai point de vue : l'archevêque de Bordeaux, garde-des-sceaux, était un homme d'un grand sens, de beaucoup d'esprit, et de celui qu'il fallait pour les circonstances. M. de Saint-Priest, ministre de l'intérieur, avait un grand caractère et était très éclairé. M. de la Tour du Pin était un homme vertueux, dont je pouvais absolument disposer. »

Quelle que fût en soi la valeur de ce plan où il entrait, ce semble, quelque peu d'illusion, il ne concordait pas en ce moment avec les vues du Roi sur M. de Bouillé, car Louis XVI lui écrivit de Saint-Cloud, le 4 septembre : « Vous avez sauvé la France le 31 août, et vous avez par là montré aux autres le chemin et comme ils doivent se conduire... Continuez sur la même route ; soignez votre popularité, elle peut m'être bien utile et au royaume ; je la regarde comme l'ancre de salut, et que ce sera elle qui pourra servir un jour à rétablir l'ordre[1]. » — Docile à ces ins-

[1] *Mémoires* cités, p. 202. — Les éloges du Roi, si sensible qu'il y fût, ne tournèrent pas plus la tête à M. de Bouillé que ceux qui lui furent adressés par le président de l'Assemblée nationale. « Il semblait, dit-il, que j'eusse sauvé la France par mes talents, tandis que je n'avais été que l'instrument aveugle de la Providence, qui en avait arrêté la destruction. » *Ibid.*, p. 206. Candeur et modestie vraiment admirables !

tructions, le noble et fécond esprit du général tourna en un sens nouveau ses observations et la combinaison de ses espérances :

« Je me décidai, nous dit-il[1], peu de jours après mon retour à Metz, à faire la tournée de mon commandement pour connaître les dispositions du peuple et de l'armée, et juger de ce qu'il me serait possible de faire en faveur du Roi...

« Dans ma tournée des provinces frontières, je remarquai que les membres des départements[2], composés de nobles et en général de propriétaires, étaient royalistes, sans oser déclarer leur opinion : ils l'étaient en Alsace, en Lorraine et en Franche-Comté. Les principaux membres prirent confiance en moi, me le témoignèrent et m'assurèrent qu'ils feraient tout ce que je désirerais pour le retour de l'autorité légitime. Ainsi, sur neuf départements que contenait la frontière que je commandais, six étaient entièrement dans mes principes et à ma disposition; mais leurs fonctions ne s'étendant que sur l'administration, et n'ayant aucun rapport avec la police, ils n'avaient que très peu d'influence sur le peuple, dirigé par les clubs et les municipali-

[1] *Mémoires* cités, pp. 207, 209, 213-215.
[2] C'est-à-dire des nouvelles administrations départementales.

tés en rivalité avec les premiers, qui étaient regardés comme des aristocrates. Dans les provinces de l'Alsace et de la Lorraine dite allemande, il y avait beaucoup de royalistes par principe de religion. La première était divisée entre les catholiques et les luthériens, qui se haïssaient mortellement. Quoique ceux-ci fussent les moins nombreux, ils étaient les plus forts, étant plus remuants et soutenus par le parti constitutionnel et par les jacobins, ce qui rendait timides les premiers, qui étaient alors attachés au Roi et à l'ancien gouvernement...

« D'après la situation des provinces que j'avais parcourues, la disposition du peuple, des autorités constituées et de l'armée; d'après la position malheureuse du Roi et de la famille royale, dont chaque jour on raccourcissait la chaîne, je n'entrevis plus qu'une seule ressource, non pour rétablir l'ancienne monarchie (il n'était déjà plus temps), mais au moins pour en sauver quelques débris, rendre au Roi sa liberté, une partie de sa dignité et quelques lambeaux de son autorité. Ce moyen était d'engager l'Empereur, son allié, de faire avancer quelques troupes sur la frontière; et il le pouvait d'autant plus, qu'il venait de consommer la soumission des Pays-Bas, où il avait alors une armée. Il aurait réclamé les droits des princes allemands possessionnés en Alsace et en Lorraine, qui avaient été violés par les décrets de l'Assemblée [1], ce qui aurait servi de prétexte aux mouvements de ses troupes et aux hostilités qu'il aurait annoncées. J'en aurais eu un pour rassembler une armée composée des meilleurs régiments, bien persuadé que, dans cette circonstance, on n'aurait pas osé en confier le commandement à un autre qu'à moi, ayant alors la confiance des gardes nationales et des peuples des frontières.

« J'aurais fait présenter une adresse par les départements de ces provinces, pour demander à l'Assemblée que le Roi vînt se mettre à la tête de son armée, pour dissiper, par sa présence, l'esprit de licence et d'indiscipline qui régnait parmi les soldats : je l'aurais demandé moi-même et je l'aurais fait demander par les troupes. Une pareille adresse aurait pu difficilement être rejetée, étant appuyée par les principaux membres du côté gauche et par Mirabeau lui-même... Une fois le Roi à la tête de son armée, il eût été facile de lui attacher les soldats ; tous les officiers lui étaient dévoués ; il aurait joué le rôle de pacificateur aux yeux de la nation... Si, ce que

[1] Il s'agit des décrets relatifs aux droits féodaux.

je ne pouvais croire, on ne permettait pas au Roi de se mettre à la tête de son armée, dont la Constitution l'avait déclaré le chef suprême, au moins sa position n'en était pas plus mauvaise, et il n'était pas compromis. »

M. de Bouillé avait commencé à engager des pourparlers avec les administrations départementales pour donner de la consistance à ce projet, quand, à la fin du mois d'octobre, il reçut la visite de Mgr d'Agoult, évêque de Pamiers, récemment revenu de Suisse où il s'était entretenu avec M. de Breteuil, et qui se présenta muni d'une lettre de la main de Louis XVI qui devait servir à l'accréditer.

« Il m'assura, dit M. de Bouillé [1], que le Roi avait une entière confiance en moi, dont il allait me donner une grande preuve, en me communiquant de sa part le projet qu'il avait de sortir de Paris, et conséquemment de sa prison, de se retirer dans une des places frontières de mon commandement, à mon choix; de réunir auprès de lui les troupes, ainsi que ceux de ses sujets qui lui étaient restés fidèles; de chercher à ramener le reste de son peuple égaré par des factieux, et de

[1] *Mémoires* cités, pp. 215-217.

s'appuyer du secours de ses alliés, si les autres moyens qu'il emploierait pour rétablir l'ordre et la paix ne suffisaient pas. Je le priai d'assurer le Roi de ma fidélité et de mon dévouement absolu à sa personne, qui m'avaient jusqu'ici fait vaincre la répugnance extrême que j'avais à rester en France au milieu des troubles, du désordre et de l'anarchie qui y régnaient; mais je lui objectai que cette démarche était bien dangereuse et très hasardée; que, si elle ne réussissait pas (et le succès en était très douteux), elle perdrait le Roi ainsi que la monarchie, sans aucune ressource, et qu'elle exposait ses jours : je lui représentai que j'avais acquis, depuis peu, un tel degré de popularité, même dans l'armée, que je pouvais lui rendre les plus grands services, sans employer des moyens dont l'effet était incertain. Enfin je lui parlai du plan que j'avais formé et que j'ai rapporté. Il m'assura que l'empereur Léopold, ainsi que les autres alliés du Roi, exigeaient sa sortie de Paris et son entière liberté, avant que de faire aucune disposition en sa faveur. Je n'eus plus alors qu'à me résigner et à obéir.

« Comme l'exécution de ce projet ne devait avoir lieu qu'au printemps prochain, le Roi me laissait tout le temps d'en préparer les moyens et de lui en soumettre les dispositions ; il fut convenu en même temps que j'entrerais dès ce moment dans une correspondance en chiffres avec lui par une voie tierce et sûre. Cette correspondance a duré pendant huit mois, avec une grande activité, sans avoir été jamais interrompue, sans qu'aucune lettre ait été interceptée ni perdue, et sans qu'on en ait eu le soupçon. Il serait sans doute bien intéressant de pouvoir rapporter ces lettres, dans lesquelles le Roi m'ouvrait son cœur sur sa situation, sur ses malheurs et sur ses projets, qui n'avaient constamment pour objet que le rétablissement de la paix et de la tranquillité de son royaume, aux dépens de son autorité et de ses jouissances personnelles ; ne se proposant d'employer la ressource des armes que quand celle de sa bonté aurait été épuisée : mais l'importance de cette correspondance m'a contraint, pour la sûreté du Roi, d'en brûler toutes les lettres, à mesure que je les recevais, retenant seulement par cœur les objets essentiels qui y étaient contenus. »

M. de Bouillé se consacra donc désormais, avec un dévouement complet, mais non avec une conviction et une confiance entières, au plan adopté par Louis XVI et qui, cela n'est pas douteux, avait été formé par le baron de

Breteuil[1]. Dès les premiers jours de novembre, il proposa au Roi, comme lieu de sa future retraite, le choix entre trois villes, dont il lui exposa les avantages divers : Montmédy, Besançon et Valenciennes. Le Roi choisit Montmédy. Au fond, sa résolution de départ n'était pas aussi arrêtée encore qu'il le disait, et il se plaisait visiblement à en reculer la perspective. « Il m'ordonna, rapporte M. de Bouillé[2], de faire pendant l'hiver, tous les préparatifs pour y rassembler (à Montmédy) un corps d'armée, avec tout ce qui pouvait y être relatif. D'ailleurs, il me répéta que, l'exécution de son projet étant encore éloignée, j'aurais tout le temps de m'y préparer, de faire les dispositions et de les lui communiquer. »

Mais le temps devait, en s'écoulant, rendre les circonstances de moins en moins favorables. Ainsi M. de Bouillé considéra comme une chose extrêmement fâcheuse la chute du ministère et surtout la retraite de M. de la Tour du Pin. « Tout m'était possible avec lui, remarque-t-il[3], et impossible avec un autre qui n'aurait pas eu les mêmes prin-

---

[1] Cf. Albert Sorel, ouvrage cité, pp. 140-142. *Correspondance entre le comte de Mirabeau et le comte de la Marck*, t. I, p. 266.
[2] *Mémoires* cités, p. 220.
[3] *Mémoires* cités, p. 221.

cipes, la même confiance en moi, ni obtenu la mienne, mes regrets augmentèrent encore, quand je connus, par la conduite de son successeur, quel était l'homme avec qui j'allais avoir affaire. » — En effet, le nouveau ministre de la guerre, M. Duportail, ne tarda pas, sous l'influence de La Fayette et d'autres chefs de la gauche, à restreindre les pouvoirs de M. de Bouillé. Il lui fut défendu au nom du Roi, qui s'était résigné à cette exigence, de faire changer de garnison à ses régiments et de les déplacer sans un ordre particulier du gouvernement. C'était un gros obstacle à la bonne exécution du plan convenu, et même de tout projet de délivrance comportant une action ou une protection militaire.

CHAPITRE V

POLITIQUE ET APTITUDES DE MIRABEAU. — L'AFFAIRE DES 5 ET 6 OCTOBRE 1789.

Délivrer le Roi de la captivité qu'il subissait à Paris depuis les journées d'octobre 1789, était une tâche qui s'imposait d'elle-même à tout auteur de projets destinés à relever l'autorité monarchique. Mirabeau était l'un des hommes les plus pénétrés de cette conviction. Aussi, après l'évanouissement de tout espoir fondé sur l'occasion qu'avait offerte, dans le sens royaliste, la fédération du 14 juillet 1790, revint-il aussitôt à la pensée d'un déplacement de la cour, destiné à soustraire peu à peu Louis XVI à son esclavage. Mais il voulait que ce déplacement se fît à ciel ouvert, au su et avec l'assentiment, habilement obtenu, de l'Assemblée nationale. Dès le 17 juillet, dans une note adressée à la cour, il traçait le plan d'un voyage à Fontainebleau avec l'indication précise, développée dans les communications suivantes, des mesures militaires qu'il jugeait propres à en assurer le succès présent et futur, et à préparer le noyau d'une armée fidèle [1]. Il proposait, la décision une fois prise, que notification fût faite à l'Assemblée, au nom du Roi, par l'un des ministres.

« La notification, écrivait-il, doit être faite de manière à ne présenter que l'idée d'un simple voyage, nécessité par la santé du Roi et par le besoin qu'il a de reprendre, pendant quelques semaines, l'exercice de la chasse, dont il s'était fait une habitude. On annoncera que le Roi se rendra le plus fréquemment possible à Paris, pour que la communication entre l'Assemblée nationale et lui ne soit pas interrompue. On exposera ensuite, en peu de mots, quelles sont les mesures que le Roi se propose de prendre, soit pour sa garde à Fontainebleau, soit pour son départ et pour ses retours. On dira expressément qu'il n'aura d'autre garde que la garde natio-

---

[1] Peut-être faut-il rattacher à ce projet la proposition faite par Mirabeau à l'Assemblée, le 20 août, pour le licenciement de l'armée et sa reconstitution immédiate.

nale de Fontainebleau et quelques compagnies de tels et tels régiments, qui sont le plus à portée de faire ce service. Le ton de cette lettre doit être celui de la confiance ; il ne faut ni prévoir des difficultés ni chercher à y répondre; il ne faut pas demander des conseils, mais *aviser*[1]... Il faut, avant toute chose, ajoutait-il, faire part à M. de La Fayette du projet de voyage et exiger qu'il prenne toutes les mesures pour le faire réussir. »

Il s'expliquait même à cet égard de façon à laisser trop paraître le plaisir qu'il goûterait à voir son rival d'influence et de popularité se compromettre tout à la fois, dans cette circonstance, avec l'Assemblée et avec la cour. Le projet de Mirabeau ne fut pas accueilli. L'éventualité, nettement envisagée par lui, d'une guerre civile « certaine et peut-être nécessaire » effraya le Roi et la Reine, et cette dernière notamment qualifia d'une façon plus dure que perspicace son plan de mesures et de précautions militaires.

« A vous parler franchement, écrivit-elle le 15 août au comte de Mercy, il me paraît fou d'un bout à l'autre, et il n'y a que les intérêts de M. de la Marck, qui y soient ména-

[1] Mirabeau emploie ici ce mot dans le sens *d'informer, donner avis*.

gés. » La méfiance, d'ailleurs bien naturelle, de Marie-Antoinette, ne diminua point à l'égard de Mirabeau, et elle s'éveilla de plus, bien à tort, contre M. de la Marck, que Mirabeau avait désigné pour la fonction éventuelle d'inspecteur général des régiments suisses. Le redoutable conseiller ne se fit pas faute, de son côté, de noter rudement le fâcheux état d'esprit de ses augustes consulteurs. « La dernière note que j'ai envoyée, leur écrivit-il le 17 août, a causé de l'inquiétude et presque de l'effroi. Je le regarderais comme un bien salutaire effroi, s'il eût produit l'activité au lieu d'aggraver l'espèce de torpeur où réduit l'infortune. Mais comment ne pas s'apercevoir qu'en aiguisant la crainte, il émousse la volonté ? — Quoi qu'il en soit, il est certain que le moment est arrivé de se décider entre un rôle actif et un rôle passif; car, celui-ci, tout mauvais que je le crois, l'est moins à mes yeux que cette intercadence d'essais et de résignation, de demi-volonté et d'abattement, qui éveille les méfiances, enracine les usurpations et flotte d'inconséquences en inconséquences[1]. »

---

[1] *Correspondance avec le comte de la Marck*, t. II, pp. 103 et suiv., 117-119, 126 et suiv., 136. — *Lettres de Marie-Antoinette*, t. II, 189. — Alfred Stern, *Das Leben Mirabeaus*, t. II, p. 177 et suiv.

Renonçant momentanément au plan de politique active et armée qu'il n'avait pas réussi à faire agréer par la cour, Mirabeau se rabattit sur les moyens que, selon lui, pouvait offrir encore, si triste qu'il fût, le présent état des choses, pour rendre à la Royauté quelque influence sur l'Assemblée et sur le pays. Il fit porter surtout l'effort de ses conseils sur un point où son ambition personnelle se trouvait pleinement d'accord avec ce qu'il considérait comme un intérêt actuellement capital de la cause monarchique : l'abrogation du décret du 7 novembre 1789, qui avait interdit aux membres de l'Assemblée l'accès dans le conseil du Roi. Cette exclusion empêchait, selon lui, de la façon la plus fâcheuse, dans les circonstances données, la formation d'un ministère significatif et fort. Il aurait voulu que l'abrogation en fût réclamée ouvertement par Louis XVI.

Comme ses avis et suggestions à cet égard, durant les mois de septembre et d'octobre 1790, n'eurent pas plus de succès que ses projets politiques et militaires antérieurs, il essaya de forcer la main au Roi en provoquant la chute du cabinet, à l'occasion des affaires de Brest, et en mettant ainsi le monarque en demeure de prendre un parti. Tandis qu'il poussait d'un côté les comités réunis à proposer à l'Assemblée un vote de défiance contre le ministère, il insistait dans ses notes à la cour sur la nécessité de prendre les devants et de congédier les pâles survivants de Necker déchu[1]. Il fallait aussitôt les remplacer par des hommes correspondant aux nécessités de la situation, et au moyen desquels il pût tout au moins, lui Mirabeau, avoir sur les affaires une action indirecte, mais efficace. Pourvu qu'il les inspirât, ces choix, selon lui, pouvaient se porter hardiment à gauche. « Si le decret est levé, écrivait-il le 14 octobre, les ministres peuvent être pris indifféremment parmi les Jacobins, ou dans toute autre secte. Des Jacobins ministres ne seraient pas des ministres jacobins. »

Mais il dut bientôt reconnaître lui-même que le décret ne serait pas levé. La discussion sur la question ministérielle mit hors de doute la prévention obstinée de l'Assemblée sur ce point. Il ne put même concevoir aucune espérance de voir réclamer par le Roi et accorder par l'Assemblée l'assistance habituelle des ministres aux séances et le

---

[1] L'opinion de Mirabeau sur les ministres menacés était toute différente, on le voit, de celle de M. de Bouillé. L'une et l'autre avaient leurs raisons d'être dans les points de vue et projets divers auxquels elles correspondaient.

droit pour eux de prendre part aux débats sur les faits relatifs à leur administration, chose qu'il considérait comme de première importance pour arrêter l'annulation de jour en jour plus marquée du pouvoir exécutif. En outre, le vote de l'Assemblée sur la question de confiance trompa ses calculs. Comme il était évident que, malgré ce vote, les ministres, excepté M. de Montmorin, ne pourraient se maintenir, il persista dans le conseil pressant de les remplacer le plus tôt possible par des hommes avec lesquels il pût s'entendre et surtout au choix desquels La Fayette n'eût aucune part.

« On me demande des conseils que je donnerais inutilement, écrivait-il le 24 octobre, si je ne puis m'entendre avec les ministres. Fort ou faible en escrime, il me faut un terrain sur lequel je puisse appuyer le pied. Il est une foule de mesures que ni la cour ni moi ne pouvons exécuter, et que des ministres, en qui l'on pourrait se fier, tenteraient avec succès comme sans danger. Or quelle confiance pourrai-je avoir dans un ministère que mon ennemi créera, soutiendra, dirigera? »

Ici encore, Mirabeau fut complètement battu. Bien que le Roi et la Reine fussent au fond certainement aussi mal disposés pour

La Fayette qu'il l'était lui-même, ils n'osèrent pas, dans l'attitude passive qu'ils avaient adoptée en attendant le jour de la délivrance, essayer de secouer l'ascendant de ce tuteur ombrageux de leur royauté constitutionnelle. Ce fut, nous l'avons vu, l'influence de La Fayette qui l'emporta dans le choix des nouveaux ministres. Désespérant d'aboutir à un résultat quelconque (sauf les avantages matériels qu'il en retirait) par ses relations avec la cour, Mirabeau songeait à quitter Paris et l'Assemblée pour quelque temps. Il avait projeté de se rendre en Provence, afin d'intervenir au profit de l'ordre public, avec le prestige de son talent et de sa renommée, dans les troubles terribles auxquels cette province était en proie. Mais une plus vaste perspective s'ouvrit devant lui tout à coup : l'occasion d'exercer, au moins partiellement, l'influence qu'il désirait sur la marche générale des affaires, lui fut offerte par celui des ministres dont il aurait le moins attendu cette ouverture, à savoir M. de Montmorin, le vieil ami de Necker et l'allié de La Fayette, conservé par la faveur spéciale de l'Assemblée dans le nouveau cabinet [1].

[1] Cf. Alfred Stern, ouvrage cité, t. II, p. 202 et suiv., 222 — *Correspondance Mirabeau-La Marck*, t. II, pp. 178 et suiv., 218 et suiv., 228 et suiv.; 231 et

Quoique d'opinions très libérales, M. de Montmorin, par sa naissance, son éducation et la plus grande partie de sa carrière, se rattachait aux habitudes et aux sentiments de l'ancien régime. Il avait pour la Royauté traditionnelle et pour la personne du Roi le culte d'un gentilhomme de la vieille France. Ce n'est que grâce à sa conviction de la possibilité de concilier ce culte avec la réforme des institutions et des lois jugées par lui surannées, qu'il s'était engagé dans la voie suivie par Necker et s'était même, sur les pas de La Fayette, avancé bien au-delà. Mais maintenant cette conviction ne subsistait plus ; elle avait été ruinée par la marche précipitée des événements et des destructions accomplies. La monarchie et la famille royale lui paraissaient, comme cela était en effet, menacées d'une catastrophe prochaine, et il ne conservait plus aucune illusion sur La Fayette, incapable, il le sentait bien, de voir nettement et de juger sainement cet affreux état de choses, et, par conséquent, d'adopter les moyens nécessaires pour y apporter remède.

De là, dans son âme, un vrai remords, qu'aiguisaient encore la méfiance et l'aver-

suiv., 235, 236, 242 et suiv., 253 et suiv., 257 et suiv., 264, 265, 270, 273, 290 et suiv., 350, 412, 413, 505-507.

sion dont il se sentait l'objet de la part de la Reine, qui le comptait au nombre des principaux instruments de son infortune. Il prit donc, malgré la timidité naturelle de son caractère, la ferme résolution d'employer désormais la part de pouvoir qui lui était encore dévolue et la faveur dont il jouissait auprès de la majorité de l'Assemblée nationale, à la défense et au relèvement de la Royauté. Sans en être pleinement informé, il ne pouvait ignorer, dans le poste qu'il occupait, les relations de Mirabeau avec la cour. Le mépris que ses relations antérieures avec l'audacieux et immoral aventurier lui avait inspiré pour le non moins audacieux et non moins immoral tribun[1] céda devant la manifestation du génie et de la puissance de l'homme d'État. Il résolut de se rapprocher de lui et, pour cela, de recourir à M. de la Marck. Deux hommes politiques liés alors plus ou moins étroitement avec le ministre, le député Duquesnoy et le triple intrigant Talon, déserteur récent du parti de La Fayette, se chargèrent de porter à l'ami de Mirabeau les avances de M. de Montmorin.

---

[1] Cf. notre précédent volume, *Les Préliminaires de la Révolution*, p. 287. — H. Welschinger, *La Mission secrète de Mirabeau à Berlin* (Paris, Plon, 1900, in 8°), p. 43 et suiv.

L'une des forces politiques de Mirabeau était ce trait remarquable de son caractère : implacable contre ses adversaires et, tant qu'ils demeuraient tels, préoccupé sans aucun scrupule de leur jouer les plus mauvais tours, il ne lui coûtait pas de déposer à leur égard toute haine et toute rancune, du moment où il les trouvait réellement disposés à s'unir avec lui pour la réalisation de ses desseins. Il détestait M. de Montmorin et avait fait tous ses efforts pour qu'il fût congédié par le Roi du ministère. Néanmoins il ne se fit pas longtemps prier pour accueillir ses avances et il ne se rendit pas plus esclave des sentiments très peu favorables qu'il avait, pour des raisons générales et pour des raisons personnelles, conçus et exprimés au sujet de l'intermédiaire Talon. Dans la soirée du 5 décembre il eut une longue entrevue personnelle avec le ministre, et il en sortit pleinement réconcilié avec lui.

« J'étais trop persuadé, écrivit-il le lendemain, que M. de Montmorin était sincère, pour ne pas l'être moi-même. Je lui ai dit, en lui prenant les mains : « Ce n'est pas le ministre du Roi, forcé quelquefois de jongler, que je viens d'entendre, c'est M. de Montmorin, c'est un homme d'honneur qui m'a parlé et qui ne veut pas me tromper. Je vous servirai, je vous seconderai de tout mon pouvoir. »... Enfin, nous nous sommes quittés très satisfaits l'un de l'autre. » — Il n'hésita pas à se rendre garant auprès de la Reine des bonnes dispositions du ministre et de l'utilité pour la cause monarchique d'une action concertée avec lui. Sur la demande de M. de Montmorin, il rédigea ou plutôt fit rédiger dans son atelier intellectuel, sous son inspiration et sa surveillance, un vaste mémoire où était exposé un plan détaillé de conduite qu'il intitula : « Aperçu de la situation de la France et des moyens de concilier la liberté publique avec l'autorité royale. » Ce document occupe près de cent pages dans la publication de M. de Bacourt [1].

Le plan qui s'y développe est d'une étendue et d'une complexité vraiment excessives. Mirabeau, on le voit, s'y est complu, avec un dilettantisme d'artiste, à faire étalage de toutes les ressources de son génie d'homme politique et de conspirateur à triple fond. Il y étale dans toute sa cynique désinvolture le machiavélisme qui lui était devenu naturel, en y joignant, il est vrai, par manière

---

[1] *Correspondance Mirabeau-La Marck*, t. II, p. 414 et suiv. Cf. t. I, p. 221 et suiv., t. II, p. 383 et suiv. — Alfred Stern, ouvrage cité, t. II, p. 223 et suiv.

d'acquit, des explications et protestations de ce genre : « S'il ne s'agissait pas ici d'une dernière ressource et du salut d'un grand peuple, mon caractère me ferait rejeter tous ces moyens d'une intrigue obscure et d'une artificieuse dissimulation dont je suis forcé de donner le conseil... On ne se sauvera que par un plan qui amalgame les affaires extérieures et l'intérieur du palais, les combinaisons de l'homme d'État et les ressources de l'intrigue, le courage des grands citoyens et l'audace des scélérats. Il nous faut une sorte de pharmacie politique où le chef seul, également muni de simples salutaires et de plantes vénéneuses, dose ses compositions sous la direction de son génie et sous les auspices d'une confiance abandonnée de la part du malade. »

Ce qui ressort du projet avec évidence, c'est la renonciation par Mirabeau au conseil précédemment donné par lui, mais non écouté, de faire de l'Assemblée elle-même, au moyen d'un ministère fort et vraiment influent sur elle, l'instrument du salut de la monarchie. Selon lui, le temps de cette méthode est passé. Maintenant son idée capitale est de ruiner entièrement l'Assemblée dans l'opinion et de l'amener, par une ruse continuelle, par une fraude hardie et fertile en pièges quotidiens, à s'y ruiner elle-même. Son espérance se reporte sur l'Assemblée prochaine, à laquelle il voudrait voir attribuer, autant et plus qu'à celle-ci, les pleins pouvoirs constituants, afin de corriger en la refondant, d'accord avec la Royauté, l'œuvre, jugée par lui nettement absurde, des législateurs souverains issus du serment du Jeu de Paume. C'est à ce double travail de démolition de l'Assemblée actuelle et de préparation de l'Assemblée future, en même temps qu'à la reconstitution de la popularité royale, qu'il déclare vouloir consacrer l'efficacité puissante du triple réseau de police et de propagande secrètes dont il réclame la création, et où il se propose d'envelopper l'Assemblée elle-même, Paris et le royaume tout entier, comme dans les mailles serrées d'un immense et invisible filet, dont lui seul et son principal lieutenant Montmorin possèderont le mobile véritable et l'entier usage.

Son éclectisme utilitaire éclate d'ailleurs dans le choix des personnes appelées, à divers degrés et avec des restrictions diverses, à collaborer sous lui au succès du plan. Ainsi Talon et Semonville seront chargés de « l'influence sur la ville de Paris » et de « l'atelier de police » qui n'en sera pas le moindre moyen. « L'influence sur l'Assemblée nationale » devra être confié à un très petit nombre de députés. « On pourrait se borner d'abord à MM. de Bonnay, l'abbé de Montesquiou et Cazalès pour le côté droit; Clermont-Tonnerre, d'André, Duquesnoy, l'évêque d'Autun, Emmery, Chapelier, Thouret, Barnave et moi. C'est avec M. de Montmorin seulement que ces douze députés devraient correspondre; mais il ne faut ni leur accorder une égale confiance, ni faire connaître à chacun d'eux ceux qui devront le seconder, ni leur faire part du projet que l'on veut exécuter. Ainsi, par exemple, l'abbé de Montesquiou, MM. de Bonnay, Cazalès, Clermont-Tonnerre et d'André doivent ignorer le concours des autres. Il ne faut pas que Chapelier et Thouret sachent que Barnave et moi soyons leurs auxiliaires; Barnave doit toujours être vu seul; et je ne veux pas non plus que ma coalition avec aucun autre soit ostensible. »

M. de la Marck, écrivant le 30 décembre au comte de Mercy, disait du plan de Mirabeau : « Il est trop vaste, trop compliqué, mais il embrasse une assez grande diversité de moyens, et les combinaisons qui le composent sont telles que, si l'on n'atteint pas entièrement le but qu'on s'est proposé, on obtiendra certainement, en tout cas, quelques résultats avantageux. » Et il ajoutait un peu plus loin : « On est sur le point de l'exécuter[1]. » Ce projet en effet paraît avoir été accueilli avec plus de faveur que les précédents par la Reine, précisément, sans doute, parce que l'on pouvait en prendre et en laisser dans l'exécution, que ses combinaisons secrètes pouvaient se concilier avec l'attitude passive temporairement adoptée par le Roi, et qu'enfin il n'était pas impossible de le subordonner, à l'insu de Mirabeau, au plan réel des royaux époux, celui qu'ils avaient arrêté d'accord avec M. de Breteuil et à la réalisation duquel M. de Bouillé devait concourir. La « confiance abandonnée » que réclamait l'auteur de l'*aperçu sur la situation de la France* ne lui était en effet, ne lui fut jamais et ne lui pouvait pas être acquise. Marie-Antoinette se refusa même toujours à renouveler l'audience qu'elle lui avait accordée au mois de juillet précédent[2], et il ne put en aucun temps, malgré ses vives et fréquentes instances, obtenir ni avec elle ni avec le Roi les entretiens personnels qu'il jugeait avec raison nécessaires à une action concertée.

[1] *Correspondance* précitée, t. II, p. 524.
[2] Cf. *La Fédération*, pp. 121-122. — Alfred Stern, ouvrage cité, t. II, p. 173. — *Correspondance Mirabeau-La Marck*, t. I, pp. 189-190. — Il ne paraît pas douteux que Louis XVI aussi avait pris part à cette entrevue.

Engagé au service de la Royauté qui, en payant largement son concours, ne l'acceptait que sous toutes réserves, Mirabeau, de son côté, avait continué d'affecter en public le rôle de champion dévoué, passionné de l'Assemblée qu'il voulait détruire et de la politique révolutionnaire dont il se proposait d'enrayer la marche. Il cherchait par cette attitude et réussissait à entretenir la popularité qui faisait sa force et le rendait à la fois précieux et redoutable à la cour. Quand la méfiance de celle-ci à son égard se faisait un peu trop sentir et qu'il pensait, à tort ou à raison, que tel ou tel avis était préféré aux siens, il saisissait les occasions qui s'offraient à lui de faire retentir à la tribune les éclats menaçants de sa voix tonnante, quitte à s'excuser ensuite tant bien que mal dans ses notes secrètes. Il y avait d'ailleurs telle ou telle voie dans laquelle il désirait entraîner la Royauté quasi de force à sa suite. C'est ainsi que s'expliquent, en partie du moins, les contradictions de sa conduite, au premier abord déconcertantes.

Il est certain qu'à la fin de l'année 1790, époque où son crédit, vite ébranlé après un premier moment d'élan réciproque, se raffermit à la cour, à la suite de son alliance avec M. de Montmorin et des combinaisons arrêtées entre eux, Mirabeau, par un véritable tour de force, ne s'en maintient pas moins dans l'entière possession de son influence sur l'Assemblée et sur l'opinion publique. Il domine, même aux Jacobins. Élevé, le 30 novembre, pour un mois, à la présidence du club, il y exerce ses pouvoirs avec beaucoup de vigueur et de hardiesse. Il n'a pas craint même, dans son discours d'inauguration, d'insérer quelques bonne vérités parmi les fleurs obligées d'une telle harangue. Si tous les Français sont devenus les appuis de la liberté, un résultat encore, il l'a proclamé, reste à obtenir, c'est de faire d'eux aussi les soutiens de la paix publique et les ennemis de l'anarchie[1].

Si l'on cherche à pénétrer le fond de la pensée et de l'âme de Mirabeau, que peut-être il ne voyait pas toujours bien clairement lui-même, on arrive, en somme, à la conclusion que son attachement à la cause de la monarchie était sincère, parce que cet attachement correspondait à la fois chez lui à un sentiment, malgré tout, profond et puissamment traditionnel, à sa raison d'homme d'État et à son intérêt non seulement matériel, mais compris dans le sens le plus élevé ; le libre dévelop-

[1] Cf. Alfred Stern, ouvrage cité, t. II, pp. 221, 222.

pement de son génie politique, au dedans et au dehors, dans une situation et avec un pouvoir analogues à ceux des Richelieu et des Mazarin. Mais cet attachement s'appliquait à la monarchie renouvelée comme il l'entendait, c'est-à-dire acceptant un certain nombre de destructions accomplies et reposant désormais sur les bases que dans sa trentième note pour la cour (14 octobre 1790) il avait nettement posées en ces termes :

« Royauté héréditaire dans la dynastie des Bourbons; corps législatif périodiquement élu et permanent, borné dans ses fonctions à la confection de la loi; unité et très grande latitude du pouvoir exécutif, suprême dans tout ce qui tient à l'administration du royaume, à l'exécution des lois, à la direction de la force publique; attribution exclusive de l'impôt au corps législatif; nouvelle division du royaume; justice gratuite; liberté de la presse; responsabilité des ministres; vente des biens du domaine et du clergé; établissement d'une liste civile, et plus de distinctions d'ordres; plus de privilèges ni d'exemptions pécuniaires; plus de féodalité ni de parlements; plus de corps de noblesse ni de clergé; plus de pays d'États ni de corps de province; — voilà ce que j'entends par les bases de la Constitution. Elles ne limitent le pouvoir royal que pour le rendre plus fort ; elles se concilient parfaitement avec le gouvernement monarchique[1]. »

Ce programme, dont la tendance est manifestement centralisatrice, et qui, sauf les institutions de contrôle et de liberté, n'est pas sans analogie avec le futur système napoléonien, allait bien au delà des intentions de la cour[2].

La divergence persistante entre les vues de celle-ci et la façon dont Mirabeau entendait servir sa cause était d'autant plus périlleuse que l'attachement qu'il avait pour la monarchie n'était pas un dévouement aveugle ni même simplement désintéressé. La condition essentielle de ses services, outre les avantages présents, était qu'il en tirât, le moment venu, la situation qu'il en espérait. Parmi ses protestations de fidélité sentimentale, il ne laissait pas de rappeler, de temps en temps, qu'il ne s'oubliait pas lui-même et n'entendait en aucune manière être sacrifié. « Si l'on n'a pas plus d'énergie, et qu'on ne dispose pas de plus de moyens, écrivait-il le 17 juillet à M. de la Marck, je serai tout à l'heure forcé de changer de rôle en ne changeant pas de volonté : car enfin mon existence, c'est ma force, et il

[1] *Correspondance Mirabeau-La Marck*, t. II, p. 225.
[2] Cf. Alfred Stern, ouvrage cité, pp. 179-180.

faut bien, dans la conflagration universelle, que je l'emploie pour moi, si je ne trouve pas à l'échanger pour le bien public. » Et au même, le 22 octobre : « Je n'ai nulle envie de livrer à personne mon honneur et à la cour ma tête. Si je n'étais que politique, je dirais : J'ai besoin que ces gens-là me craignent. Si j'étais leur homme, je dirais : Ces gens-là ont besoin de me craindre. »

M. de la Marck, sa caution auprès de la Reine, tombait lui-même par moments à son sujet dans un doute anxieux, inspiré par les véhémences de tempérament et la promptitude aux volte-face qui se joignaient aux préoccupations et aux précautions de l'intérêt personnel pour entraîner Mirabeau hors de la voie convenue entre eux. « Je dois, écrivait-il le 30 décembre à M. de Mercy, surveiller à chaque instant le caractère impétueux de M. de Mirabeau, et le ramener lorsqu'il m'échappe ou qu'il s'échappe à lui-même. Très ardent, très fort pour un coup de main ou à tel moment donné, il est souvent incapable de rester quinze jours dans la même mesure et la même direction [1]. »

La complexité singulière de la politique et des attitudes de Mirabeau risquait naturelle-

[1] *Correspondance Mirabeau-La Marck*, t. II, pp. 102-103, 251, 531. Cf. t. III, pp. 28, 46, 70.

ment de rendre par instants sa marche bien glissante et de l'obliger à traverser des pas difficiles. Mais il s'en tirait avec une audace et une dextérité surprenantes. L'affaire Trouard-Riolle nous montre son aisance en des cas pareils. Ce Trouard-Riolle avait été arrêté, le 8 juillet, à Bourgoin en Dauphiné, comme il se rendait en Savoie, et on avait trouvé sur lui des papiers d'où résultait sa qualité d'agent au service de menées contre-révolutionnaires et, en particulier, une mission d'enquêteur assez semblable à celles que Mirabeau conseillait à la cour et qu'il proposa plus tard, dans le grand projet rédigé pour M. de Montmorin, d'organiser formellement. Parmi ces papiers, se trouvait une lettre que Riolle attribuait à Mirabeau, mais qui en tout cas n'était pas de la main de celui-ci. Il est vrai que l'on y trouva également une appréciation ainsi conçue : « Mirabeau l'aîné est un scélérat, prêt à se vendre à tous les partis. » Quels avaient été leurs rapports réels? Il est malaisé de le savoir [1]. Quoi qu'il en soit, l'archevêque de Toulouse, d'accord avec M. de la Marck, voulut engager Mirabeau à faire des

---

[1] Ces rapports ne paraissent pas, en somme, avoir eu rien de bien sérieux. Le point délicat et périlleux de l'affaire, c'est qu'elle posait devant l'Assemblée et devant l'opinion la question des rapports secrets de Mirabeau avec la cour.

démarches pour tirer d'affaire ce maladroit serviteur, « ce pauvre diable, victime de son zèle ». — « Que veut-il, répondit Mirabeau, que je fasse pour cet insensé, qui m'a adressé aujourd'hui cinq lettres plus extravagantes les unes que les autres, qui a été évidemment suivi, espionné, trahi, et qui va compromettre ceux qui lui sont le plus étrangers? Je voudrais que la race des fous et celle des gens sans volonté fût rayée du livre de vie ; mais alors la terre serait dépeuplée... Souvenez-vous, ajoutait-il, que cet incident est diabolique. »

Le rapport du Comité des recherches sur cette affaire fut présenté à l'Assemblée dans sa séance du 11 septembre au soir. Il concluait au renvoi de Trouard-Riolle et de ses « complices et adhérents » devant le Châtelet, comme prévenus d'un « plan de conspiration contre l'État ». Mention y était faite de la lettre attribuée à Mirabeau, mais avec la remarque que cette attribution méritait peu de confiance.

« Je ne monte point à la tribune, dit en y paraissant le grand orateur, pour éclaircir les confabulations qu'on vient de vous présenter. » Il ajouta qu'il avait connu M. Riolle, comme tout le monde, à Versailles et à Paris, l'avait pu connaître. Il le peignit comme un intrigant sans cervelle et sans consistance.

« C'est, dit-il, un homme comme il y en avait au temps où l'on s'amusait à avoir des fous dans les cours, tantôt aristocrate, tantôt démocrate ; aujourd'hui enragé dans un sens, et demain dans un autre... Il prétend, ajouta-t-il, m'avoir adressé des mémoires ; je ne dirai ni oui ni non ; je reçois à peu près cent lettres par jour. Il m'est aussi parvenu des milliers de mémoires ; j'en ai lu quelques-uns ; il y en a beaucoup que je n'ai pas lus et que probablement je ne lirai pas. Il est très possible que les mémoires de M. Riolle se trouvent parmi ceux-là. Ce que je puis dire, c'est qu'il ne m'a rien envoyé à ma provocation. » Cela dit, Mirabeau passant, selon son usage, à l'offensive, prit la pose triomphante d'un martyr des idées nouvelles.

« Depuis longtemps, dit-il, mes torts et mes services, mes malheurs et mes succès m'ont également appelé à la cause de la liberté. Depuis le donjon de Vincennes et les différents forts du royaume, où je n'avais pas élu domicile, mais où j'ai été arrêté par différents motifs, il serait difficile de citer un fait, un écrit, un discours de moi, qui ne montrât pas un grand et énergique amour de la liberté. J'ai vu cinquante-quatre lettres de cachet dans ma famille ; oui, Messieurs, cinquante-quatre, et j'en ai eu dix-sept pour ma part. Ainsi, vous voyez que j'ai été partagé en aîné de Normandie. Si cet amour de la liberté m'a procuré de grandes jouissances, il m'a donné aussi de grandes peines et de grands tourments. Quoi qu'il en soit, ma position est assez singulière. La semaine prochaine, à ce que le Comité me fait espérer, on fera le rapport d'une affaire (celle des 5 et 6 octobre 1789) où je joue le rôle d'un conspirateur sérieux; aujourd'hui on m'accuse comme un conspirateur contre-révolutionnaire. Permettez que je demande la division. Conspiration pour conspiration, procédure pour procédure, s'il le faut même, supplice pour supplice, permettez du moins que je sois un martyr révolutionnaire. »

Mirabeau descendit de la tribune au milieu des applaudissements de l'Assemblée et des auditeurs des galeries. Peu soucieux désormais des conclusions, qui furent adoptées, du Comité des recherches sur Trouard-Riolle, il écrivit le lendemain à M. de la Marck : « J'ai traité Riolle avec mesure, comme un fou. L'Assemblée a été extrêmement contente de moi. L'archevêque est bien maladroit si ce n'est pas une affaire finie[1]. »

---

[1] *Correspondance Mirabeau-La Marck*, t. II, pp. 89-93. — Buchez et Roux, t. VII, p. 199 et suiv. — Alfred Stern, ouvrage cité, t. II, pp. 189-190.

L'affaire des 5 et 6 octobre 1789, à laquelle nous venons d'entendre Mirabeau faire allusion, fut pour lui, pendant l'année 1790, une gêne irritante et une cause de préoccupations désagréables plutôt qu'un péril sérieux. Quelle qu'eût été (chose bien obscure!) sa part réelle de responsabilité dans les origines et les événements de ces terribles journées, le fait seul de ses relations actuelles avec la cour ne permettait plus guère à celle-ci de lui en laisser porter le poids. Aussi est-ce peut-être, du moins pour une bonne part, dans un autre intérêt que des efforts furent tentés pour tirer parti des présomptions et des indices qui existaient ou pouvaient être recueillis contre lui à ce sujet.

Sous l'influence du mouvement de réaction momentanée qu'avaient produit, à Paris même, l'horreur des excès commis à Versailles et la perspective de l'anarchie[1], le Comité des recherches de la municipalité parisienne avait, à la fin du mois de novembre 1789, dénoncé au Châtelet les crimes de la matinée du 6 octobre, « ainsi que leurs auteurs, fauteurs ou complices, et tous ceux qui, par des promesses ou dons d'argent, ou par d'autres manœuvres, les ont excités et provo-

[1] Cf. *La Fédération*, p. 4 et suiv.

qués. » C'est sur cette dénonciation qu'une procédure avait été instituée, qui continua pendant de longs mois et dans laquelle furent entendus de nombreux témoins.

Quand l'impulsion sous laquelle avait agi le Comité municipal en cette circonstance, se fut non seulement calmée, mais, comme cela devait arriver, retournée en sens contraire, il s'effraya de cette enquête, comme d'un procès fait à la Révolution elle-même. Par une déclaration en date du 24 avril 1790, il protesta contre l'étendue donnée par le Châtelet à son information, et, malgré l'exemple du Comité des recherches de l'Assemblée, il refusa obstinément de communiquer à cette juridiction les documents relatifs à l'affaire demeurés en sa possession. Une correspondance assez aigre fut échangée par lui à ce sujet, au mois de juin, avec le procureur du Roi, et plus tard il ne craignit pas de dénoncer formellement le Châtelet à l'Assemblée, comme coupable d'intentions contre-révolutionnaires. Évidemment, le Comité municipal reculait devant les conséquences naturelles de son acte primitif. Mais, d'autre part, il ne paraît guère douteux que le Châtelet ne se fût appliqué à développer ces conséquences jusqu'à l'extrême. Cette tendance ne doit pas, croyons-nous, être attribuée seulement aux convictions royalistes ou du moins conservatrices de la plupart de ses membres. Il y a quelque raison d'admettre qu'elle fut due aussi à l'influence de son chef, le lieutenant civil Talon.

Celui-ci, pour un motif spécial et personnel, c'est-à-dire en raison de son alliance politique avec La Fayette, pourrait bien, cela est à noter, s'être efforcé de donner à l'enquête sur les 5 et 6 octobre un tour aussi défavorable que possible aux deux ennemis du général soupçonnés tout particulièrement à l'occasion de ces journées, le duc d'Orléans et Mirabeau. Eu égard au caractère et aux habitudes morales de Talon, son impartialité peut être à bon droit aussi suspecte que l'était à ses yeux et aux yeux de ses collègues la conduite des deux personnages dont il s'agit. Quoi qu'il en soit, dans le discours prononcé par lui devant l'Assemblée, dans la séance du 15 mai, où il parut à la barre à la tête d'une députation du Châtelet, il annonça que ce tribunal était « sur la trace des coupables » et qu'il était arrivé « à la découverte des corruptions pécuniaires » d'où étaient issus les crimes d'octobre, en ajoutant, chose en soi fort vraisemblable, que « ces secrets versements continuent peut-être encore à fomenter l'agitation dans quelques parties du royaume ».

Le 7 août suivant, une nouvelle députation du Châtelet fut plus affirmative et plus précise encore. Elle était conduite cette fois par Boucher d'Argis, un des lieutenants particuliers de cette compagnie [1], car Talon, dans l'intervalle, s'était démis de sa charge de lieutenant civil, pour occuper un siège devenu vacant à l'Assemblée nationale et auquel il avait droit comme député suppléant du bailliage de Chartres. Boucher d'Argis déposa sur le bureau un paquet cacheté contenant la procédure instruite par le Châtelet. Dans un discours dont l'emphase malencontreuse jeta un ridicule immédiat sur lui et sur sa mission, il désigna nettement, quoique sans les nommer, le duc d'Orléans et Mirabeau comme incriminés par les résultats de l'enquête et dignes de poursuites qu'arrêtait seule l'inviolabilité attachée, depuis le décret du 26 juin 1789, à leur qualité de députés.

« Nous venons enfin, s'écria-t-il, déchirer le voile qui couvrait une procédure malheureusement trop célèbre. Ils vont être connus, ces secrets pleins d'horreur... Quelle a été notre douleur, quand nous avons vu des

---

[1] A défaut de lieutenant civil, chaque lieutenant particulier présidait le Châtelet pendant un mois à tour de rôle. C'est ce que nous apprend l'*Histoire authentique*, t. I, p. 152.

dépositions impliquer deux membres de l'Assemblée nationale dans cette procédure ! Sans doute, ils s'empresseraient de descendre dans l'arène pour faire triompher leur innocence; mais vous nous avez mis dans l'impossibilité de les citer en jugement. Vous allez devenir les garants de la vengeance publique; vous cesserez d'être législateurs pour être juges; vous règlerez l'influence des circonstances sur nos devoirs; vous nous direz quels forfaits le glaive des lois doit venger, quel coupable il doit punir. »

L'Assemblée était mise en demeure ou de dessaisir le Châtelet ou d'examiner la question de savoir s'il n'y avait pas lieu de suspendre l'inviolabilité des deux députés en cause. Mirabeau prit la parole et réclama non cette suspension, mais cet examen. Maury et Cazalès, au nom de la droite, contestèrent, assez maladroitement, l'existence de l'inviolabilité dans le cas présent. La proposition de Mirabeau, amendée par l'abbé Gouttes, fut adoptée en ces termes : « L'Assemblée nationale décrète, conformément à son décret du 26 juin dernier, que son comité des rapports lui rendra compte des charges qui concernent les représentants de la nation, s'il en existe, dans la procédure faite par le Châtelet sur les événements du 6 octobre dernier, à l'effet qu'il soit déclaré sur ledit rapport s'il y a lieu à accusation. »

Sur le terrain où l'affaire était désormais placée Mirabeau pouvait manœuvrer tout à son aise. Ses relations et son influence ne lui laissaient guère de doutes sur l'issue. Aussi put-il sans inconvénient adopter l'attitude offensive d'un homme pressé d'en finir avec une accusation calomnieuse. C'est ce qu'il fit, dès le 23 août, dans le débat sur la mise en accusation de l'abbé de Barmond, dont il soutint la nécessité avec énergie.

« Je demande, dit-il en terminant, à ajouter un seul mot : il sera court. Et moi aussi, je suis accusé, ou plutôt on voudrait bien que je le fusse; il m'est donc au moins aussi permis d'être sévère que de me montrer sensible; il m'est permis de vous demander, et je vous demande que vous donniez, en cette occasion et dans toute autre, l'exemple de l'inflexible justice envers les membres de cette assemblée. Il ne suffit pas, pour les représentants de la nation, d'être hors des formes judiciaires aussi longtemps que vous ne les restituez pas à la juridiction ordinaire des tribunaux; il faut que le plus léger soupçon ne ternisse pas leur réputation, ou bien ils ne peuvent être déclarés innocents par vous. J'invoquerai donc, pour mes collègues et pour moi, l'inflexible sévérité des principes. J'y joindrai un vœu particulier, mais qui intéresse essentiellement et l'ordre public et l'honneur et la police de cette assemblée. Je supplie, je conjure le Comité des rapports de hâter son travail sur la procédure du 6 octobre. Je conjure le Comité des rapports de hâter son travail et de rendre publiques ces terribles procédures du Châtelet, dont le secret divulgué élèvera une barrière qui mettra un terme à tant d'insolences. »

Cette audacieuse et véhémente adjuration souleva les murmures et les cris de la droite, mais l'orateur fut salué, en descendant de la tribune, par les bravos répétés de la majorité de gauche.

Huit jours après, le 31, l'Assemblée reçut une lettre du président du Comité des rapports l'informant que ce comité avait achevé l'examen de l'affaire du 6 octobre, mais qu'il croyait utile, avant le dépôt du rapport, que la procédure à lui soumise fût livrée à l'impression, ce qui permettrait à tous les membres de l'Assemblée de se décider en pleine connaissance de cause. Mirabeau, affectant toujours d'être pressé de faire éclater son innocence, s'éleva contre le délai qu'entraînerait cette impression. « Je pense, dit-il, que le Comité doit faire son rapport aussitôt qu'il sera en état de vous le soumettre. Il veut éclairer l'opinion publique,... mais son intention ne peut être de laisser, pendant plusieurs semaines, les accusés, je ne dis pas dans les angoisses, mais dans les soupçons odieux dont on cherche à les environner. Je sais que l'on cherchera des motifs secrets dans cette publication; mais tout m'est égal, puisque tout sera connu. Je dis : tout m'est égal, car je ne suis pas assez modeste pour ne pas savoir que, dans le procès fait à la Révolution, je devais tenir une place. » Cette revendication de ses titres révolutionnaires lui valut une double salve d'applaudissements. L'Assemblée décida l'impression, « sans que néanmoins, ajouta-t-elle, le rapport de l'affaire puisse en être retardé ».

Le rapporteur désigné par le comité fut Chabroud, député du Dauphiné, homme d'opinions fort avancées. Le 22 septembre, il se déclara prêt à en donner lecture, et l'Assemblée décida que cette lecture aurait lieu à l'une de ses prochaines séances du matin, qui fut celle du 30 septembre.

Dans l'intervalle, M. de la Marck, dans une entrevue qu'il eut avec Talon, obtint pour Mirabeau communication de tous les renseignements qui lui pouvaient être utiles. Une autre entrevue, ménagée par le comte Louis de

Ségur, eut lieu chez M. de la Marck entre Mirabeau et La Fayette. Il y fut convenu que La Fayette userait ostensiblement de son influence en faveur de Mirabeau dans la discussion sur l'affaire d'octobre et que, d'autre part, Mirabeau dans sa défense, que l'on s'attendait à voir prendre une tournure fort agressive, s'abstiendrait de qualifier ou même de laisser voir la part qu'il attribuait au général dans la direction donnée à la procédure par le Châtelet[1]. Cette convention, interprétée différemment par les deux personnages en cause, fut mal tenue des deux côtés. Mais le principal tort paraît bien avoir été ici du côté de La Fayette, dont l'absence, le jour de la discussion, fut remarquée et irrita singulièrement Mirabeau.

La lecture du rapport de Chabroud ne put

[1] Quoiqu'il en soit réellement à cet égard, La Fayette, dès la fin du mois d'août, avait reconnu qu'il ne pouvait guère rien sortir, au point de vue politique, de la procédure du Châtelet. Le 28 août en effet, il écrivait à Washington : « Le rapport sur les événements du 6 octobre doit être fait à l'Assemblée la semaine prochaine. Je ne crois pas qu'il y ait contre le duc d'Orléans, et je suis sûr qu'il n'y a pas contre Mirabeau, des témoignages suffisants pour décider une accusation; Il y a quelque chose d'obscur dans le système actuel de ces deux hommes, quoiqu'ils ne paraissent plus liés. » Etienne Charavay, *Le Général La Fayette*. Paris, 1898, in-8°, p. 249, note 1. — Cf. Bouillé, *Mémoires*, p. 210, note 1.

être achevée dans la séance du 30 septembre et occupa encore presque toute celle du 1er octobre. Bien que l'auteur fût entré dans un détail infini, cette pièce n'était pas un exposé impartial, mais un plaidoyer en faveur des députés incriminés, un réquisitoire contre le Châtelet et presque une apologie des journées d'octobre. La péroraison ne laissait aucun doute sur les sentiments et les intentions du rapporteur :

« Messieurs, je n'ajoute rien. — Mon irrésolution est fixée. L'affaire où mon esprit a été successivement tourmenté de tant d'impressions diverses, est ramenée à ces termes simples où un seul point éclairci donne l'explication de tous; et il me semble enfin qu'enlacement par enlacement, j'ai défait le nœud gordien.

« Je ne vois plus qu'une conspiration, celle qui a été ourdie contre la Constitution. Une ligue s'est formée sur les débris de l'ancien régime pour tenter le renversement du régime nouveau.

« Elle a dit : « La force est unie contre
« nous à la justice, nous avons développé
« d'inutiles efforts; ployons pour nous rele-
« ver; opposons l'intrigue à la force et l'arti-
« fice à la justice. »

« Agissant ensuite dans l'ombre, elle a

marqué un but dont elle ne s'écarte pas; déconcertée, elle substitue à une mesure une mesure nouvelle, et son art est de se reproduire sous toutes les formes.

« Elle avait appelé cette armée qui devait envahir Paris et la liberté naissante; elle a suscité, elle a nourri cette procédure monstrueuse, cette guerre de greffe, passez-moi l'expression, dont le prétexte n'a pu dérober à nos yeux la prétention secrète.

« Je m'abuse peut-être, mais partout je crois voir son influence.

« Je l'accuse de la tiédeur dans laquelle le patriotisme semble s'engourdir, et de cette sécurité dangereuse qui a pris la place d'une sage et nécessaire réserve.

« Je l'accuse des nuages qui ont obscurci ces jours purs où les bons citoyens n'avaient qu'une âme et ne formaient qu'un vœu.

« Je l'accuse des vains démêlés où cette milice généreuse qui, de la capitale, donna à tout l'Empire un si noble exemple, ne craint pas d'exposer enfin le fruit de ses travaux.

« Je l'accuse de l'inconcevable illusion dont nous sommes frappés, et où germe, entre les vrais serviteurs de la patrie, cette défiance qu'ils devaient garder pour ses ennemis.

« Je l'accuse de la division cruelle qui se

propage entre nous et dans le sein de l'Assemblée nationale, alors même que la liberté est l'objet commun de notre culte; comme si les dogmes de cette religion étaient à la merci des tristes disputes qui enfantent les sectes!

« Ainsi l'on nous égare pour nous surprendre et l'on nous divise pour nous vaincre; et lorsque nous allons échapper à une embûche, d'autres plus dangereuses peut-être sont dressées, où nous sommes attendus, que dis-je?... où nous semblons courir de nous-mêmes.

« Citoyens, vous êtes les maîtres de votre sort. Abjurez de funestes débats; que les soupçons, que la défiance n'habitent plus parmi nous. Serrez-vous, continuez de former cette masse imposante qui renversa tous les obstacles et qui doit repousser tous les assauts. Vous n'avez pas acquitté votre dette envers la patrie; elle est toujours menacée. Le temps viendra, mais il n'est pas encore, où, délivrés d'alarmes, vous n'aurez plus qu'à recueillir, dans le bonheur du peuple et la prospérité de l'Empire, la récompense digne de vous, qui vous est promise.

« Et quant aux malheurs du 6 octobre (car il faut enfin ne plus voir que d'horribles malheurs dans cette journée fatale), nous les livrerons à l'histoire éclairée pour l'instruction des races futures; le tableau fidèle qu'elle en conservera fournira une leçon utile aux rois, aux courtisans et aux peuples. »

Comme conclusion, Chabroud proposait à l'Assemblée de déclarer qu'il n'y avait lieu à accusation ni contre Mirabeau ni contre le duc d'Orléans.

La discussion était fixée au lendemain 2 octobre. Il faut croire que la perspective de ce débat ne laissait pas d'exciter quelque crainte chez un certain nombre de membres de la gauche, puisque le Comité des recherches (distinct du Comité des rapports qui avait été saisi de l'affaire) fut sur le point, dans la matinée, de demander le renvoi de toutes les procédures politiques pendantes devant le Châtelet à la Haute-Cour qu'il était alors question de lui substituer. Mais Mirabeau voulait en finir. « Très décidé à ne pas se laisser protéger », du moins de cette façon, comme il l'écrivit du lieu même des séances à M. de la Marck, il fit reculer le Comité des recherches, et, vers deux heures de l'après-midi [1], la discussion s'engagea en effet devant l'Assemblée.

Mirabeau y prit tout d'abord une attitude guerrière par cette déclaration un peu fantastique : « J'ai à faire une observation qui

---

[1] C'est du moins l'heure annoncée par Mirabeau dans son billet.

peut éclairer les gens équitables; je déclare que je me porte accusateur du Châtelet, que je le prends à partie, et que je ne l'abandonnerai qu'au tombeau. »

L'abbé Maury, interprète de la droite, incrimina la partialité du rapport de Chabroud et insista, en dépit de ce travail apologétique, sur le caractère de conjuration préméditée qu'avaient eue et que conservaient les journées d'octobre. Mais, soit avertissement de la cour, soit conviction personnelle, il se restreignit à l'inculpation du duc d'Orléans, et apporta en ces termes à Mirabeau l'appui ostensible que lui refusait La Fayette : « Quant à M. de Mirabeau, j'avoue loyalement, pour rendre un hommage solennel à la vérité, que les charges articulées contre lui me paraissent jusqu'à présent insuffisantes pour l'inculper. Je ne balance donc pas à vous proposer de déclarer qu'il n'y a pas lieu à accusation contre lui, d'après les pièces de la procédure qui sont entre nos mains. Je l'accuserais sans ménagement si les dépositions étaient plus graves, je crois honorer ma bonne foi en lui rendant justice. »

Mirabeau, maintenant sûr de son fait, quitta son ton de matamore et prononça un discours d'une extrême habileté dialectique et politique.

« Ce n'est pas, dit-il, pour me défendre que je monte à cette tribune. Objet d'inculpations ridicules, dont aucune n'est prouvée, et qui n'établiraient rien contre moi, lorsque chacune d'elles le serait, je ne me regarde point comme accusé, car si je croyais qu'un seul homme de sens (j'excepte le petit nombre d'ennemis dont je tiens à honneur les outrages) pût me croire accusable, je ne me défendrais pas dans cette assemblée. Je voudrais être jugé, et votre juridiction se bornant à décider si je dois ou ne dois pas être soumis à un jugement, il ne me resterait qu'une demande à faire à votre justice, et qu'une grâce à solliciter de votre bienveillance, ce serait un tribunal. — Mais je ne puis pas douter de votre opinion, et si je me présente ici, c'est pour ne pas manquer une occasion solennelle d'éclaircir des faits que mon profond mépris pour les libelles, et mon insouciance trop grande peut-être pour les bruits calomnieux, ne m'ont jamais permis d'attaquer hors de cette assemblée; qui cependant, accrédités par la malveillance, pourraient faire rejaillir sur ceux qui croiront devoir m'absoudre, je ne sais quels soupçons de partialité. Ce que j'ai dédaigné quand il ne s'agissait que de moi, je dois le scruter de près, quand on m'attaque au sein de l'Assemblée nationale, et comme en faisant partie. »

Il entra alors dans la discussion des principales charges relevées contre lui, et il le fit avec un rare et puissant mélange de raisonnement, d'ironie et même de belle humeur, comme le montre le trait suivant, qui ne pouvait manquer de dérider l'auditoire : « Ainsi tout pesé, tout examiné, la déposition de M. Valfond n'a rien de vraiment fâcheux que pour M. Gamache, qui se trouve légalement et véhémentement soupçonné d'être fort laid, puisqu'il me ressemble. » — Sans admettre et en repoussant plutôt l'inculpation dirigée contre le duc d'Orléans, il maintint, même avec une certaine cruauté, la séparation politique qui existait entre eux, en avouant publiquement l'authenticité du propos sanglant tenu par lui, l'année précédente, au sujet du départ de ce prince pour l'Angleterre [1]. Le souvenir de cette fuite, exigée par La Fayette, lui fournit l'occasion de lancer ce trait contre celui-ci : « Elle laissait sans rival l'homme à qui le hasard des événements venait de donner une nouvelle dictature, l'homme qui, dans ce moment, disposait, au sein de la liberté, d'une police plus active que celle de l'ancien régime, l'homme qui, par

---

[1] Cf. *La Fédération*, p. 35.

cette police, venait de recueillir un corps d'accusation sans accuser; l'homme qui, en imposant à M. d'Orléans la loi de partir, au lieu de le faire juger et condamner, s'il était coupable, éludait ouvertement par cela seul l'inviolabilité des membres de l'Assemblée. »

Irrité de l'absence du général à cette séance, il le dénonça en termes voilés, mais fort intelligibles pour les hommes initiés aux secrets de la politique, comme l'un des instigateurs de la procédure du Châtelet.

« La véritable difficulté du sujet est tout entière dans l'histoire même de la procédure. Elle est profondément odieuse, cette histoire. Les fastes du crime offrent peu d'exemples d'une scélératesse tout à la fois si éhontée et si malhabile. Le temps le saura; mais ce secret hideux ne peut être révélé aujourd'hui sans produire de grands troubles. Ceux qui ont suscité la procédure du Châtelet ont fait cette horrible combinaison, que si le succès leur échappait, ils trouveraient dans le patriotisme même de celui qu'ils voulaient immoler le garant de leur impunité. Ils ont senti que l'esprit public de l'offensé tournerait à sa ruine ou sauverait l'offenseur... Il est bien dur de laisser ainsi aux machinateurs une partie du salaire sur lequel ils ont compté!

Mais la patrie commande ce sacrifice, et certes elle a droit encore à de plus grands... Je ne parle point ici pour amuser la malignité publique, pour attiser des haines, pour faire naître de nouvelles divisions. Personne ne sait mieux que moi que le salut de tout et de tous est dans l'harmonie sociale et l'anéantissement de tout esprit de parti; mais je ne puis m'empêcher d'ajouter que c'est un triste moyen d'obtenir cette réunion des esprits, qui seule manque à l'achèvement de notre ouvrage, que de susciter d'infâmes procédures, de changer l'art judiciaire en arme offensive, et de justifier ce genre de combat par des principes qui feraient horreur à des esclaves. »

C'est également contre La Fayette [1] qu'est dirigée en bonne partie la péroraison vigoureuse et agressive de Mirabeau, malgré le

---

[1] L'intention de Mirabeau de viser et d'atteindre La Fayette, quoique avec certains ménagements, dans ce discours, est mise hors de doute par les plaintes immédiates du comte Louis de Ségur, qui venait de servir d'intermédiaire à leur essai de rapprochement pour cette circonstance. Elle est rendue tout à fait évidente par cette déclaration catégorique de Mirabeau au comte de la Marck, dans une lettre datée du 3 octobre : « Je pouvais (M. de Ségur doit m'en croire), je pouvais imprimer hier à M. de la Fayette une tache ineffaçable que, jusqu'ici, je ne lui destine que dans l'histoire. Je ne l'ai pas fait; j'ai montré le sabre et je n'ai pas frappé. Le temps le frappera assez pour moi. Mais, s'il veut

déploiement factice d'indignation, jugé nécessaire par l'orateur, contre les détracteurs de la politique révolutionnaire.

« Je viens d'emprunter le langage d'un accusé, lorsque je ne devrais prendre que celui d'un accusateur. — Quelle est cette procédure dont l'information n'a pu être achevée, dont tous les ressorts n'ont pu être combinés que dans une année entière; qui, prise en apparence sur un crime de lèse-majesté, se trouve entre les mains d'un tribunal incompétent, qui n'est souverain que pour les crimes de lèse-nation? Quelle est cette procédure qui, menaçant vingt personnes différentes dans l'espace d'une année, tantôt abandonnée et tantôt reprise, selon l'intérêt et les vues, les craintes ou les espérances de ses machinateurs, n'a été, pendant si longtemps, qu'une arme de l'intrigue, qu'un

que j'anticipe sur le temps, il n'a qu'à me provoquer par la plus légère agression personnelle. Si, au contraire, il commence à sentir que nul n'est assez fort pour avoir raison contre un homme de talent et de courage, quand on a tort avec lui, je suis prêt encore à sacrifier à la chose publique et au bien qu'il y peut faire, le ressentiment très profond et souverainement juste que je nourris contre lui au fond de mon cœur ». — *Correspondance* précitée, t. II, p. 209. — On remarquera ce nouvel appel à la réconciliation, sinon personnelle, du moins politique, succédant immédiatement à la menace. Elle est caractéristique du génie et de la méthode de Mirabeau.

glaive suspendu sur la tête de ceux que l'on voulait ou perdre ou effrayer, ou désunir ou rapprocher; qui enfin n'a vu le jour, après avoir parcouru les mers, qu'au moment où l'un des accusés n'a pas cru à la dictature qui le retenait en exil, ou l'a dédaignée?

« Quelle est cette procédure prise sur des délits individuels, dont on n'informe pas et dont on veut cependant rechercher les causes éloignées, sans répandre aucune lumière sur leurs causes prochaines? Quelle est cette procédure dont tous les événements s'expliquent sans complot, et qui n'a cependant pour base qu'un complot; dont le premier but a été de cacher des fautes réelles et de les remplacer par des crimes imaginaires; que l'amour-propre seul a d'abord dirigée; que la haine a depuis acérée; dont l'esprit de parti s'est ensuite emparé; dont le pouvoir ministériel s'est ensuite saisi; et qui, recevant ainsi tour à tour plusieurs sortes d'influences, a fini par prendre la forme d'une protestation insidieuse et contre vos décrets, et contre la liberté de l'acceptation du Roi, et contre son voyage à Paris, et contre la sagesse de vos délibérations, et contre l'amour de la nation pour le monarque?

« Quelle est cette procédure que les ennemis les plus acharnés de la Révolution n'auraient pas mieux dirigée, s'ils en avaient été les seuls auteurs, comme ils en ont été presque les seuls instruments; qui tendait à attiser le plus redoutable esprit de parti, et dans le sein de cette assemblée, en opposant les témoins aux juges; et dans tout le royaume, en calomniant les intentions de la capitale auprès des provinces; et dans chaque ville, en faisant détester une liberté qui avait pu compromettre les jours du monarque; et dans toute l'Europe, en y peignant la situation d'un roi libre sous les fausses couleurs d'un roi captif, persécuté, en y peignant cette auguste assemblée comme une assemblée de factieux.

« Oui, le secret de cette infernale procédure est enfin découvert; il est là tout entier; il est dans l'intérêt de ceux dont le témoignage et les calomnies en ont formé le tissu. Il est dans les ressources qu'elle a fournies aux ennemis de la Révolution; il est... dans le cœur des juges tel qu'il sera bientôt buriné dans l'histoire par la plus juste et la plus implacable vengeance. »

Selon le compte rendu emprunté au *Moniteur* par les *Archives parlementaires*, « la salle retentit d'applaudissements. M. de Mirabeau descend de la tribune; on applaudit encore. Il revient à sa place, les applaudissements redoublent. » — L'affaire fut enterrée par l'adoption des conclusions de Chabroud [1].

Il est curieux de comparer la péroraison de ce dernier et celle même de Mirabeau avec le plan machiavélique rédigé par celui-ci pour M. de Montmorin à la fin du mois de décembre suivant, et dirigé principalement contre l'Assemblée. A ce moment, nous le savons, son audacieuse politique jouissait d'une double et contradictoire influence : d'une part, dans les conseils secrets de la Royauté; de l'autre, dans la direction de l'opinion révolutionnaire et du club des Jacobins; mais non pourtant sans réserves, sans contestation ici et là. Pour lui, plein de confiance en lui-même, il songeait encore à son voyage en Provence, mais comme investi, cette fois, d'une mission officielle et de la double autorité du Roi et de l'Assemblée. Il se flattait de jouer de nouveau un rôle éclatant sur ce théâtre de ses débuts politiques et promettait à La Marck et à Montmorin de « remonarchiser le pays ». On s'entretenait de son départ,

---

[1] Cf. *Archives parlementaires*, t. XV, pp. 523, 524; t. XVII, pp. 652 et suiv., 712 et suiv.; t. XVIII, pp. 238, 436, 437; t. XIX, pp. 323, 338 et suiv., 367, 397 et suiv., 400 et suiv. — *Correspondance Mirabeau-La Marck*, t. II, pp. 188 et suiv., 201 et suiv. — Alfred Stern, *Das Leben Mirabeaus*, t. II, p. 183 et suiv.

Plusieurs sections de Paris, naïvement émues, l'invitèrent en termes pressants à ne pas abandonner le centre de l'action révolutionnaire. Le club des Jacobins ne dédaigna pas de s'associer à ces instances flatteuses, et Barnave s'en fit l'éloquent interprète. M. de Montmorin, la Reine elle-même, ce semble, jugèrent la présence de Mirabeau plus utile à Paris qu'à Aix et à Marseille, et leur avis le détermina[1].

[1] Cf. *Correspondance Mirabeau-La Marck*, t. II, pp. 505-507 — Alfred Stern, ouvrage cité, t. II, pp. 234-236.

CHAPITRE VI

LA FAYETTE. — LES LAMETH. — LE DUC D'ORLÉANS. — MENACES CONTRE LA REINE.

Si peu d'estime qu'eût Mirabeau pour les facultés politiques de La Fayette, il en faisait encore trop de cas et lui prêtait, par une sorte de projection de sa propre nature sur celle de son adversaire, des aspirations et des desseins à la Cromwell dont le général des Parisiens était certainement incapable, autant par l'esprit que par le cœur. La Fayette était un grand vaniteux sans ambition, qui s'était grisé de son propre personnage et posait constamment devant lui-même dans la profonde admiration de son patriotisme désintéressé. M. de Montmorin, longtemps lié avec lui, le dépeignait fort justement quand il disait à Mirabeau : « Vous croyez cet homme ambitieux ? il n'a d'autre ambition que d'être loué ; désireux du pouvoir ? il en recherche l'apparence plutôt que la réalité[1]. »

La Fayette était certainement sincère quand, dans un entretien avec le comte Louis de Bouillé, fils du marquis, où celui-ci cherchait à le détourner du courant auquel il se laissait aller, en lui montrant les avantages de gloire et de fortune qui résulteraient pour lui d'un concours efficace prêté au raffermissement de la monarchie, il répondait à son petit-cousin « qu'il n'avait aucune ambition que celle du bien public et de l'achèvement d'une heureuse et libre constitution; qu'il ne demandait d'autre récompense de ses services que le suffrage et l'estime de ses concitoyens ; qu'une fois sa tâche remplie, il reprendrait son rang militaire et se retirerait à la campagne, où, jouissant de l'approbation et de l'affection publiques, il attendrait que la nation en danger l'appelât pour combattre le despotisme, s'il voulait reparaître. Alors, ajoutait-il, je jouirai de tous mes travaux; alors j'aurai acquis une existence que je ne devrai qu'à la pureté de mes principes, à la simplicité de mon caractère, et la confiance générale me mettra au-dessus du Roi lui-

[1] *Correspondance Mirabeau-La Marck*, t. II, p. 387.

même. » — A quoi M. de Bouillé répondit : « Je ne suis pas autorisé, mon cousin, à vous offrir d'être plus que le Roi [1]. »

Cette piquante réplique était en même temps fort judicieuse. Le désintéressement de La Fayette avait en effet pour supposition nécessaire la satisfaction préalable de son amour-propre, et cette satisfaction, du moins jusqu'à « l'achèvement d'une heureuse et libre constitution », exigeait nécessairement qu'il continuât de tenir en France le premier rôle, comme tuteur à la fois de la Révolution et de la Royauté, d'autant plus qu'il avait l'intime et vertueuse conviction d'être le seul homme capable d'exercer utilement cette double tutelle.

Sa première et plus chère pupille, la Révolution, s'émancipait néanmoins de jour en jour davantage, non seulement de son autorité, mais de son influence. Depuis la Fédération où, malgré Mirabeau, on lui avait laissé occuper le premier rôle, son crédit et sa popularité n'avaient plus fait que décroître. En prenant l'attitude majestueuse d'un arbitre, planant dans une sphère supérieure, au-des-

[1] Étienne Charavay, *Le Général La Fayette*, p. 572. — Cette conversation eut lieu au mois de janvier 1791, mais elle se rapporte bien à l'attitude de La Fayette dans les six derniers mois de l'année 1790.

sus des deux fractions de la gauche représentées par le club de 1789 et par la Société des Jacobins, il les avait accoutumées l'une et l'autre à tenir de moins en moins compte de sa façon de voir. Les Jacobins surtout et leurs chefs, les Lameth, étaient de plus en plus décidés à se débarrasser de lui. Les Lameth, en cela d'accord avec Mirabeau, manœuvraient notamment pour susciter une occasion favorable de lui enlever sa situation de chef de la garde nationale [1]. En hostilité ouverte avec le parti du duc d'Orléans, il était en exécration aux ultra-révolutionnaires, dont les organes dans la presse dirigeaient contre lui des aboiements aussi continuels et aussi furieux que contre la cour elle-même.

Ses efforts pour relever l'ordre public, parmi lesquels son attitude si louable pour la répression de la révolte de Nancy doit lui être surtout comptée par la critique impartiale, tournaient à son détriment, parce qu'il ne se pouvait en même temps détacher du souci de sa popularité défaillante. La dangereuse fausseté de sa position en face des émeutes pari-

[1] Dans un mémoire rédigé en 1839, Théodore de Lameth, frère aîné de Charles et d'Alexandre, mais qui leur survécut, a nié cette intention de leur part. Mais sa dénégation, quoique sincère, n'est aucunement décisive. Cf. Ms des Nouv. acq. franç. 1387 à la Bibliothèque nationale, fol. 140-141.

siennes était notée d'un trait sûr par la perspicacité de Mirabeau : « Celui qui, répondant en quelque sorte de la tranquillité publique, est chargé d'en réprimer les perturbateurs, perd toujours à des insurrections qui le rendent également odieux aux deux partis ; car les factieux, persuadés que leurs démarches sont légitimes, appellent tyrannie la résistance qu'on leur oppose, et les citoyens paisibles, convaincus que les factieux sont trop ménagés, traitent de faiblesse la prudence même qui force d'épargner le peuple [1]. »

La seconde pupille de La Fayette, la Royauté, lui était en apparence beaucoup plus docile. Louis XVI et encore plus Marie-Antoinette ne faisaient de lui aucun cas, mais ils en avaient peur et croyaient nécessaire, tant que durerait leur captivité parisienne, de se tenir sous son abri et de lui céder à peu près en toutes choses, afin de lui laisser la responsabilité de leur sort et aussi celle de leurs actes officiels. Cette docilité extérieure, mais toute passive, et, comme il ne pouvait guère se le dissimuler, sans assentiment d'esprit ni de cœur à sa direction politique, l'encourageait à faire sentir l'autorité qu'on lui déférait.

[1] *Correspondance Mirabeau-La Marck*, t. II, pp. 169-170.

Croyant peut-être arriver ainsi à convaincre ou à entraîner le couple royal, il se laissait aller à prendre vis-à-vis de lui une attitude de pédagogue constitutionnel assez ridicule, et à se permettre même, à l'égard de la Reine, des semonces dont la morgue de son civisme américain, effaçant son ancien tact d'homme de cour, ne savait plus mesurer les termes.

« J'ai eu, écrivait-il au mois de décembre 1790[1], une longue et, je crois, inutile conversation avec la Reine; je lui ai présenté les trois partis tels qu'ils se dessinent à mes yeux : les aristocrates, ayant pour chef M. d'Artois; les orléanais, dont le chef méprisable ne laisse pas d'être un point de réunion; enfin, le parti populaire et monarchique, le plus nombreux, mais le moins actif, qui est pour le Roi le seul moyen de salut. Les contre-révolutionnaires veulent autant détruire ou laisser détruire la personne de Louis XVI que les orléanais, et ceux-ci ont un plan de campagne contre la Reine pour la conduire au divorce ou à l'échafaud. J'ai représenté que si on m'accusait de n'avoir pas fait tout ce qu'on pouvait attendre, c'est parce qu'on n'a pas voulu agir dans le sens de

[1] *Mémoires et correspondance du général La Fayette*, t. III, p. 155.

la Révolution, soit par une conduite journalière, soit par les agents du pouvoir exécutif, et qu'on a cherché à faire manquer la Constitution par la force d'inertie. J'ai déclaré que la chose publique était pour moi avant, et le Roi après. »

C'est, sans aucun doute, à cette même conversation que se rapporte ce passage d'une lettre de M. de la Marck au comte de Mercy (9 novembre 1790)[1] : « La Fayette a eu, il y a peu de temps, une longue conférence avec la Reine : il a employé les moyens les plus odieux pour jeter le trouble dans son âme, et il a été jusqu'à lui dire que, pour obtenir le divorce, on la rechercherait en adultère. La Reine a répondu avec la dignité, la fermeté et le courage que vous lui connaissez ; mais on est saisi d'indignation en pensant à une pareille conduite de la part d'un homme tel que M. de La Fayette. »

Bien que du rapprochement de ces deux textes il résulte d'une façon claire que le général ne s'associait point personnellement à ces horribles projets, la façon menaçante et brutale dont il les manifestait à Marie-Antoinette le faisait accuser, non sans raison, par Mirabeau d'une « inconcevable insolence [2] »,

---

[1] *Correspondance Mirabeau-La Marck*, t. II, p. 300.
[2] *Correspondance* précitée, t. II, p. 366.

et ne devait pas ajouter peu de force persuasive aux attaques et accusations continuelles dont le poursuivait, dans ses notes à la cour, le terrible conseiller secret. Son double défaut de suffisance et d'insuffisance détachait de lui ceux-là même que son influence avait maintenus ou portés au pouvoir. Non seulement Montmorin, qu'il appelait sa « sentinelle dans le conseil [1] », s'était tout à fait détourné de lui et le qualifiait de la façon qu'on a vue, mais les hommes qu'il lui avait donnés pour collègues en forçant la main au Roi, Duportail et Duport du Tertre, s'étaient promptement résolus à secouer son joug et, au besoin, à lui rompre en visière, non pas, il est vrai, au profit de la Royauté, mais au bénéfice des Lameth et des Jacobins. « Le crédit de M. de La Fayette, écrivait le 30 décembre M. de la Marck [2], décroît tous les jours : il est dans une position vraiment singulière, et ne conserve une espèce de force que, pour ainsi dire, de la pitié populaire. »

Les frères Lameth, au contraire, Charles et Alexandre [3], étaient alors à l'apogée de leur

---

[1] Lettre de la fin d'octobre 1790. *Mémoires et correspondance*, t. III, p. 148 et suiv.
[2] *Correspondance* précitée, t. II, p. 529. — Cf. *Mémoires du marquis de Bouillé*, p. 217.
[3] Quoique plus âgé que l'un et l'autre, Théodore de Lameth ne joua un rôle politique et personnel

fortune politique. Leur influence était prépondérante aux Jacobins, avec lesquels leur nom s'identifiait presque à cette époque, et elle était de première importance à l'Assemblée, où c'était avec eux surtout que Mirabeau avait à compter. Duport, dont l'action avait été si efficace au début de la Révolution, les accompagnait maintenant, à ce qu'il semble, plutôt qu'il ne les conduisait. Ils avaient à leur service l'éloquence de Barnave, séduit par leurs caresses aristocratiques et l'admiration sincère, quoique intéressée, qu'ils professaient pour son beau talent. En grande faveur à la cour au début de leur carrière, sous l'ancien régime, et honorés notamment des gracieuses bontés de la Reine[1], ils avaient, comme La Fayette, rapporté de la guerre d'Amé-

bien en vue que sous l'Assemblée législative, dont il fut membre. La mère des frères Lameth était sœur du maréchal de Broglie. Elle était restée veuve avec sept enfants.

[1] Dans un écrit publié en 1843 et destiné à défendre ses frères du reproche d'ingratitude, Théodore de Lameth rapporte lui-même en ces termes une marque touchante de la gracieuse bienveillance de Marie-Antoinette :

« Le duc de Lauzun, envoyé par le maréchal de Rochambeau, arrivait d'Amérique, apportant la nouvelle du succès définitif de cette guerre par la prise d'York, et l'on répétait que Charles de Lameth, qui le premier était entré dans la redoute d'où dépendait la prise de la ville, qui en effet se rendit, pouvait être mort de ses blessures. — Alexandre et moi courûmes à Versailles pour tâcher de nous pro-

rique, à laquelle ils avaient vaillamment participé, des opinions libérales et démocratiques, que la mode des salons d'abord, puis l'ambition de jouer un rôle politique, lors de la réunion des États généraux, avaient précisées et developpées en eux. L'ardeur de la lutte les avait poussés de plus en plus avant du côté révolutionnaire, bien qu'à l'occasion ils se fussent assez complaisamment prêtés soit à des conceptions transactionnelles, soit aux tentatives faites pour constituer un gouvernement destiné à diriger le mouvement de transformation de façon à le concilier d'une façon raisonnable avec le maintien de la monarchie [1].

curer des renseignements positifs. La Reine, nous ayant aperçus dans une des galeries, daigna s'approcher, et, avec la plus touchante émotion, nous dit : « Votre frère a été grièvement blessé, mais on espère sa guérison ; comme je la désire ! » Alexandre répondit : « En effet, Madame, nous éprouvons une déchirante inquiétude, mais ce serait un soulagement pour moi si, comme mes trois frères, je pouvais aller en Amérique, et comme eux, comme Charles, au même prix, obtenir l'estime de Votre Majesté et du Roi. » La Reine parut très touchée de ces paroles et dit vivement : « Je vais en parler au Roi. » — En effet, le lendemain, Alexandre apprit qu'il était nommé aide-maréchal-général des logis de l'armée, grade qu'avait son frère. »
Papiers de Théodore de Lameth, t. I, Ms des Nouv. acq. franç. 130, fol. 2, à la Bibl. nat. — Cf. les notices consacrées aux Lameth dans la *Biographie universelle* de Michaud, t. LXX (*Supplément*).

[1] Cf. *Les Débuts de la Révolution*, pp. 318-319. — *La Fédération*, p. 36 et suiv.

C'est à eux sans doute, ou à leur entourage, que pensait encore tout récemment Mirabeau, quand, loin de les considérer comme des irréconciliables, il écrivait à la cour que « des Jacobins ministres ne seraient pas des ministres jacobins ».

Mais l'échec de tous les projets de cette nature, la pensée qu'on les regardait aux Tuileries comme des ingrats et des transfuges indignes de pardon [1], l'entraînement de leurs propres actes et l'enivrement de la popularité, la peur des desseins et de la domination de Mirabeau, enfin, il faut bien le dire, leur conviction de l'incapacité de Louis XVI jointe à leur répugnance pour une usurpation du duc d'Orléans, les maintenait et les fixait dans l'idée d'établir en France, sous l'étiquette monarchique consacrée par les siècles, une constitution républicaine. Par là ils ressemblaient à La Fayette, dont ils différaient d'ailleurs par une vanité moins enfantine et par plus de sens politique, et dont ils s'employaient volontiers, comme nous l'avons dit, à saper l'autorité matérielle et morale, et à détruire le prestige trop encombrant. Ils ne laissaient pas dès lors de concevoir des doutes

[1] Cf. *Correspondance Mirabeau-La Marck*, t. II, pp. 390-391.

sur la solidité de l'œuvre constitutionnelle et législative à laquelle ils prenaient une si grande part, et qui devait, à peine achevée, s'écrouler sur eux et, politiquement du moins, les ensevelir sous ses débris [1].

Le duc d'Orléans, dont l'attitude dans la discussion à l'Assemblée de l'affaire des 5 et 6 octobre avait été aussi piteuse que celle de Mirabeau, son coaccusé, avait été hardiment triomphante, était toujours le même épicurien profondément blasé et ennuyé, dont, en exploitant ses rancunes, quelques habiles gens avaient fait un ambitieux et un conspirateur malgré lui, et dépensaient l'argent de ce malheureux prince pour un but dont lui-même ne se souciait nullement. A son retour d'Angleterre, quelques jours avant la Fédération, il était disposé à se réconcilier avec le Roi et avec la Reine, auxquels Mirabeau, qui le connaissait à fond, avait donné le très sage conseil de le bien accueillir, et il paraît s'en

[1] Charles et Alexandre de Lameth durent quitter la France après le 10 août. Ils y rentrèrent sous le Consulat et furent tous deux employés, mais inégalement, par Napoléon. Le mieux traité fut Alexandre qui, de 1802 à 1814, ne cessa pas d'être préfet dans divers départements et fut créé baron de l'empire. L'un et l'autre, sous la Restauration, firent successivement partie de la chambre des députés et siégèrent à l'extrême gauche, où ils tinrent une place assez importante. Mais ils ne retrouvèrent pourtant pas leur éclat et leur influence de 1789 et de 1790.

être fallu de peu que la réconciliation n'eût lieu en effet. Par malheur, les royalistes exaltés n'avaient pas manqué de se mettre, avec une déplorable extravagance, en travers de cette politique si bien entendue. Le prince avait été insulté aux Tuileries, dans l'appartement même du Roi, par M. de Goguelat, officier d'état-major, qui lui avait ensuite adressé des provocations réitérées à un duel, destiné, avait-il dit au duc lui-même, à « débarrasser la France d'un traitre ». Mettant sur le compte de ses royaux parents ces affronts, peut-être insuffisamment désavoués par eux, quoique assurément ils n'y fussent pour rien, le duc d'Orléans avait senti de nouveau s'ulcérer les anciennes plaies de son âme, et avait continué de lâcher la bride aux méchantes gens de son entourage. Choderlos de Laclos, son mauvais génie, avait prolongé et multiplié ses trames, tant aux Jacobins, où son influence, moins éclatante, ne laissait pas d'agir avec une efficacité peut-être égale, à côté ou au-dessous de celle des Lameth, soit dans d'autres milieux et dans les nombreux bas-fonds de la révolution parisienne[1].

Son action notamment paraît s'être exercée sur plusieurs des hommes déjà marquants de la

[1] Cf. *Correspondance Mirabeau-La Marck*, t. II, pp. 70, 71, 99. — *Histoire authentique*, t. I, pp. 676,

gauche extrême. Il n'est pas du tout certain que Robespierre, si incorruptible pécuniairement qu'on le suppose, y ait moralement échappé, bien que l'ambition tenace de cet imperturbable rhéteur, qui guettait derrière les Lameth l'heure propice pour prendre leur place aux Jacobins, ait toujours poursuivi avant tout un but de domination propre. Mais il ne semble pas douteux que Danton n'ait participé, en même temps qu'aux fonds secrets que Louis XVI consentait à laisser distribuer avec des buts différents, par le double canal de Mirabeau et de La Fayette, aux largesses du Palais-Royal, et que, parmi les diverses perspectives, qui n'étaient pas toutes également perverses, présentées par sa lucide raison politique à son âme brutale et fougueuse, le chef des Cordeliers n'ait toujours caressé une préférence secrète, malgré les côtés odieux de cette solution, pour l'avènement au trône d'une autre branche de la dynastie régnante. Les mêmes idées, surtout les mêmes subsides, n'étaient pas pour déplaire à Camille Desmoulins, moins soucieux d'ailleurs de l'avenir que des joies et du vacarme de l'heure présente. Enfin, il est permis de penser que l'intégrité civique de Marat n'avait rien d'in

677. — *Mémoires du marquis de Bouillé*, pp. 248, 249, 251.

violable, et que certaines intermittences ou certains ondoiements de sa fureur sanguinaire n'étaient pas sans relation avec les effusions sédatives ou indicatives de plusieurs caisses politiques[1].

L'histoire est loin d'avoir pu sonder encore tous les dessous ténébreux où les sourdes et parfois odieuses machinations des partis se donnaient alors carrière. De détestables tentatives paraissent bien avoir été projetées pour ruiner, par voie d'intimidation et peut-être par des attaques plus directes, l'influence attribuée à la Reine sur la conduite et sur les desseins du Roi. Nous avons vu plus haut que La Fayette ne craignit pas de faire de ces menées, devant la Reine elle-même, une mention menaçante. Le principal moyen auquel songèrent les auteurs de ce complot fut, paraît-il, une résurrection de la douloureuse et funeste *affaire du collier*. La principale machinatrice de cette escroquerie énorme, Mme de la Motte, qui avait réussi à s'échapper en 1787 de la Salpétrière, où elle devait subir sa peine, et à rejoindre son mari en Angleterre,

---

[1] Cf. *Mémoires du marquis de Bouillé*, pp. 156, 157, 218. — *Correspondance Mirabeau-La Marck*, t. III, p. 82, 275, 276. — *Mémoires et correspondance du général La Fayette*, passim. — Alex. Lameth, *Histoire de l'Assemblée constituante*, t. I, pp. 428, 429. — *Histoire authentique*, t. I, pp. 665, 666.

offrait un agent excellent, une furie toute prête, par vengeance et par cupidité, à fournir de raisons spécieuses et d'armes empoisonnées une conjuration contre Marie-Antoinette. Vers la fin de l'année 1789, Mirabeau, d'accord avec le comte de Provence, d'une part, et de l'autre avec La Fayette, était entré en communication avec elle, non pour la pousser dans cette voie, mais pour se rendre, à ce qu'il semble, un compte exact de ses intentions. Au mois d'octobre ou dans les premiers jours du mois de novembre 1790, le bruit se répandit que Mme de la Motte était arrivée à Paris, et que la Reine n'allait pas tarder à être en butte aux attaques dont elle avait été avertie et menacée. Mirabeau fit, à ce propos, dans sa correspondance avec la cour, un grand étalage d'indignation et de zèle. M. de la Marck, toutefois, exprimait à son ami, le 12 novembre, le doute où l'on était sur la réalité du voyage de l'aventurière, qui semble, par le fait, n'avoir pas eu lieu.

Mais la dangereuse trame pouvait très bien se nouer de Londres à Paris. D'ailleurs, même sans Mme de la Motte, on pouvait réveiller l'affaire du collier : par exemple, en encourageant les joailliers Bœhmer et Bassange, toujours créanciers à ce titre du cardinal de Rohan, dont les revenus étaient maintenant dans les mains de la nation, à s'adresser par voie de pétition à l'Assemblée nationale, afin d'être payés soit par le Trésor public, soit même sur les fonds de la liste civile. Quelque voie que se proposassent d'adopter les ennemis politiques ou personnels de la Reine, l'existence de mauvais desseins contre Marie-Antoinette, avec des complices éventuels jusque dans le conseil officiel du Roi, résulte du passage suivant d'une lettre de La Marck au comte de Mercy (30 décembre 1790) : « Le garde-des-sceaux, M. Duport du Tertre, est un esclave des Lameht, et de plus un dangereux ennemi de la Reine ; vous pourrez en juger par le fait suivant. Il y a quelques jours, M. de Montmorin lui parlait de la conduite de certains factieux qui ne cessent d'irriter l'opinion publique contre cette malheureuse princesse, et qui semblent avoir pour but de provoquer son assassinat : M. Duport du Tertre répondit froidement qu'il ne se prêterait pas à cela, mais qu'il n'en serait pas de même s'il ne s'agissait que de lui faire son procès. « Quoi! lui dit M. de Montmorin, vous, ministre du Roi, vous y consentiriez? — Mais, répondit-il, comment s'y opposer[1]? »

[1] *Correspondance Mirabeau-La Marck*, t. II, p. 525. Cf. pp. 305 et suiv., 317 et suiv., et t. III, pp. 56, 69. — La Rocheterie, *Histoire de Marie-Antoinette*, t. II, p. 159 et suiv.

CHAPITRE VII

LES CLUBS ET LA PRESSE

Il va presque sans dire que depuis la Fédération l'action des clubs n'avait diminué en rien. Le club des Jacobins (Société des Amis de la Constitution) était de plus en plus le maître de l'Assemblée, maîtresse du royaume, et il étreignait directement l'opinion des provinces par les multiples bras de ses sociétés affiliées. Les essais tentés pour atténuer ou partager sa puissance ne réussissaient pas, et Mirabeau en était revenu, dans les derniers mois de 1790, à l'idée de s'emparer de cette force qu'on ne pouvait affaiblir. Pour s'en mieux assurer, il paraît avoir conçu le projet de la séparer de ses meneurs actuels par divers moyens et notamment par une surenchère machiavélique de motions exagérées. Il avait même réussi, (du moins certains l'en soupçonnaient), à faire agréer par la cour, pour le Club comme pour l'Assemblée, ce dangereux système de l'excès du mal et, d'accord avec elle, introduit exprès parmi les Jacobins des éléments nouveaux d'effervescence révolutionnaire. « Par cette manœuvre, dit Alexandre de Lameth [1], on plaçait les chefs de la société dans la fâcheuse alternative, ou de laisser passer des déterminations dangereuses, dont on leur eût fait subir la responsabilité, ou de compromettre et d'altérer leur popularité en les combattant. »

Toutefois, au moment où nous sommes, malgré l'influence personnelle, soit calmante, soit excitante de Mirabeau, la direction du club était toujours aux mains des Lameth, appuyés de Duport et de Barnave. S'ils avaient pu suivre librement leurs vues présentes, ils auraient probablement employé cette force à fixer la Révolution dans la limite de leurs conceptions définies plus haut, et même plutôt en deçà qu'au delà. Leur désir de modérer le mouvement qui les entraînait et de mettre surtout un terme à l'anarchie, est sensible dans la circulaire aux sociétés affiliées à propos de l'affaire de Nancy et des

---

[1] *Histoire de l'Assemblée constituante*, t. I, p. 425.

rébellions militaires. Cette pièce, rédigée par Alexandre de Lameth et lue aux Jacobins le 10 septembre, est pleine de recommandations fort sages. Mais cette sagesse ne pouvait être que faible et intermittente. Les chefs du grand club n'en conservaient la conduite qu'à condition de lâcher constamment la bride au nombreux et tumultueux attelage, parmi lequel il y avait déjà trop d'effrénés. Leur direction n'était pas d'ailleurs sans tiraillements ni sans partage. C'est ainsi que le dangereux chef de la faction dite *orléaniste*, Choderlos de Laclos, sut, dès l'origine, mettre la main sur la rédaction de l'organe du club, le *Journal des Amis de la Constitution*, dont le premier numéro parut à la fin du mois de novembre [1].

Quelques-uns des plus effrénés Jacobins avaient leur club particulier, qui formait plutôt une réunion publique permanente qu'une association savamment organisée et ramifiée. Ce club était un prolongement de la petite république quasi-indépendante, naguère instituée par Danton au district des Cordeliers, et que la loi municipale votée par l'Assemblée avait contrainte de s'effacer devant le droit commun. Les pleurs tragi-

[1] Cf. Buchez et Roux, t. VII, p. 192 et suiv., t. VIII, p. 100, note 1.

comiques de Camille Desmoulins sur le décès de ce petit État s'étaient séchés vite[1]. Son assemblée dirigeante et délibérante s'était en effet reformée bientôt, sous forme de club et sous le nom de Société des droits de l'homme et du citoyen, dans le réfectoire du couvent dont le district tenait son nom. Danton en était demeuré le chef audacieux et retors et la voix tonnante. Ses principaux aides de camp étaient Camille et l'ancien boucher Legendre. Marat y venait volontiers crier ses sanglants oracles. Les caves du couvent devaient lui offrir au besoin, ainsi qu'à son imprimerie, un précieux asile. Très puissante sur la populace parisienne, l'influence des Cordeliers ne s'étendait point d'ailleurs au delà des limites de la capitale. Ce club était avant tout un foyer d'effervescence et comme un laboratoire d'émeutes[2].

Une autre réunion révolutionnaire fit un assez grand bruit au temps où nous sommes parvenus et excita même la jalousie des Jacobins. Sous sa première forme, elle s'appelait *Cercle social* et tenait ses réunions dans le célèbre *cirque* du Palais-Royal[3]. Un de ses

[1] Cf. *La Fédération*, p. 301 et suiv.
[2] Cf. Alexandre de Lameth, ouvrage cité, t. I, pp. 428, 429. — Jules Claretie, *Camille Desmoulins*, pp. 163, 164.
[3] Cf. *Les Débuts de la Révolution*, pp. 93, 94.

traits caractéristiques était de recueillir dans une sorte de boîte spéciale, qualifiée de « bouche de fer », et placée en dehors d'une boutique, rue du théâtre de la Nation, tous les avis, lettres, mémoires, réclamations qu'on lui adressait. De là naquit un journal : *La Bouche de fer*, qui, après quelques mois, disparut avec le club lui-même. Mais l'un et l'autre furent ressuscités avec un très grand succès, au mois d'octobre 1790, par le principal initiateur et directeur de l'entreprise, l'abbé Claude Fauchet : le journal, sous le même titre ; le club, dans le même local, sous la dénomination de « confédération universelle des Amis de la vérité ». Sous l'impulsion d'une sorte de monomanie délirante, engendrée par la fièvre révolutionnaire, l'intarissable abbé put bientôt prêcher par la parole et par la plume à plusieurs milliers d'adhérents le bizarre amalgame de conceptions hétéroclites qui composait sa doctrine, où il prétendait opérer, dans un syncrétisme mirifique, la fusion du christianisme avec la franc-maçonnerie. Fauchet avait pour principal lieutenant un publiciste nommé Nicolas de Bonneville. Grâce peut-être aux origines maçonniques de la société nouvelle, elle obtint le concours de quelques personnages importants, de nuances diverses : Siéyès, Biauzat, Goupil de Préfeln, Chabroud, Condorcet, Barrère de Vieuzac. Camille Desmoulins y fut, ce semble, agrégé.

En même temps La Fayette, pour lequel Fauchet s'était épris d'un enthousiasme qui fut assez long à s'éteindre, ne put voir d'abord son succès d'un trop mauvais œil. La renommée des Amis de la vérité se répandit en province. Le *Courrier de Lyon* (7 novembre) inséra un avis où leur association était signalée comme le « point de ralliement » des partisans de la Révolution. Les Jacobins en conçurent de l'ombrage. A sa politique confuse l'abbé Fauchet joignait des tendances sociales ou, pour mieux dire, *socialistes* assez accentuées. Laclos en prit occasion de diriger, dans le *Journal des Amis de la Constitution*, de vives attaques contre la confédération rivale, et il les fit également retentir à la tribune des Jacobins. Il accusait tout à la fois les Amis de la vérité d'être en politique des *modérés*, des *modérateurs*, des *impartiaux* (crime irrémissible!) et en même temps de flatter le peuple de la chimérique espérance de l'égalité absolue des propriétés et de le pousser à réclamer des lois agraires. Bonneville répondit dans la *Bouche de fer* avec véhémence. La querelle s'envenima et il en résulta pour quelque temps un antagonisme très marqué. Sans atteindre jamais à l'importance des Jacobins, le club des Amis de la vérité ne laissa pas d'avoir, en 1790 et 1791, une assez grande influence sur l'opinion révolutionnaire [1].

Beaucoup plus éphémère et très vite dissipée au souffle impérieux du grand club fut une curieuse tentative, née de la fédération du 14 juillet, et dont les tendances correspondaient aux sentiments constitutionnels sans doute, mais encore plus royalistes, dont avaient été animés les délégués des provinces à cette cérémonie, dispositions dont Louis XVI n'avait pas su profiter. Aux témoignages déjà cités par nous à cet égard [2], on en pourrait ajouter d'autres, empruntés à la presse révolutionnaire. Celle-ci, notamment, s'était fort étonnée que les fédérés se fussent dispensés de « presser contre leur sein les vainqueurs de la Bastille » et eussent montré, qui plus est,

---

[1] Cf. Buchez et Roux, t. VII, p. 447 et suiv. — Ms. des Nouv. acq. fr. à la Bibliothèque nationale 5373, fol. 225 et suiv. — Ce manuscrit, qui forme le tome II des papiers du compositeur Léon Kreutzer, contient une série de notes fort bien prises dans les journaux et autres documents de l'époque révolutionnaire, et destinées à la rédaction d'une histoire des clubs. Il est intitulé : « Notes appartenant à Monsieur de Maupas. » — En 1791, le club de Fauchet et de Bonneville et leur journal s'accentuèrent, même en politique, dans le sens le plus avancé.

[2] Cf. *La Fédération*, p. 428 et suiv.

« la même indifférence pour les écrivains patriotes ». Aussi fit-elle un fort mauvais accueil à l'idée qu'eurent un certain nombre de délégués, demeurés à Paris, de fonder, sous le titre de « Société des gardes nationaux de France », un club qui tint ses séances au couvent des Petits-Pères, près de la place des Victoires, et qu'on appela aussi couramment « club des fédérés [1] ». L'objet de cette association était de se tenir en rapports habituels avec les diverses gardes nationales de province et de leur servir comme de centre et d'organe dans la capitale [2]. Les membres actifs étaient presque tous des officiers, des personnes riches ou du moins fort à leur aise.

[1] L'occasion de cette fondation fut une réunion tenue au Palais-Royal par les délégués provinciaux pour protester, à l'imitation de la garde nationale parisienne, contre les cabales qui voulaient remplacer La Fayette par Alexandre de Lameth ou Dubois de Crancé. *Deux Amis de la Liberté*, t. VI, pp. 254, 255.

[2] « Cet établissement, disent les *deux amis de la liberté* (t. VI, p. 255), dont le premier but était de correspondre avec l'Assemblée sur tout ce qui était relatif à l'organisation de la garde nationale, ne devait s'occuper que de cet objet et durer seulement jusqu'au décret définitif qu'elle sollicitait. Mais quelques malintentionnés, qui surent s'y introduire, cherchèrent à dénaturer cette institution et entreprirent de former dans la garde nationale et dans ce club, qui devait être son réprésentant, un pouvoir intermédiaire entre l'Assemblée nationale et le Roi. »

La Fayette, paraît-il, assista plusieurs fois aux séances de ce club, que favorisait, disait-on, le ministre de l'intérieur, M. de Saint-Priest, et qui réclama l'honneur de fournir habituellement une garde d'honneur au Roi et à l'Assemblée nationale.

Dénoncée dès le mois d'août aux Jacobins, la nouvelle société crut se les concilier en leur envoyant une adresse explicative de ses desseins. Elle reçut en retour, au commencement de décembre, une forte semonce rédigée par Barnave et dont la conclusion équivalait à l'invitation de se dissoudre. La presse redoubla ses clameurs. « Braves gardes nationales de l'empire, s'écria Carra dans les *Annales patriotiques*, repoussez avec indignation et mépris la correspondance insidieuse et inconstitutionnelle de cette société apocryphe... Et vous, braves Parisiens, surveillez plus que jamais ces fédérés téméraires. » Un grand nombre de membres prirent peur et se retirèrent. Les autres essayèrent de tenir bon, mais alors on commença de faire appel contre eux aux sections, c'est-à-dire à l'émeute. Dans son troisième numéro, le *Journal des Amis de la Constitution*, qui était venu à la rescousse contre ces « assemblées illégales et anti-constitutionnelles », annonça en ces termes sa victoire : « Dimanche soir (12 décembre). — Nous apprenons à l'instant que le club des fédérés a pris le parti de se dissoudre et d'en informer la municipalité [1]. »

Fondé, comme nous l'avons vu [2], par des membres importants de l'Assemblée nationale, avec le concours de Mirabeau et de La Fayette, le *Club de 1789* avait réussi à balancer quelque temps l'influence du club des Jacobins dans les discussions et les votes politiques ou législatifs, mais c'était une réunion parlementaire, au sens que nous donnons aujourd'hui à ce mot, plutôt qu'une fédération ramifiée au loin, comme celle des Amis de la Constitution [3]. Son action, faible en province, s'amoindrit de plus en plus dans le cercle même où elle s'exerçait. A l'exemple de Mirabeau, les Jacobins dissidents, qui s'y étaient réunis, renonçant à l'espoir qu'ils avaient conçu de ce groupement, rentrèrent au giron de la grande société révolutionnaire. Le *Journal de la Société de 1789* (car ce club aussi s'était donné un

[1] Ms. des Nouv. acq. franc. 5373, fol. 213 et suiv.
[2] Cf. *La Fédération*, pp. 139-141.
[3] Cependant la Société de 1789 admettait des adhérents non députés. André Chénier fut l'un des rédacteurs de son journal. — En outre, certaines sociétés de provinces correspondaient avec elle. Telle la Société patriotique de Blois. Buchez et Roux, t. VII, p. 372.

organe dans la presse) disparut à dater du 15 septembre 1790. La réunion continua cependant un certain temps encore, mais sans aucune importance. Les Jacobins, la dédaignant, dirigèrent désormais tous leurs efforts contre des émules ou des adversaires qu'ils estimaient plus dangereux : les Amis de la vérité, les Fédérés, enfin la Société des Amis de la Constitution monarchique, dont le nom même indiquait l'intention formelle d'organiser contre eux, sur leur propre modèle, une ligue nationale de résistance conservatrice [1].

L'initiateur et le chef de cette entreprise fut le comte de Clermont-Tonnerre, aidé de Malouet et suivi par les anciens *impartiaux* de droite [2], c'est-à-dire par les hommes que la droite pure commençait, aussi bien que la gauche, à désigner par le nom dédaigneusement ironique de « monarchiens ». Fondée au mois d'octobre ou de novembre 1790, cette association établit son siège dans un local alors connu sous le nom de « Panthéon de la rue de Chartres ». Elle posa en principe son dévouement égal au Roi et à la Constitution et, se vouant au maintien de l'ordre, se déclara aussi éloignée « des préjugés de

[1] Cf. Ms. des Nouv. acq. fr. 5373, fol. 109 et suiv.
[2] Voyez *La Fédération*, pp. 137-139.

l'ancien régime que des passions des novateurs ». Sa devise fut : *Libres et fidèles*, son emblème, une balance dont les plateaux portaient l'un une couronne, l'autre un « bonnet de la liberté ». Elle publia un journal, le *Journal de la Société des Amis de la Constitution monarchique*, et s'efforça de se créer en province des sociétés affiliées, où seraient admis, comme dans le club central, des citoyens appartenant à toutes les classes et à toutes les professions.

Pour enlever à l'influence des moteurs de troubles la plus grande partie possible de la population parisienne, elle imagina « de donner des secours sagement distribués aux malheureux qui, manquant de tout, sont toujours prêts à se livrer aux crimes que le besoin conseille, aux attentats que la faction commande ». A cet effet, les membres devaient s'imposer une contribution volontaire, dont le produit serait employé à procurer du pain au-dessous du prix courant aux pauvres les plus nécessiteux des sections. La société protestait d'ailleurs contre toute arrière-pensée de leur faire acheter ces secours « en les dévouant pour le soutien d'une opinion ou d'une faction quelconque par un vil et coupable métier de perturbateur du repos public ».

On se doute bien de l'accueil qui fut fait au nouveau club par la presse révolutionnaire. « Une société, sous le titre d'*Amis de la Constitution monarchique*, vient de se former, dit le journal de Mercier et Carra, les *Annales patriotiques*. Elle est composée de tout ce qu'il y a de roués, d'escrocs, de joueurs, d'intrigants et de partisans de l'ancien régime à Paris... Nous prévenons Stanislas Clermont et ses collègues, ajouta plus tard la même feuille, que les porteurs de ses mandats mangent son pain de très bon appétit, mais qu'ils n'en sont pas moins bons patriotes et qu'ils se proposent de s'acquitter en coups de bâton bien et dûment appliqués sur les épaules monarchiennes. » Camille Desmoulins ne manqua pas de dénoncer les fonds servant aux aumônes du club comme lui étant fournis « par la femme du Roi ». M. Godard, pharmacien rue Caumartin, se rendit au club des Jacobins, bien qu'il n'en fût pas membre, et mit sous leurs yeux un document effroyable. C'était un billet portant l'en-tête ordinaire de la nouvelle association et la signature de ses commissaires, et ainsi conçu : « M. Cocuiller, boulanger, rue Caumartin. — Bon pour deux livres de pain à un sol six deniers la livre. » — « En reconnaissance de cet acte de patriotisme de M. Godard, déclara l'organe du grand club, la Société l'a admis au nombre de ses membres par acclamation en le dispensant des épreuves ordinaires. » Une circulaire fut envoyée aux sociétés affiliées pour les prémunir contre les « émanations empoisonnées » du club monarchique. Enfin, selon la marche ordinaire, on fit appel aux sections et cet appel ne fut pas vain.

La section des Tuileries *enjoignit*, le 28 décembre, « aux propriétaires ou principaux locataires du Panthéon de Chartres d'empêcher qu'il soit tenu aucune séance de la société dont il s'agit dans les salles dépendant de cet édifice ». La section de l'Observatoire *requit* « la municipalité d'employer toute l'autorité dont elle est dépositaire pour opérer, dès demain, la dissolution de cette prétendue société dont l'existence alarme tous les bons citoyens ». Rendez-vous fut, de plus, donné auxdits « bons citoyens » par leurs meneurs habituels pour se porter en masse au club monarchique et le disperser de force. La municipalité ne pouvait méconnaître l'illégalité manifeste de la mise en demeure qui lui était adressée. Mais elle n'osait résister. Elle prit donc un biais et, le 29 décembre, fit signifier à M. de Clermont-Tonnerre l'arrêté suivant :

« Sur la dénonciation faite par la section

de l'Observatoire de quelques faits tendant à troubler la tranquillité publique, attribués à la société appelée de la « Constitution monarchique », le Corps municipal ordonne que le procureur de la Commune prendra les renseignements les plus étendus sur ces faits et que, jusqu'à ce qu'il ait été statué sur le compte à rendre par le procureur de la Commune, l'assemblée dite des « Amis de la Constitution monarchique » *discontinuera ses séances.* »

La Société protesta contre l'illégalité de cette mesure, mais déclarant qu'elle ne voulait pas être l'occasion d'une émeute, elle y obéit.

Une curieuse volte-face se produisit alors aux Jacobins. Ils avaient applaudi à la délibération de mise en demeure qu'était venue leur annoncer, président en tête, la section de l'Observatoire. Mais, après réflexion, ils commencèrent à craindre d'avoir fourni à la municipalité, qui ne leur était pas absolument favorable, une arme à double tranchant, et créé un précédent que l'on pourrait, à un moment donné, tourner contre eux. Ils protestèrent donc, eux aussi, contre l'illégalité de la mesure prise. Bien plus, Marat protesta aussi au nom du droit de réunion et dénonça cette nouvelle perfidie de Bailly et de Mottié

(La Fayette). Il est vrai que sa façon d'interpréter le droit qu'il prenait sous sa tutelle n'avait rien de rassurant pour l'avenir des monarchiens. « Je dis, écrivait-il, que personne au monde n'a le droit de dissoudre le club monarchique, considéré comme assemblée de citoyens ; mais j'ajoute que, considéré comme assemblée de mauvais citoyens, d'ennemis de la Révolution, de traîtres à la patrie, de conspirateurs, tout bon Français, tout patriote, tout ami de la liberté, a le droit de le dissoudre, dût-il pour cela être réduit à la triste nécessité de mettre le feu à la salle de ses séances. »

La Société des Amis de la Constitution monarchique survécut à l'année 1790. Dans les premiers mois de 1791, elle fit effort pour se reprendre à l'existence et réussit à prolonger quelque temps les convulsions de son agonie [1].

L'influence des clubs sur l'opinion [2] se multipliait, se répercutait en mille échos dans la presse périodique, qui avait aussi son influence à elle, non moins redoutable, et son action sur les clubs eux-mêmes. Nous

[1] Cf. Ms. des Nouv. acq. fr. 5373, fol. 251 et suiv. — Buchez et Roux, t. VIII, pp. 303, 304.
[2] Il faut ajouter à cette influence, dans le sens révolutionnaire, celle des *sociétés populaires*, fondées, de juillet 1790 à janvier 1791, dans presque

avons naguère fait connaître ses principaux organes[1]. Mais, comme les moustiques aux terres tropicales, l'essaim bourdonnant et déchirant des journaux fourmillait sans cesse en éclosions nouvelles, pour la plupart, il est vrai, de vie éphémère et n'atteignant qu'à grand'peine leur sixième ou leur septième numéro. Tout était mis en œuvre pour attirer l'attention du public : titres à effet, sommaires alléchants, annonces beuglantes des colporteurs, dont Fréron dans l'*Orateur du peuple* caresse en vers l'utile concours :

Votre voix fait pâlir les tyrans et les prêtres,
Dès que l'on vous entend, on se met aux fenêtres.

La violence et le mensonge se disputaient les acheteurs en haussant à l'envi leur diapason. L'ordure populacière fut appelée à la rescousse, même par les défenseurs des idées conservatrices. Empruntant à un personnage des pièces populaires du boulevard, fort en vogue à la fin de l'ancien régime, son nom et son langage éhonté, un nommé Lemaire, employé des Postes, imagina de mettre au

toutes les sections de Paris. Cf. sur ce point les indications données dans le récent ouvrage de M. Aulard : *Histoire politique de la Révolution française*, p. 94 et suiv.
[1] Cf. *Les Débuts de la Révolution*, p. 414 et suiv. — *La Fédération*, p. 305.

service de la monarchie constitutionnelle un petit journal ou pamphlet intitulé : *Lettres bougrement patriotiques du père Duchesne, fumiste ordinaire du Roi au château des Tuileries*. Son succès amena plusieurs contrefaçons dont il vint aisément à bout, mais sa feuille devait être l'année suivante (1791) entièrement supplantée dans le sens de la révolution extrême par le célèbre et immonde pamphlet d'Hébert [1].

La liberté de la presse conservatrice était d'ailleurs loin d'être aussi effectivement assurée que celle de la presse révolutionnaire, comme le montre un curieux incident du mois de novembre 1790. Un beau jour de ce mois-là, « les patriotes du café Zoppi, vulgairement dit Procope, profondément affligés de la licence des auteurs de la partie politique du *Mercure de France*, de la *Gazette de Paris*, de l'*Ami du Roi*, des *Actes des Apôtres*, de la *Chronique du Manège*, du *Journal de la cour et de la ville* », arrêtèrent unanimement « qu'il serait député aux rédacteurs des feuilles incendiaires ci-dessus nommées, plusieurs membres de la société patriotique dudit café, à l'effet de les ramener dans le bon

---

[1] Cf. Ms. Nouv. acq. franc. 5373, fol. 281 et suiv. — Albert Babeau, *Paris en 1789*, pp. 193, 495. — Hippolyte Gautier, *L'An 1789*, p. 58.

chemin par des paroles de paix ». — « Cet arrêté, continue la *Chronique de Paris*, après avoir enregistré cette délibération pacifique, a eu son exécution hier matin : le sieur Durozoy avait mis son innocence au grand air ; ses manuscrits et imprimés ont été saisis ; les autres libellistes ont été trouvés chez eux et admonestés. Quoique le sieur abbé Royou ait plusieurs chambres, comme feu Denys-le-Tyran, il a été rencontré dans la rue, mais protégé contre la fureur du peuple par ceux mêmes qui venaient lui faire une injonction charitable, et tous les susdits ont pris l'engagement d'être désormais moins incendiaires, de mettre moins de mensonges, moins de calomnies, moins d'injures, autant que cela pourra se faire sans perdre leurs abonnés... La péroraison de chaque discours a fini par la menace faite aux susdits hurleurs aristocrates, s'ils ne viennent pas à résipiscence, comme une conduite aussi fraternelle doit le faire espérer, de les faire promener dans Paris sur un âne, la face tournée du côté de la queue[1]. »

[1] Buchez et Roux, t. VIII, pp. 154, 155.

CHAPITRE VIII

INCIDENTS ET TROUBLES. — LE DUEL LAMETH-CASTRIES. — ÉMEUTES PROVINCIALES. — LE MEURTRE DE PASCALIS. — CHUTE DÉFINITIVE DES PARLEMENTS. — DESSAISISSEMENT DU CHATELET.

Il faudrait entrer dans un détail infini, si l'on voulait exposer tous les incidents singuliers et, à divers degrés, caractéristiques, dont la capitale était alors le théâtre. Mais on ne peut omettre le duel entre deux députés qui, en ce même mois de novembre, mit Paris non seulement en émoi, mais en émeute. Les gentilshommes, qui formaient une grande partie de la minorité de droite à l'Assemblée, avaient des habitudes militaires que, dans leur vie politique, ils ne surent pas toujours assez contenir. Ceux-là mêmes qui, comme

Cazalès, maniaient la parole en maîtres, ne se retenaient pas assez de faire, à l'occasion, appel à des armes plus matérielles. Une altercation avec Barnave dans la séance du 10 août au soir avait amené, entre ces deux chefs de fractions opposées, un duel où Cazalès faillit perdre la vie. La balle de pistolet qui l'atteignit au front fut heureusement amortie par la corne de son chapeau. Cette rencontre fit grand bruit, mais fut d'un bien moindre effet que celle où le vaincu ne fut plus un *aristocrate*, mais un *patriote*[1].

Charles de Lameth avait été, le 11 novembre, injurié et provoqué publiquement à la porte de l'Assemblée nationale par un gentilhomme, le vicomte de Chauvigny, avec lequel il s'était querellé naguère dans l'assemblée de la noblesse de Senlis pour les élections aux États généraux. Lameth repoussa cette provocation, mais en butte, à cause de ce refus, aux railleries de quelques membres de la noblesse, il accusa le duc de Castries d'avoir excité Chauvigny et incrimina fortement sa conduite politique et personnelle. Le lendemain, 12 novembre, le duc lui demanda raison de ces propos. Après une explication très vive, une rencontre fut décidée. Elle eut lieu

[1] Cf. Buchez et Roux, t. VII, p. 49.

le jour même, au Champ-de-Mars, et Lameth fut blessé au bras d'un coup d'épée.

Aussitôt le bruit se répandit dans Paris, habilement semé par l'entourage politique du vaincu, que ce chef des patriotes était victime d'un complot sanguinaire des aristocrates, et comme, sans aucun danger d'ailleurs, la lésion avait amené quelques convulsions, l'épée du duc de Castries fut, selon la coutume populaire, convaincue d'avoir été empoisonnée[1]. Dans la journée du 13, un rassemblement formé au café de Foy et grossi en route, se porta sur l'hôtel de Castries, qui fut envahi et saccagé par la foule. L'arrivée de La Fayette, puis de Bailly, n'eut d'autre effet que de rendre ces éminents personnages témoins de ce spectacle intéressant. Toutefois la présence de la garde nationale appuya utilement l'observation, faite par quelques sages citoyens, que le feu que l'on voulait mettre à l'hôtel pourrait se communiquer aux maisons voisines. La multitude consentit donc à se priver de cette satisfaction flamboyante et finit même par se disperser, non sans faire remarquer à la milice citoyenne

---

[1] Cette accusation, plus odieuse encore qu'absurde, eut même, dit-on, sinon pour origine, du moins pour moyen de propagation, une petite brochure distribuée dans les rues.

(plusieurs émeutiers, dit-on, réclamèrent qu'on les fouillât) que la probité populaire était intacte, et que l'on n'emportait ni argent ni assignats.

L'Assemblée nationale avait été informée, au cours de sa séance du jour, de l'invasion et du sac de l'hôtel de Castries, en train de s'accomplir. Mais la discussion engagée à ce sujet fut interrompue par la nouvelle que l'émeute avait pris fin. Le débat fut renouvelé à la séance du soir par une députation du bataillon de Bonne-Nouvelle, qui crut devoir communiquer solennellement à l'Assemblée un arrêté pris par lui contre les provocations en duel, qui venaient troubler les députés « dans les fonctions augustes de leur ministère ». M. Fromantin, spécialement délégué par ces « soldats patriotes », pour obtenir de l'Assemblée nationale qu'elle armât « le glaive de la justice », s'attaqua nommément à M. de Castries, « l'homme pervers contre lequel la capitale exerce aujourd'hui ses vengeances ». Les applaudissements qui accueillirent, sur les bancs de la gauche et dans les tribunes, les sonorités vengeresses de M. Fromantin, exaspérèrent M. Roy, député du bailliage d'Angoulême, qui, voyant là une consécration de l'émeute, s'écria : « Il n'y a que des scélérats qui puissent applaudir! »

Ce fut cette exclamation qui servit de point de départ à la discussion, car sur le fond l'Assemblée avait passé à l'ordre du jour. La gauche réclama le châtiment de M. Roy, et Barnave prêta le concours de sa parole à cette exigence. « Je demande, dit-il, que, forcée par les circonstances, abjurant le système d'une trop longue indulgence, l'Assemblée fasse arrêter sur-le-champ et conduire en prison le membre qui lui a manqué. » MM. de Virieu et de Foucault défendirent M. Roy. Malouet allait prendre la parole pour demander à l'Assemblée de sévir contre les désordres extérieurs plutôt que contre l'un de ses membres, quand Mirabeau le pria de la lui céder en lui disant qu'il conclurait dans le même sens avec plus de chances de succès. Il est probable que cette intention était réelle, mais comme il était en ce moment fort mécontent de la cour, il se proposait aussi de donner à sa parole un double tranchant.

Il débuta par une violente sortie contre M. de Foucault, qui souleva la colère du côté droit. Cette colère irrita Mirabeau qui, cette fois, improvisait, et qui, négligeant, pour ainsi dire, l'un des plateaux de sa balance oratoire, jeta dans l'autre tout le poids de sa fougueuse éloquence. Seulement il insista sur le fait, authentique ou non, du respect, de la « vénération » que le peuple aurait témoignée à un portrait de Louis XVI, rencontré dans l'hôtel de Castries [1]. Il termina par un dithyrambe en l'honneur de ce peuple « violent, mais exorable; excessif, mais généreux; » stigmatisa « les blasphèmes que l'on profère à chaque instant dans cette assemblée contre lui », et conclut « qu'enfin M. Roy soit conduit en prison ».

Trois jours d'emprisonnement à l'Abbaye prononcés contre ce membre de la droite furent en effet le seul résultat pratique de la discussion. M. de Castries, toujours en butte aux menaces de la foule, obtint un passeport sous un nom supposé et gagna les Pays-Bas. Mirabeau, dans ses conversations avec M. de la Marck et surtout dans sa correspondance avec la cour, donna de sa conduite des explications plus osées que satisfaisantes. Malouet racontait

---

[1] On assure qu'il n'y avait point de portrait du Roi dans les appartements de l'hôtel, mais cela n'infirme pas nécessairement l'anecdote. La foule put en effet prendre un autre portrait pour celui de Louis XVI et lui témoigner le respect dont il s'agit. Mirabeau fit aussi valoir la déférence du peuple par la maréchale de Castries, « respectable par son âge, intéressante par son malheur ». Or la maréchale était en Suisse. Il paraît que les assaillants avaient pris pour elle une vieille femme de charge. Mais cela même paraît établir qu'il y a dans les deux traits un fond de vérité.

plus tard qu'au sortir de la séance l'orateur avait répondu à ses reproches sur son manque de parole : « Vous m'en voyez confus, mais enseignez-moi les moyens de marcher d'accord avec des hommes qui n'aspirent qu'à me voir pendu [1]. »

Si l'ordre public n'était nullement assuré à Paris, il ne l'était pas davantage dans les provinces, où l'anarchie, à laquelle le mouvement fédératif avait eu pour objet de mettre un terme, continuait à se déployer. En dehors même des agitations politiques, deux causes principales ne cessaient pas d'entretenir parmi les populations une fermentation féconde en soulèvements : la crainte de la disette, produite par la méfiance qu'excitait la libre circulation des grains et, dans les masses rurales, la volonté passionnée, opiniâtre, de s'affranchir sans bourse délier de toutes les redevances territoriales, sans tenir compte des distinctions où s'était engagée, empêtrée l'Assemblée constituante, en essayant de résoudre au profit des paysans, mais sans

[1] Cf. *Correspondance Mirabeau-La Marck*, t. I, p. 214 et suiv., t. II, p. 327 et suiv. — Buchez et Roux, t. VIII, p. 32 et suiv. — *Deux Amis de la liberté*, t. VI, p. 242 et suiv. — *Un Duel politique sous la Révolution*, article de M. Henri Welschinger dans le journal *Le Monde*, n° du 26 août 1895, d'après une publication de M. Pierre de Croze, qui a eu communication des papiers de la famille de Castries.

blesser trop outrageusement le droit des propriétaires, l'inextricable question des droits féodaux. A cette question se rapportent les deux insurrections caractéristiques, racontées en ces termes par nos *deux amis de la liberté*[1].

« Dans le département de la Charente-Inférieure, le peuple, égaré par son ignorance et par les discours de quelques séditieux, s'abandonnait aux plus coupables excès. Des municipalités et des gardes nationales s'étaient opposées à la libre circulation des grains; on déclarait qu'on ne voulait plus payer ni dîmes ni champarts; on confondait ou on affectait de confondre, dans les droits féodaux, ceux qui étaient abolis et ceux qui étaient seulement rachetables. Ce n'était pas dans des insurrections seulement qu'on tenait ce langage. Une de ces municipalités, sur la réquisition du procureur de la commune, avait défendu de payer aucun de ces droits féodaux. Ainsi une autorité que ces fonctionnaires tenaient de la nation, ils la tournaient contre les lois de la nation elle-même. Le directoire du département suspend de leurs fonctions

---

[1] T. VI, p. 209 et suiv. — Sur les divers troubles départementaux, cf. Buchez et Roux, t. VII, pp. 26, 177, 198, 207, 209, 214, 339, 353 et suiv., 369, 434, 439, 468, 471-472; t. VIII, pp. 260, 263-266.

ces officiers qui en faisaient un abus si criminel. Aussitôt les paroisses révoltées se rassemblent pour prendre la défense de la municipalité interdite. A la tête de ces mouvements séditieux est un sieur La Planche qui les a fait naître et qui les propage. Il est décrété de prise de corps sur la dénonciation du maire de Varèze[1]; mais ses complices l'environnent et repoussent l'huissier chargé de l'exécution du décret et escorté d'un détachement de chasseurs. Il s'engage un combat dans lequel les rebelles laissent quatre hommes sur le champ de bataille. Le plus criminel de tous, La Planche, est arrêté et conduit dans les prisons de Saint-Jean-d'Angély. Le soir même les paysans sonnent le tocsin; on accourt en foule, et le premier mouvement est de se porter chez le maire de Varèze; ils le saisissent, le garrottent et se précipitent de là sur Saint-Jean-d'Angély. Celui de tous les citoyens de cette ville qui aurait dû avoir le plus d'horreur de l'auteur de ces vi... ances, le maire, M. Valentin, sert de conseil dans les prisons au sieur La Planche. Le feu de la sédition fait alors plus de progrès dans les campagnes. On y crie qu'on ne veut plus de district, qu'on ne veut plus de

---

[1] Aujourd'hui Varaise. Ce maire se nommait Latierce. Cf. Taine, *La Révolution*, t. I, p. 376.

département; qu'on a neuf intendants au lieu d'un seul. Environnée d'hommes dont les passions sont à ce point exaltées, la ville de Saint-Jean-d'Angély est menacée de toutes leurs fureurs. Le procureur de la commune, qui ne partage point la lâcheté du maire, presse la municipalité de prendre des précautions et de distribuer des cartouches aux troupes. La municipalité ne se donne aucun mouvement, ne prend aucun moyen de défense, et M. Valentin ne témoigne des alarmes que pour le sieur La Planche. Il a regret qu'on l'ait arrêté, il aurait mieux aimé qu'on lui eût fait son procès par contumace.

« Cependant les séditieux marchent sur Saint-Jean-d'Angély, traînant avec eux leur infortuné prisonnier et proclamant dans la route qu'ils vont exterminer le district et délivrer le sieur La Planche. Au lieu de déployer contre eux toutes les forces qui sont à sa disposition, la municipalité va traiter avec ces rebelles, et des fonctionnaires publics confèrent avec des coupables. Ce n'est pas tout : ils exigent qu'on leur rende le sieur La Planche et la municipalité leur rend leur chef. Puisqu'on traitait comme d'ennemi à ennemi, il semblait que les séditieux suivraient au moins l'espèce de justice connue dans la guerre, et qu'ils auraient de leur côté rendu en échange le maire de Varèze. Mais, au lieu de le rendre, ils fondent sur lui et paraissent décidés à le faire périr sous les coups qu'ils lui portent. Un ecclésiastique (le nom de cet homme véritablement saint doit être connu) le sieur Isembart, curé de Ternan, l'arrache de leurs mains et, le prenant sur ses épaules, le porte dans une maison voisine. Il croyait l'avoir sauvé; mais cette maison n'avait point d'issue du côté opposé. Les furieux se ressaisissent de leur proie et l'égorgent sous les yeux de celui qui se réjouissait d'en avoir été le libérateur. Alors, souillés du sang de l'innocent et fiers d'avoir arraché à la justice et aux lois le coupable sur qui elles devaient faire un exemple, les auteurs de cette insurrection se retirent.

« Quelque temps après éclata dans le district de Gourdon, département du Lot, une autre insurrection dont les suites faillirent devenir encore plus funestes. Les paysans, pleins d'enthousiasme pour les principes de la Révolution et pour la liberté, se mirent à planter des *mais*, auxquels ils attachaient avec des rubans les emblèmes ridicules de la féodalité. Dans les environs de Gourdon, ces folies dégénérèrent en sédition : les paysans, trompés par quelques aristocrates [1], refusèrent de payer les cens et rentes conservés aux ci-devant seigneurs par l'Assemblée nationale, et élevèrent des potences pour effrayer ceux qui seraient tentés de les payer. Sur la demande du district de Gourdon et de quelques municipalités, le Conseil général du département requit cent hommes d'infanterie et deux brigades de maréchaussée de se rendre à Gourdon. Le directoire du district, à l'aide de ces troupes, parvint à rétablir l'ordre ; il fit abattre les *mais*, les potences, et informer contre les principaux auteurs de l'insurrection.

« Le calme se rétablissait, mais aux approches du village de Saint-Germain on sonne le tocsin. Les paysans se rassemblent en armes et, renforcés par les communautés voisines qui se joignent à eux, ils attaquent les troupes, les forcent de se replier sur Gourdon et les poursuivent jusqu'aux portes de cette ville. Un chef, M. Joseph Linard, se met à la

---

[1] Cette phrase incidente : « trompés par quelques aristocrates », nous offre un joli spécimen des assertions hypocrites qui sont alors, pour ainsi dire, *de style* sous la plume des partisans, même modérés, de la Révolution. Comme il faut nécessairement que les « aristocrates » aient toujours tort, on n'hésite pas à les accuser même des révoltes des paysans contre les redevances seigneuriales. On les accuserait, au besoin, d'incendier leurs propres châteaux.

tête des séditieux au nombre de quatre mille cinq cents. Il se conduit en général d'armée. Il fait des propositions de paix à la municipalité, il obtient l'entrée de la ville et agit en conquérant. Il marche à la maison commune, demande les ordres qui avaient été donnés par le directoire du district, se fait remettre toutes les pièces, rédige de sa main le procès-verbal, ouvre les prisons, promet que toutes les troupes seront congédiées, que la maréchaussée sera anéantie, et annonce qu'il va se retirer lui et ses gens en bon ordre. Il se retire en effet, mais c'est le moment du pillage. La tête des administrateurs est mise à prix ; leurs maisons sont les premières dévastées, celles de tous les citoyens riches sont mises au pillage ; les châteaux, les habitations de campagne qui annoncent quelque aisance éprouvent le même sort. M. Linard écrit au département pour annoncer ses exploits ; il exalte son patriotisme et se déclare protecteur du peuple du district de Gourdon contre le directoire de ce district.

« Suivant le procès-verbal du 3 décembre 1790, dressé par M. Linard, et la lettre adressée par lui au département, les causes ou les prétextes de l'insurrection étaient les doutes qui furent élevés sur les décrets. On cherchait en effet à persuader au peuple qu'ils étaient l'ouvrage des seigneurs, et qu'ils n'avaient point été rendus par les représentants de la nation. Les gardes nationales elles-mêmes, composées des censitaires, bien loin d'agir pour l'exécution des décrets, favorisaient le refus du paiement des rentes. Ce ne fut que par une surveillance très active des corps administratifs, soutenue par une force armée imposante et par l'envoi de commissaires civils décrété par l'Assemblée nationale, qu'on vint enfin à bout de rappeler à l'ordre et à la soumission aux lois ces hommes égarés par des suggestions perfides [1]. »

A Marseille l'anarchie avait un caractère surtout politique. Elle se manifestait par les usurpations d'une municipalité toute pleine de l'esprit révolutionnaire, et qui avait fait de cette grande ville une petite république indépendante [2]. A Aix, c'est également la passion politique qui suscita les sanglants désordres où périt un homme remarquable, type de ce trop petit nombre de Français éclairés qui auraient voulu que la régénération du pays se fît sans rupture avec ses traditions historiques.

Attaché de cœur, même avec excès peut-être, vu les circonstances, aux institutions

[1] Cf. Taine, *La Révolution*, t. I, pp. 379, 380.
[2] Cf. Taine, *La Révolution*, t. I, pp. 308, 309.

spéciales de sa chère Provence, Jean-Joseph-Pierre Pascalis, l'un des membres les plus distingués du barreau d'Aix, avait néanmoins lutté avec énergie, dans les dernières années de l'ancien régime, pour obtenir l'adaptation de ces institutions traditionnelles à l'état actuel de la société française; il avait successivement défendu la cause du tiers-état contre la noblesse provençale et celle du parlement de Provence contre le coup d'état de Lomenie de Brienne. Aux approches des États généraux, désolé de ne pouvoir réussir à concilier les intérêts et passions en lutte, dont la discorde empêchait l'utile reconstitution des anciens États de la province, il essaya de provoquer une assemblée des trois ordres analogue à celle du Dauphiné. Mais il échoua dans cette tentative. Ses idées de réforme étaient d'ailleurs déjà dépassées de beaucoup par l'opinion bourgeoise et populaire, surexcitée par la fougueuse éloquence et la propagande révolutionnaire de Mirabeau. Il fut pourtant élu le quatrième des représentants du tiers-état de la sénéchaussée d'Aix aux États généraux.

Mais, selon nous avec grand tort, il déclina cette mission et se retira des affaires publiques. Dès lors considéré comme un réactionnaire, il fut de plus en plus l'objet des méfiances des partisans de la révolution triomphante. L'entière disparition de l'ancienne constitution provençale, par suite de la section de la province en départements et de la nouvelle organisation administrative et judiciaire, blessa profondément son âme et irrita son esprit. A la dernière séance de la chambre des vacations du parlement d'Aix, tenue le 27 septembre 1790, il fit entendre, au nom du barreau, une énergique et solennelle protestation. L'opinion révolutionnaire et les nouvelles autorités s'en émurent. Le procureur de la commune porta plainte contre lui. Les officiers municipaux adressèrent un procès-verbal circonstancié à l'Assemblée nationale, qui renvoya l'examen de l'affaire à son comité des recherches. Un membre influent de la gauche modérée, M. d'André, député de la noblesse d'Aix, était lié avec Pascalis. Il engagea vivement celui-ci à profiter de l'occasion pour venir à Paris et se soustraire ainsi aux vexations dont il était menacé à Aix. Mais Pascalis ne se rendit point à cette invitation, non plus qu'aux instances semblables de ses amis alarmés. Il s'était retiré dans une maison de campagne, à une lieue environ de la cité, et ne voulait pas fuir plus loin.

Comme tant d'autres villes en France, Aix

était tombée sous la domination des clubs révolutionnaires. Elle en comptait deux. L'un, constitué le 9 mai 1790 sous le nom de *Cercle patriotique*, s'était affilié aux Jacobins et avait pris le même nom qu'eux : *Amis de la constitution*. L'autre, plus avancé, même avec une nuance agraire, ne fut fondé que le 31 octobre par un agitateur possédé d'une folie qu'on peut presque appeler diabolique; un énergumène en qui s'unissaient, pour ainsi dire, mais sans un grain de christianisme, l'imagination délirante de l'abbé Fauchet et la monomanie sanguinaire de Marat. Cet aimable personnage s'appelait l'abbé Rive.

C'était un prêtre dévoyé, au cerveau détraqué par l'orgueil et par la souffrance physique. Curé de Mollégès au diocèse d'Arles, il avait abandonné ce poste pour aller chercher fortune à Paris, où son érudition, d'ailleurs indigeste, lui avait fait obtenir la qualité de bibliothécaire du duc de la Vallière. En 1786, après une attaque d'apoplexie qui l'avait laissé presque entièrement perclus, il était venu s'établir à Aix, où on lui avait confié la direction de la bibliothèque Méjanes. Il y renonça en 1788 et se jeta dans le mouvement révolutionnaire. Il fut, en 1789, utilisé par Mirabeau pour sa candidature. Son âme se dépravant et sa tête s'exaspérant chaque jour davantage, l'abbé Rive devint, en 1790, un producteur de pamphlets, où sa démence impie s'épanchait en dénonciations et en blasphèmes, ce qui lui valut une mention des plus flatteuses dans le journal de Camille Desmoulins. A la date indiquée, il convoqua, dans l'ancienne église des Bernardines, tous les paysans de la ville et de la banlieue, qu'avait déjà fanatisés sa propagande sans frein, et affubla cette association redoutable, dont il se constitua le chef, du titre saugrenu d' « Assemblée particulière des vénérables frères antipolitiques, c'est-à-dire des hommes vrais, justes et utiles à la patrie ». Or Pascalis était la bête noire de l'abbé Rive. Il n'en pouvait parler sans écumer de rage. Ce n'était pas seulement un ennemi, un aristocrate, mais un monstre. C'était, il le désigne ainsi dans ses pamphlets, l'incendiaire Pascalis, le scélérat Pascalis, l'exécrable, le forcené Pascalis, l'abominable conjuré, le fameux énergumène Pascalis.

La situation de ceux des habitants d'Aix dont les sentiments étaient royalistes ou conservateurs était d'autant plus désagréable et précaire, que l'opinion révolutionnaire les enveloppait indistinctement, comme participants ou complices d'une conjuration menaçante, dans les rumeurs relatives aux projets contre-révolutionnaires du comte d'Artois et des émigrés de Turin. Les plus actifs et les plus énergiques d'entre eux songèrent à s'unir comme le faisaient leurs adversaires. Ils s'étaient déjà spontanément groupés dans deux cercles, le cercle Guion et le café Casati, le premier fréquenté par des nobles, des bourgeois, des officiers du régiment de Lyonnais en garnison à Aix; le second, par des ouvriers et des artisans. Ils résolurent de fonder une association commune, plus régulière et plus étendue. A cet effet, le samedi 11 décembre, le chevalier de Guiraman, écuyer à l'école royale d'équitation, vieillard presque octogénaire, mais très ardent malgré son âge, accompagné d'un maître d'armes nommé Pons, d'un marchand gantier, nommé Coppet, et d'un commis, nommé Blanc, se présenta devant la municipalité pour remplir les formalités légales. Le club conservateur fut déclaré sous le nom de Société des *Amis de l'ordre et de la paix.*

A peine la nouvelle connue, une vive émotion se répand dans la ville; les deux clubs révolutionnaires s'indignent que des hommes pensant autrement qu'eux se permettent d'user des mêmes droits et des mêmes moyens. Les autorités sont sommées d'opposer leur *veto* à cette entreprise. Pour plus de sûreté, ces deux associations patriotiques décident qu'elles se fédéreront le lendemain.

Le dimanche, en effet, à quatre heures du soir, s'opéra solennellement cette « sainte coalition ». Depuis le matin déjà, les rues étaient parcourues par des gardes nationaux avec le sabre en bandoulière et tous les *patriotes* s'étaient montrés sur le Cours « en état de défense ». Après la cérémonie, les *Amis de la Constitution* résolurent d'accompagner en masse les *Vénérables frères antipolitiques* à l'ancienne église des Bernardines. Le cortège s'avançait dans la grande allée du Cours, grossi d'une nombreuse foule, en chantant le *Ça ira*. Devant le cercle Guion des clameurs, des huées s'élèvent : « Les aristocrates à la lanterne ! » Le chevalier de Guiraman se trouvait sur la porte avec deux autres personnes. Son attitude hardie brave ces provocations. Une détonation retentit. M. de Guiraman, blessé à la cuisse, fait feu de ses deux pistolets. La multitude veut forcer l'entrée du cercle, où se trouvaient une dizaine d'officiers du Lyonnais, occupés à jouer, et une douzaine d'autres habitués. Des coups de fusil sont tirés sur eux du dehors à travers les abat-jour des fenêtres. Les officiers alors s'élancent, l'épée à la main, s'ouvrent un passage à travers les assaillants et courent aux casernes. Ceux qui y parviennent essaient en vain de décider le régiment à marcher avec eux au secours de leurs compagnons demeurés en route et faits prisonniers par le peuple. Les autres membres du cercle avaient réussi à s'échapper par une porte de derrière.

Les autorités administratives et judiciaires se mirent en mouvement dans la soirée et prirent, dès l'abord, une attitude partiale. La porte et les fenêtres du cercle furent murées. Plusieurs officiers du Lyonnais furent mis ou maintenus en état d'arrestation. Le régiment de Lyonnais reçut l'ordre de quitter la ville. Quatre cents hommes du régiment suisse d'Ernest, en garnison à Marseille, et un détachement de la garde nationale de cette ville furent requis de se transporter à Aix, alors chef-lieu du département, pour y assurer l'ordre et la paix publiques. Le même soir, vingt députés des deux clubs révolutionnaires s'étaient formés en comité chez l'abbé Rive. « Cette réunion, raconte-t-il lui-même, m'enflamma d'un si grand zèle, sur les sept heures du soir, que j'inspirai tout à coup à ces vingt députés nationaux d'aller enlever l'incendiaire Pascalis de la campagne enragée où il s'était retiré... Mon excitation fut suivie du plus grand succès; à onze heures du soir, c'est-à-dire environ quatre heures après, ce scélérat fut enlevé à l'horrible manoir où il se faisait garder par une cinquantaine de paysans de la campagne. »

Ces prétoriens ruraux n'existaient que dans l'imagination calomnieuse de l'abbé Rive, qui, malheureusement, disposait, lui, réellement de séides urbains. Une bande de quatre-vingts *patriotes* enleva sans coup férir le malheureux Pascalis, qui fut amené, garrotté, à l'Hôtel-de-Ville d'Aix. Une victime, c'eût été bien peu. Après avoir hésité entre plusieurs proies, les clubistes fédérés allèrent aussi saisir dans son hôtel M. Morellet, marquis de la Roquette, particulièrement impopulaire depuis que, par un malheureux accident arrivé en 1787, son carrosse, conduit par un cocher maladroit, avait écrasé une jeune fille du peuple. Il fut écroué avec Pascalis.

Fort inquiètes sur le sort des deux prisonniers et peu rassurées sur la composition et les dispositions du détachement de la milice marseillaise qu'elles avait requis, les autorités d'Aix dépêchèrent un exprès pour la contremander. Le détachement du régiment d'Ernest devait seul venir. Mais les deux troupes étaient à moitié chemin, escortées d'un tumultueux amas d'Italiens, de Piémontais, de Grecs, armés de piques et de fusils, renfort excellent pour les vénérables frères antipolitiques. On ne tint pas compte du contre-ordre. La municipalité cependant avait fait transférer Pascalis et La Roquette aux prisons des casernes, où elle les jugeait plus à l'abri. Le trajet ne s'accomplit pas sans peine. L'horrible cri : « A la lanterne ! » retentit fréquemment sur le passage des prisonniers.

Le 13, à dix heures du matin, les Amis de la Constitution, s'étant déclarés en permanence, s'occupèrent de l'examen des papiers de Pascalis et n'y trouvèrent, à leur grand regret, aucun plan de conspiration. Les autorités judiciaires ne restèrent pas oisives. Elles décrétèrent de prise de corps le chevalier de Guiraman et commencèrent d'actives poursuites contre divers autres réactionnaires.

A deux heures de l'après-midi arriva le détachement d'Ernest, accompagné de la milice marseillaise et suivi des *volontaires*, qui n'avaient pas voulu manquer cette fête et dont les pelotons armés se succédèrent jusqu'à dix heures du soir. Le président du club des Amis, avec lesquels il se firent un devoir d'aller fraterniser, leur déclara « très ingénieusement » que la salle ne serait jamais assez grande pour contenir un si grand nombre de frères. Ce même soir, l'abbé Rive lança un pamphlet tout neuf, où il posait la question sur un terrain vraiment pratique.

« Il ne faut pas tergiverser, Monsieur le Président [1], déclarait-il, il n'y a à conserver dans le nouvel empire français que de vrais citoyens et d'excellents patriotes. — Tout homme, quel qu'il soit, par quelques travaux qu'il puisse s'être distingué, s'il devient un jour l'ennemi de la patrie, il doit lui faire le sacrifice de sa tête sous une lanterne. — Mais l'incendiaire Pascalis a-t-il pour lui des travaux de distinction? Que celui qui le prétendra se montre en public. »

La sentence était rendue et les bras ne manquaient pas pour l'exécuter. Les autorités, fort inquiètes, prirent, dans la nuit du 13 au 14, quelques mesures de précaution. Les commandants de la force armée (régiment d'Ernest et garde nationale) furent requis de pourvoir à la défense des prisons. Une fort prudente mesure fut le renvoi de la milice marseillaise, qui fut invitée à regagner ses foyers. Le 14, à huit heures du matin, elle se mit en marche, mais elle n'alla pas bien loin. Elle était à peine arrivée à la barrière du Cours et faisait un moment de halte

[1] Le pamphlet était adressé, en forme de lettre, « à M. le Président du département des Bouches-du-Rhône, appelé Martin, fils d'André ».

quand elle fut assaillie par les objurgations des *patriotes* aixois : « Où allez-vous? ce n'est pas le chemin de Marseille qu'il faut prendre; aux casernes! aux prisons! » Alors, en peu d'instants, en dépit du colonel, les rangs se débandèrent; gardes nationaux et volontaires se ruèrent dans la direction des casernes, dont la populace remplissait déjà les avenues.

Les quatre cents Suisses du régiment d'Ernest auraient amplement suffi pour contenir et refouler tout cela. Mais ils furent immobilisés par les hésitations de leurs officiers, qui, ne jugeant pas leur responsabilité suffisamment couverte par les ordres précédents, perdirent leur temps à en faire demander de plus formels. Ce fut donc en présence de la force légale, qui laissa faire, que s'accomplirent l'envahissement des casernes et l'attaque des prisons. Bien plus, trois officiers municipaux, qui se trouvaient là, revêtus de leurs écharpes, insultés, bafoués, frappés, menacés de mort, finirent par signer, d'une main tremblante, l'ordre de remettre Pascalis et La Roquette aux mains des assaillants. Deux ajoutèrent à leur signature les mots *contraints et forcés*. Les victimes furent entraînées sur le Cours et pendues, chacune en face de sa demeure.

Pendant ce temps, le vice-maire prononçait à l'Hôtel-de-Ville un discours, qu'il conclut en invitant les corps administratifs à venir avec lui se montrer au peuple. « Nous lui en imposerons infailliblement, dit-il, par la majesté des trois administrations réunies. » Quand cette imposante majesté arriva au Cours (rendons-lui cette justice qu'en dernier lieu elle se hâta) elle put contempler deux cadavres suspendus aux cordes de deux réverbères. Elle ne leur évita même pas l'outrage du rite habituel de la Révolution triomphante. Sur l'ordre de la populace, le valet du bourreau coupa les deux têtes. Celle du marquis de la Roquette fut exposée sur la branche d'un ormeau, vis-à-vis le cercle Guion. Celle de Pascalis, plantée au bout d'une pique, fut, trois heures durant, promenée en triomphe sur le grand chemin de Marseille. Le soir du même jour, le chevalier de Guiraman, arrêté dans une bastide où il s'était réfugié, fut ramené à Aix dans une charrette par une bande de paysans armés. Il n'entra point dans les prisons des casernes. Des voix s'élevèrent, réclamant sa mort, et naturellement l'obtinrent. Il fut, lui aussi, pendu sur le Cours, en face de l'hôtel d'Esparron.

L'Assemblée nationale s'occupa des événements d'Aix dans ses séances des 18, 19 et 20 décembre. Mirabeau qui, dans sa correspondance avec La Marck, les disait « plus horribles encore qu'on ne le sait[1] », ne s'en crut pas moins obligé de traiter de « déclamations » les paroles d'indignation prononcées par l'abbé Maury, et Charles de Lameth trouva moyen de s'apitoyer sur le peuple, « qu'on égarait pour lui donner des torts ». L'Assemblée décréta que le Roi serait prié d'envoyer dans le département des Bouches-du-Rhône un nombre suffisant de troupes de ligne et de déléguer à Aix trois commissaires civils. On sait que Mirabeau avait songé à se rendre lui-même en Provence et qu'il y renonça. Les commissaires réussirent à rétablir l'ordre, mais seulement à la surface. Le tribunal du district mena une longue procédure, non contre les assassins, mais contre les officiers du Lyonnais et les autres personnes poursuivies sur la dénonciation des clubs.

Ce fut l'Assemblée nationale elle-même qui se chargea de terminer l'affaire. Le 21 mai 1791, sur le rapport de son comité des recherches, elle rendit un décret déchargeant les accusés. Le rapporteur, M. de Lapparent,

---

[1] Lettre du 19 décembre 1790, t. II, p. 410.

s'était exprimé en ces termes peu flatteurs pour les autorités d'Aix : « Tous ces crimes sont demeurés impunis. La terreur avait enchaîné les organes de la loi ; elle fut muette. Et celui qui a provoqué ces sanglantes exécutions, celui qui tous les jours égare le peuple en prêchant le partage des terres et le refus des impôts, cet homme n'est pas poursuivi. »

Comme pour rattraper le temps perdu, ce même jour, 21 mai, l'abbé Rive était décrété de prise de corps par le tribunal du district d'Aix. Ses opinions et celles de ses « vénérables frères » s'étaient exaltées avec le succès, et il en était venu à traiter de « repaires d'aristocrates » non seulement le conseil municipal, mais le club même des Amis de la Constitution. Il déclara qu'il « se moquait des corps administratifs ». Il avait jugé prudent de quitter Aix, mais il avait trouvé un refuge à Marseille. Le 20 octobre, il y fut frappé d'une dernière et définitive apoplexie, qui priva peut-être la future Convention nationale d'un digne émule de Couthon [1].

---

[1] Cf. l'intéressant ouvrage du très regretté Charles de Ribbe : *Pascalis, étude sur la fin de la Constitution provençale*, qui contient le récit détaillé de l'émeute d'Aix, d'après le registre des délibérations du Conseil municipal et autres documents locaux. — Taine, *La Révolution*, t. I, p. 315 et suiv. — *Deux Amis de la liberté*, t. VI, p. 258 et suiv.

L'attitude des régiments de Lyonnais et d'Ernest dans les troubles d'Aix nous en montre les soldats observateurs suffisants de la discipline militaire, mais peu disposés, en cas de conflit avec les agitateurs *patriotes*, à déployer du zèle en faveur de leurs officiers, et une partie de ces officiers eux-mêmes remarquablement timides pour l'exercice de leur autorité en face de l'émeute, et subordonnés, même au delà d'une juste mesure, aux réquisitions du pouvoir civil. Aussi doit-on regarder comme exceptionnelle l'émeute militaire, d'un caractère tout réactionnaire, qui s'était produite à Belfort, le 21 octobre précédent.

Le régiment étranger Royal-Liégeois et les hussards de Lauzun, qui tenaient garnison dans cette ville, étaient évidemment du petit nombre des corps sur lesquels M. de Bouillé croyait encore pouvoir faire fond pour l'éventualité de la constitution, autour de Louis XVI, s'il réussissait à s'échapper de Paris, d'une armée dévouée à la cause royale. Ces régiments avaient pris part à la répression de la révolte de Nancy et cela leur valait, de la part des *patriotes* de Belfort, des reproches exprimés d'une façon insultante. Leurs sentiments royalistes s'en accrurent et, à la suite d'un de ces repas de corps où les têtes se montent facilement, un certain nombre d'officiers, même d'officiers supérieurs, et jusqu'au chef du Royal-Liégeois, se laissèrent aller à les manifester d'une façon aussi désordonnée que malencontreuse.

Selon le rapport présenté, le 30 octobre, à l'Assemblée nationale, au nom de deux de ses comités (militaire et des rapports) : « Le délire s'empara de toutes les têtes. On ne garda plus ni ménagements, ni mesures; on mit l'épée à la main; on attacha, autour des épées et des sabres nus, des mouchoirs blancs. Le mépris le plus insultant pour la garde nationale et pour les bourgeois, qu'on traitait de vile canaille, fut manifesté; les injures les plus coupables et les plus grossières furent proférées contre l'Assemblée nationale; les officiers parcoururent ainsi les différentes rues de la ville, suivis d'un nombre considérable de soldats qu'ils excitaient par leur exemple, qu'ils encourageaient par des promesses. Ils se rendirent aux casernes pour soulever les soldats qui y étaient renfermés; la circonstance était favorable, la plupart étaient pris de vin : les hussards de Lauzun avaient régalé deux cents de leurs camarades qui ce jour étaient arrivés de Troyes. Les officiers, du nombre desquels était le major de Liégeois, prenaient les soldats sous les bras, les embrassaient, les engageaient à être pour eux et menaçaient ceux qui refusaient de les suivre.

« Le désordre alors fut à son comble ; les citoyens qui étaient rencontrés étaient insultés, maltraités, frappés de coups de plat de sabre et obligés de crier : « Vive le Roi ! au diable la nation ! » Quelques-uns furent blessés, d'autres assaillis jusque dans leurs maisons par des soldats et même par des officiers. En vain les citoyens appelaient-ils à la garde ; le sergent de Liégeois, qui était de garde à la porte de Brisach, empêcha ses soldats de sortir. Forcé enfin de céder aux cris réitérés, il leur dit : « Si ce sont des bourgeois, assommez-les ; si ce sont des soldats, laissez-les évader. » Des soldats, des officiers de Lauzun et de Liégeois, avec le colonel et le major de ce dernier régiment, et le sieur Chalon, aide-major de la place, qui se trouvaient à la tête de tous ces désordres, s'étaient portés devant l'Hôtel-de-Ville : les officiers municipaux et le procureur-syndic du district y étaient accourus pour prévenir les effets funestes de ces scènes scandaleuses ; ils furent insultés, menacés, quelques-uns même maltraités ; les portes de l'Hôtel-de-Ville furent enfoncées ; et le calme ne fut rétabli que par les soins et le zèle de M. de Guy, major de la place, et le courage des officiers municipaux[1]. »

Le lendemain arriva M. de Bouillé. Comme il descendait de voiture, on lui remit en mains propres, « une lettre anonyme, très injurieuse ». Néanmoins, à la grande édification du corps municipal, il tint la conduite d'un général franchement constitutionnel. Les chefs principalement responsables de l'émeute furent sur-le-champ mis aux arrêts; le Royal-Liégeois reçut l'ordre de quitter la ville, suivi, quelques jours plus tard, des hussards de Lauzun. Sur le rapport du général et sur la proposition du ministre de la guerre, le Roi infligea au colonel de Royal-Liégeois la peine de deux mois de prison et de six semaines aux autres officiers supérieurs. L'Assemblée nationale alla beaucoup plus loin. Elle inculpa les trois principaux chefs du crime de lèse-nation et ordonna leur transfert à Paris, dans

---

[1] Le journal *L'Orateur du peuple* prête à ces magistrats une attitude romaine : « Les officiers, ivres de fureur, dit-il, montent à la municipalité, insultent les officiers municipaux; le sieur de Latour, lieutenant-colonel du régiment Royal-Liégeois, frappe des coups de plat de sabre sur le bureau, avec des imprécations horribles. Le maire veut hasarder quelques représentations. « Est-ce que je vous connais? moi! » telle fut l'arrogante réponse qu'on lui fit. Les officiers municipaux, sans s'émouvoir, revêtent leurs écharpes et montrent un front serein sous cette égide sacrée. » — Buchez et Roux, t. VII, p. 443.

la prison de l'Abbaye. Elle remit à statuer, après plus ample informé, sur la question de savoir si les deux régiments ne devaient pas être frappés de licenciement[1].

L'Assemblée ne s'était pas montrée moins sévère pour la Chambre des vacations du Parlement de Toulouse. La chute des parlements, accomplie en principe par le décret qui, l'année précédente, les avait maintenus en vacances indéfinies[2], fut définitivement consommée par la mesure adoptée dans la séance du 6 septembre 1790, comme une conséquence naturelle de la nouvelle organisation des tribunaux, et selon laquelle « les officiers des parlements tenant les chambres des vacations, établies par le décret du 3 novembre dernier, cesseront leurs fonctions à Paris le 15 octobre prochain, et dans le reste du royaume, le 30 septembre présent mois[3]. » — Dans sa séance du 5 octobre au soir, l'Assemblée reçut communication d'une note du garde des sceaux, relative à l'exécution de cette mesure.

« Le Roi, disait-il, me charge d'informer l'Assemblée nationale de la manière dont les

[1] *Archives parlementaires*, t. XX, pp. 106, 136 et suiv.
[2] Voyez *La Fédération*, p. 170 et suiv.
[3] *Archives parlementaires*, t. XVIII, p. 623.

chambres de vacations des parlements de Rouen, Bordeaux, Douai, Nancy, Grenoble, Toulouse, ont reçu les décrets qui suppriment toute l'ancienne hiérarchie judiciaire. Les chambres des vacations de Rouen et Bordeaux ont ordonné la transcription sur les registres et l'envoi aux tribunaux inférieurs. Celle de Douai a pris un arrêté par lequel elle déclare que, forcée par les circonstances, elle cesse toutes fonctions. Celle de Nancy a transcrit sur les registres en déclarant obéir à la force. A Grenoble, le procureur du Roi s'est plusieurs fois transporté au palais, sans jamais y trouver personne. La Chambre des vacations du Parlement de Toulouse a pris, le 25 septembre, un arrêté sur lequel le Roi a cru devoir se concerter avec l'Assemblée nationale avant de prendre aucun parti. Je vous fais passer copie de cet arrêté :

« La Cour, séant en vacations, considérant que la monarchie française touche au moment de sa dissolution ; qu'il n'en restera bientôt plus aucun vestige ; que les cours anciennes de justice ne sont pas même respectées ; considérant que les députés aux États généraux n'avaient été envoyés que pour mettre un terme à la dilapidation des finances, à laquelle les parlements n'ont cessé de s'opposer ; considérant que ces mêmes députés n'ont pu changer la constitution de l'État sans violer leurs mandats et la foi jurée à leurs commettants; considérant que, pour qu'ils pussent détruire la magistrature, il faudrait que leurs mandats leur en donnassent charge expresse; qu'au contraire, plusieurs cahiers des sénéchaussées du ressort demandent expressément la conservation du Parlement de Languedoc; considérant que le clergé a été privé de ses biens, dont une longue possession semblait devoir lui assurer la jouissance à jamais; que la noblesse a été dépouillée de tous ses droits et de ses titres, contre tous les principes constitutifs d'une véritable monarchie; que la religion est dégradée et entraînée vers sa ruine; que le nouvel ordre judiciaire ne peut qu'aggraver, sur la tête des peuples, le fardeau des impôts;

« La Cour, inviolablement attachée à la personne sacrée du Roi, aux princes de son auguste sang et aux lois anciennes, proteste, pour l'intérêt dudit seigneur Roi, contre le bouleversement de la monarchie, l'anéantissement des ordres, l'envahissement des propriétés, la suppression de la Cour de Languedoc; et vu que les précédents édits et déclarations n'ont été transcrits par elle sur les registres que provisoirement et à la charge de l'être de nouveau, à la rentrée de la Cour, clause maintenant illusoire, elle déclare les dits enregistrements non avenus.

« Le 27 septembre, le procureur général du Roi entré, et les lettres patentes de suppression déposées sur le bureau; la Cour, considérant son précédent arrêté et l'impossibilité où elle est de se détruire elle-même, déclare ne pas pouvoir procéder à l'enregistrement desdites lettres. »

Contrairement à l'avis indulgent et méprisant de Robespierre qui, traitant cet arrêté d'« acte de délire », estima que l'Assemblée devait se borner à « déclarer aux divers membres de la Chambre de Toulouse qu'elle leur permet de continuer à être de mauvais citoyens », l'affaire fut renvoyée au Comité des rapports, auquel se joignit, pour l'examiner, le Comité de Constitution. Dans la séance du 8 octobre (soir) les deux comités, par l'organe de M. de Broglie, présentèrent un décret énergique, adopté après un court débat et ainsi conçu :

« L'Assemblée nationale décrète que les membres de la ci-devant chambre des vacations du Parlement de Toulouse, qui ont pris les arrêtés des 25 et 27 septembre dernier, et le procureur général de cette cour, seront traduits devant le tribunal qui sera incessamment formé pour juger les crimes de lèse-nation, pour y être procédé contre eux sur l'accusation de rébellion et de forfaiture, ainsi qu'il appartiendra.

« Décrète en outre, qu'attendu la nature de l'accusation, le Roi sera supplié de donner ses ordres pour s'assurer de leurs personnes, ainsi que tous autres ordres nécessaires pour l'exécution du présent décret[1]. »

L'allusion faite dans ce décret à la prochaine institution d'un tribunal spécial (une haute cour nationale) pour le jugement des crimes de lèse-nation était, pour ainsi dire, comme le glas funèbre du Châtelet, majestueux débris de l'ancienne organisation judiciaire de la France, que la confiance de l'Assemblée avait, à sa dernière heure, honoré de cette attribution exceptionnelle. En attendant que l'organisation nouvelle des tribunaux fît totalement disparaître sa juridiction antique et habituelle, un décret voté le 25 octobre sur la proposition de Robespierre, amendée par Chapelier, lui enleva son autorité d'exception et déclara suspendues toutes les procédures qui s'y rattachaient. Écho de l'opinion révolutionnaire, Robespierre, à cette occasion, le qualifia de « tribunal inconstitutionnel et

---

[1] *Archives parlementaires*, t. XIX, pp. 469, 513 et suiv. — Buchez et Roux, t. VII, pp. 350 et suiv., 360 et suiv.

frappé de la haine de tous les bons citoyens[1] ».

Malgré les illusions qu'entretenaient à cet égard les émigrés de Turin et, en France, un certain nombre de personnes élevées dans le respect de l'ancienne magistrature, l'opinion générale et moyenne de la nation vit sa chute avec indifférence, et c'est pourquoi cette chute n'avait guère de chances sérieuses de relèvement. Au contraire, la politique insensée de mise au joug de la religion nationale et de guerre contre l'Église, inaugurée par la confiscation des biens ecclésiastiques, la suppression des ordres religieux, surtout le vote de la Constitution civile du clergé, et où l'Assemblée s'enfonçait chaque jour avec une obstination lamentable, devait soulever le pays jusque dans ses plus intimes profondeurs et y créer un état de lutte, de résistance active et passive, où la Révolution, en fin de compte, n'était pas destinée à avoir le dernier mot.

[1] *Archives parlementaires*, t. XX, p. 37.

CHAPITRE IX

LA QUESTION RELIGIEUSE. — LE SERMENT ECCLÉSIASTIQUE.

Si l'Assemblée constituante n'avait pas été enivrée au delà de toute mesure de l'omnipotence qu'elle s'était attribuée depuis la capitulation de la Royauté devant elle, le caractère essentiel de la religion nationale l'aurait avertie qu'elle ne pourrait faire œuvre durable dans les matières qui s'y rapportaient sans une entente avec le Saint-Siège. L'étude impartiale des faits met hors de doute que la porte n'était aucunement fermée d'avance par le Chef de l'Église à une négociation sérieuse.

Élevé dans les idées et les habitudes de l'ancien régime, exerçant dans ses états temporels les pouvoirs traditionnels de la monarchie absolue, Pie VI ne pouvait personnellement être favorable aux innovations politiques qui bouleversaient en France l'ordre séculaire des institutions. Mais, selon la tradition admirable de sa fonction suprême, de caractère avant tout spirituel, le pontife en lui n'était pas dominé par les sentiments de l'homme et du prince. Tant qu'il s'agit seulement de mesures politiques ou économiques proprement dites, il jugea que les événements de France demeuraient étrangers à sa charge apostolique [1]. Mais, comme on le sait, les intérêts de l'Église ne tardèrent pas à être mis en cause, et le Saint-Siège lui-même fut en butte aux innovations de l'Assemblée. Le Concordat conclu en 1516 par François Ier avec Léon X fut positivement violé par la suppression des *annates* et autres droits consacrés par ce traité solennel [2].

Le Sacré-Collège conseilla au Pape de protester. Pie VI n'y consentit point. Seulement, sur les nouvelles, peut-être un peu confuses, mais de plus en plus alarmantes, qui venaient

---

[1] « Actum illic primo fuit de publica œconomia ordinanda, cumque ea dirigenda esset ad populorum levanda onera, ad nostras apostolici ministerii curas nequaquam pertinere videbatur. » Allocution du 29 mars 1790, dans Theiner, *Documents inédits relatifs aux affaires religieuses de la France* (Paris, Firmin-Didot, 1857, in-8°), t. I, p. 1.

[2] Voyez notre volume antérieur : *Les Débuts de la Révolution*, pp. 311-312.

de France, il ordonna dans Rome trois jours de prières publiques pour les besoins de l'Église. Le 9 septembre 1789, dans une audience donnée au cardinal de Bernis, ambassadeur de France à Rome depuis trente années, il se montra, dit l'historien du cardinal, « affligé, mais calme, fut très sage, très mesuré, très raisonnable, parla des affaires de France avec plus de bon sens que de connaissance des faits, et annonça qu'il allait écrire au Roi. Il adressa, en effet, le 13 septembre, à Louis XVI, un bref spécial, écrit en français, dans lequel il le conjurait de demeurer le protecteur de l'Église et le Roi Très Chrétien [1]. En fait, le 18 septembre, l'ambassadeur fut officiellement informé que le Saint-Siège condescendait à la suspension du paiement des annates.

Le Pape était donc conciliant, prêt à transiger, mais l'Assemblée constituante ne songeait nullement à une transaction. Le 20 décembre, elle confisquait les biens de l'Église de France et chargeait, le 6 février suivant, son comité ecclésiastique de lui présenter incessamment « un plan constitutionnel sur l'organisation du clergé ». En attendant, elle

---

[1] Frédéric Masson, *Le Cardinal de Bernis depuis son ministère, 1758-1794*. (Paris, Plon, 1884, in-8°), p. 463.

supprimait les ordres religieux. « La cour romaine est dans la consternation, écrivait, le 10 mars 1790, le cardinal de Bernis à M. de Montmorin, et le murmure contre le Pape devient général [1]. » Néanmoins, sur les instances de l'ambassadeur, agissant d'après les instructions du cabinet des Tuileries, Pie VI, renonçant à l'encyclique qu'il avait projetée, se contenta d'une protestation énergiquement douloureuse, mais secrète, contre les usurpations de l'Assemblée nationale et les dogmes faux dont elle s'inspirait, contradictoires aux conclusions de la théologie catholique et de la philosophie chrétienne. Cette protestation, formulée dans l'allocution consistoriale du 29 mars, n'avait pour objet, comme cela résulte du texte même, que de maintenir les vrais principes, de soulager la conscience du Chef de l'Église et de satisfaire aux réclamations du Sacré-Collège. Pie VI interdit en effet toute publicité de ce document. Dans un bref adressé le 31 mars au cardinal de La Rochefoucauld, il se montra disposé à faciliter la dispense des vœux à concéder éventuellement aux religieux français [2].

[1] Dépêche citée par M. Albert Sorel. *L'Europe et la Révolution française. La Chute de la Royauté*, p. 120.

[2] Cf. Frédéric Masson, ouvrage cité, pp. 477, 478. — Theiner, recueil cité, t. I, pp. 1-5. — Sur la poli-

Les débats sur la Constitution civile du clergé (mai-juin 1790) ne pouvaient plus laisser aucun doute sur les intentions de l'Assemblée. Le 10 juillet, Pie VI adressa à Louis XVI un bref de paternel, mais ferme avertissement. Il y qualifiait avec une parfaite exactitude l'extraordinaire invasion du nouveau corps législatif sur un terrain placé en dehors de sa juridiction et de sa compétence, et prévenait le Roi que sa sanction, si par malheur il la donnait aux mesures votées, entraînerait la France dans un schisme et peut-être dans une guerre de religion. « Vous avez fait, lui disait-il, beaucoup de concessions sur vos prérogatives pour le bien de la nation; mais, s'il était en votre pouvoir de renoncer même aux droits inhérents à la Royauté, vous ne pouvez en aucune manière aliéner ni abandonner ce qui est dû à Dieu et à l'Eglise, dont vous êtes le fils aîné. » Il l'invitait à prendre tout particulièrement l'avis des deux prélats qui faisaient alors partie de son conseil : l'archevêque de Bordeaux, garde des sceaux, et l'ancien archevêque de Vienne, chargé de la feuille des bénéfices, c'est-à-dire ministre des affaires ecclésiastiques, et faisait d'eux un

---

tique religieuse de l'Assemblée et les débats qui eurent lieu sur ce sujet dans son sein, voyez notre précédent volume : *La Fédération*, p. 196 et suiv.

éloge qui se trouva excessif dans cette occasion.

Au reste, dans deux autres brefs, adressés le même jour à ces deux prélats, et où il stigmatisait d'une façon plus sévère encore les actes et l'esprit dominant de l'Assemblée, le Pape les exhortait avec une très vive instance à détourner le Roi de tout acte de faiblesse. « Nous n'ignorons point, écrivait il, combien sa situation actuelle est digne de pitié, exposé comme il est à la fureur populaire, mais nous savons aussi qu'il ne doit pas laisser violenter son esprit par la frénésie de la multitude... Ses devoirs envers Dieu sont immuables, et il ne doit jamais pour aucune raison les dissimuler, alors même que son intention serait, l'excessive perversité de ce temps venant à changer, de revenir à l'accomplissement de ces devoirs [1]. »

Cependant l'Assemblée nationale avait adopté, le 12 juillet, l'ensemble de la Constitution civile du clergé, qui fut ensuite propo-

---

[1] « Non ignoramus profecto, qualis illius præsens sit, quamque commiserandus status, nimirum populari obnoxius violentiæ: sed novimus etiam ejus animum a phrenetica multitudine abripi non debere... Immutabilia certe sunt sua erga Deum officia, neque unquam ullam ob causam dissimulanda, etiamsi in animo habeat, ut immutatis tam perversis temporibus ad eadem Deo præstanda revertatur. » — Theiner, recueil cité, t. I, pp. 5-10.

sée à l'acceptation royale. Quant les trois brefs pontificaux, vers la fin du même mois, arrivèrent à leur adresse, les conseillers officiels de Louis XVI, c'est-à-dire le cabinet dirigé par Necker, s'était, selon toute vraisemblance, arrêté déjà au parti de faire incliner, une fois de plus, le Roi devant l'Assemblée. L'archevêque de Bordeaux et l'ancien archevêque de Vienne, dominés par l'effroi des circonstances et aussi sous l'influence d'illusions non encore évanouies entièrement, ne s'étaient pas séparés en cela de leurs collègues. Ils passèrent outre aux exhortations de Pie VI, en se berçant de l'espérance d'obtenir du Souverain Pontife des concessions qui permettraient de gagner du temps. Ils firent partager cette espérance au Roi lui-même, et, le 28 juillet, Louis XVI prit le déplorable engagement de donner sa signature à la Constitution civile, en déclarant toutefois qu'il en suspendait la publication jusqu'à ce qu'il fût parvenu « à obtenir le consentement, soit des évêques de France, soit du chef visible de l'Église ».

Ce même jour, il écrivit au Pape une lettre, évidemment délibérée en conseil, et où, après avoir protesté de son zèle pour la religion et de son attachement au Saint-Siège, il s'exprimait en ces termes peu satisfaisants : « Je communique à Votre Sainteté les décrets de l'Assemblée nationale, concernant la constitution civile du clergé de France. Mon intention publiquement déclarée est de prendre les mesures nécessaires pour leur exécution. J'ai chargé le cardinal de Bernis d'exposer à Votre Sainteté les mesures, telles que les circonstances semblent les exiger. Votre Sainteté peut avoir des observations à faire; il est juste qu'elle les fasse avec la franchise et la dignité qui conviennent à son ministère, et ce que l'intérêt de la religion lui dictera; mais elle sent mieux que personne combien il importe de conserver les nœuds qui unissent la France au Saint-Siège. Elle ne mettra pas en doute que l'intérêt le plus puissant de la religion, dans la situation présente des affaires, ne soit de prévenir une division funeste, qui ne pourrait affliger l'Église de France sans déchirer le sein de l'Église universelle[1]. »

Les brefs du 10 juillet, tenus secrets à Rome, le furent naturellement encore davantage à Paris.

Le ministère français et le Roi lui-même s'engageaient dans une impasse. D'une part, en effet, l'Assemblée nationale n'entendait se prêter à aucune négociation avec Rome, et c'est tout au plus si elle aurait accueilli autre-

[1] Theiner, recueil cité, t. I, p. 264.

ment qu'avec dédain la ratification pure et simple de son œuvre par le Saint-Siège. D'autre part, les concessions demandées au Pape par l'intermédiaire du cardinal de Bernis, étaient entachées d'un vice irrémédiable. Elles impliquaient en effet, de la part du Chef de l'Église, soit par voie de conséquence, soit tout au moins par voie de prétérition, un inadmissible abandon de son autorité apostolique et des principes mêmes dont la garde lui a été divinement confiée [1]. Pie VI toutefois condescendit encore à ne pas répondre à ces étranges ouvertures par une fin absolue de non recevoir. Le 17 août, il répondit à la lettre de Louis XVI par le beau bref suivant, rédigé en français:

« La lettre de Votre Majesté, qui nous a été remise par le cardinal de Bernis, nous témoigne votre respect pour la religion et votre amour pour le Saint-Siège apostolique. Elle a cru pour de justes raisons qu'elle devait

---

[1] Les pièces principales de cette négociation ont été publiées par le P. Theiner, recueil cité, t. I, p. 265 et suiv. Quoique personnellement opposé, non seulement aux innovations ecclésiastiques, mais à l'œuvre entière de l'Assemblée constituante, le cardinal de Bernis remplit en cette occasion avec beaucoup de zèle et d'habileté sa charge professionnelle d'ambassadeur de France. C'est donc avec une pleine injustice que la badauderie de nos *deux amis de la liberté* (t. VI, p. 273) fait peser sur lui la responsabilité de la rupture avec Rome.

recourir à nous pour ne pas s'écarter des règles canoniques et de la discipline de l'Église universelle, ayant reconnu, comme fils aîné de cette même Église, que le pouvoir spirituel et le temporel doivent se prêter un secours mutuel; et que l'Église seule, et non une assemblée purement politique, a le droit de statuer sur les choses spirituelles; et c'est ensuite à la puissance temporelle de prêter son assistance à l'exécution de ses décrets. Dès que cet ordre également sacré et civil n'est pas observé, tous les droits se confondent, et l'anarchie et le schisme prennent la place de cette heureuse harmonie qui doit réunir tous les fidèles. Dans tous les temps où l'Église a essuyé les orages, elle y a opposé pour quelque temps la patience, mais aussi la fermeté dans l'observation exacte des préceptes catholiques. Nous avons usé ainsi de la longanimité en France depuis quelques années en croyant de ne point faire entendre notre voix, ni de foudroyer, au milieu de l'agitation et de la fermentation des esprits, des opinions erronées, pour préparer, par le moyen d'une pareille conduite, les esprits agités à revenir aux bons principes et à l'observance de la loi évangélique. Peut-être que plusieurs évêques de votre royaume auront été étonnés que nous n'ayons pas rompu le silence d'une manière éclatante; mais Votre Majesté pourra les assurer de tous les offices que nous vous avons adressés pour le bien de la religion, depuis trop longtemps attaquée dans votre royaume par des écrits remplis du venin de l'incrédulité et d'une morale corrompue. Que si nous n'avons pas prêché sur le toit, nous n'avons pas pourtant dissimulé la vérité, quand nous avons pu la faire entendre à des souverains tels que vous, et lorsque nous n'avons pas eu à craindre de compromettre les ministres de l'autel sans aucun avantage pour la religion dont ils sont les organes. Encouragez-les, ô Sire, et exhortez-les à la patience dans les traverses, et à une sage fermeté dans leur attachement aux vrais principes et à l'observation des articles catholiques; et comme on ne peut douter que les maux qui affligent vos États ne soient un de ces fléaux que Dieu envoie aux peuples lorsqu'ils s'écartent du respect et de la soumission due à ses lois, il s'ensuit de là qu'ils doivent sans cesse employer leurs prières, ainsi que nous faisons ici nous-même continuellement, pour obtenir (par)[1] le secours du divin Rédempteur, irrité

---

[1] Cette préposition est omise dans le texte publié par le P. Theiner (recueil cité, t. I, p. 16), mais, d'après le sens, elle nous paraît nécessaire à rétablir.

contre la dépravation de l'esprit et du cœur humain, ce que l'on ne pourrait nullement espérer par d'autres secours. Ils devront principalement réclamer les droits spirituels que l'Église de France est menacée de perdre, plus que le dépouillement de leurs biens et de leurs prérogatives.

« En attendant, nous avons résolu (s'agissant d'une matière de la plus grande importance) de nommer une congrégation de cardinaux pour examiner sérieusement les propositions qui nous ont été faites par le cardinal de Bernis au nom de Votre Majesté; mais, comme cet examen retarderait peut-être trop le départ du courrier extraordinaire, et donnerait pour cela de l'inquiétude, et que d'ailleurs le même cardinal, votre ministre, nous presse de répondre promptement à la dernière lettre de Votre Majesté, nous ne pouvons aujourd'hui que vous adresser nos premières pensées, pour faire ensuite une réponse plus précise à Votre Majesté, à laquelle, ainsi qu'à toute son auguste famille, nous donnons du fond de notre cœur notre paternelle et apostolique bénédiction. »

Cette lettre pontificale n'était pas encore arrivée à son adresse quand, le 24 août, succombant à la faiblesse de ses conseillers et à sa propre faiblesse, Louis XVI promulgua la Constitution civile du clergé comme loi du royaume. Il écrivit, le 6 septembre, au Pape qu'il lui avait été impossible de tarder davantage. Pie VI pourtant s'abstint de clore les négociations d'une façon définitive. Il adressa au Roi, le 22 septembre, un bref en latin, où il renouvelait l'expression de sa douleur et son blâme formel, mais non public encore, des actes de l'Assemblée; où, toutefois, il exprimait son intention, après avoir pris l'avis de la congrégation de cardinaux qu'il avait formée, et recueilli aussi, comme il le désirait vivement, celui de l'épiscopat français, d'adopter d'accord avec le Roi les mesures qui, sans compromettre en rien les principes, lui paraîtraient les plus propres à conjurer les dangers du schisme. Il témoignait en termes touchants, dans le passage suivant de sa lettre, la modération de ses sentiments paternels :

« Provisoirement nous tenons en suspens notre juste improbation des décrets sur la Constitution civile du clergé. Notre affection pour vous, l'inclination de notre cœur pour votre royaume nous persuadent d'observer une ligne de conduite particulièrement modérée. Nous n'oublierons, certes, jamais notre qualité de père commun, qui compte vos sujets au nombre de ses enfants, ni votre propre qualité de fils aîné de l'Église, et, en conséquence, nous croirions manquer au devoir de la tendresse paternelle, si nous recourions trop vite aux armes de l'Église contre ces fils, qu'il faut plutôt considérer comme trompés, comme entraînés par une fougue inconsidérée, que comme rebelles et réfractaires. Nous combattrons donc la violence par la patience; à la mobilité, à l'inconstance des esprits, nous opposerons la douceur et la temporisation; et nous avons la confiance qu'avec l'aide du Seigneur céleste, tout en évitant un plus grave soulèvement de clameurs, la religion, si nécessaire à la félicité de la vie et au bon ordre de la société, pourra revivre et refleurir dans les cœurs, ramenés à leur devoir par les malheurs mêmes où ils se seront vus jetés par leur négligence à son égard et, bien plus, par les affronts dont souvent ils n'ont pas craint de l'assaillir. C'est ainsi que nous nous promettons de voir nos vœux ardents parvenir enfin à l'effet si désiré[1]. »

---

[1] « Inter hæc peragenda justam sane improbationem retinemus in suspenso super decretis status civilis cleri. Noster in te amor, nostra in regnum tuum animi inductio tenendam nobis suadet singularem moderationis viam. Nunquam profecto obli-

Un mois après, le 27 octobre, la congrégation des cardinaux donna son avis. Sa conclusion était ferme, mais non pas intransigeante. Elle déclara, au témoignage du cardinal de Bernis, que « le Souverain Pontife manquerait essentiellement à son devoir et porterait un coup mortel au catholicisme, s'il approuvait, tels qu'ils sont, les décrets concernant le clergé de France ». Elle ajouta que le Pape devait éclairer le Roi, consulter les évêques français et les exhorter à lui fournir, pour tranquilliser les consciences, les moyens d'accorder, sur les points princi-

---

viscemur, Nos communis parentis personam gerere tuosque subditos in filiorum numero habere, te vero filium esse Ecclesiæ primogenitum, proindeque Nos paternæ caritatis putamus defuturos muneri, si tam subito ad Ecclesiæ arma convolabimus contra eos filios, qui decepti, inconsideratoque impetu correpti potius dicendi sunt, quam rebelles ac refractarii. Nostra Nos patientia contra furores pugnabimus, animorum mobilitati atque inconstantiæ lenitatem cunctationemque opponemus ; cœlestique Domino (il faut lire sans doute *cœlestisque Domini*) præsidio confidimus fore, ut sine ullo graviore clamorum strepitu religio ipsa, quæ adeo ad vitæ felicitatem, ad rectum rerum ordinem ac ad societatis conjunctionem est necessaria, reviviscat ac inflammetur in eorum cordibus, quos ipsæ ad officium revocabunt ærumnæ, in quas misere inciderunt, ex quo ipsam negligere religionem, ac sæpe etiam contumeliis afficere sunt ausi. Ita siquidem nobis pollicemur futurum, ut vota, quibus inflammamur, ad optatissimum tandem exitum deducantur. » — Theiner, recueil cité, t. I, pp. 19-20.

paux, les décrets avec les règles canoniques[1].

L'attitude de l'épiscopat français, dans son ensemble, s'inspira de sentiments analogues à ceux du Saint-Siège, dont il était résolu d'ailleurs à s'approprier les décisions. L'*Exposition des principes sur la constitution civile du clergé*, signée, le 30 octobre, par les évêques membres de l'Assemblée nationale, représentait bien le jugement et les dispositions de l'Église de France. Le principal rédacteur avait été Mgr de Boisgelin, archevêque d'Aix. Les principes y étaient solidement établis, les erreurs et les empiètements de l'Assemblée mis en claire lumière. La conclusion, belle et forte, laissait place à un accommodement raisonnable, approuvé ou décidé par le Souverain Pontife.

« Il faut en revenir au vrai principe.

« Il n'y a qu'une seule religion, celle qui n'est point l'ouvrage des hommes, celle que Dieu lui-même a révélée à la terre.

« Toute autre religion est une invention humaine ; toute autre religion est une loi civile ou n'est point une loi.

« Ce sont les mêmes hommes, les mêmes mœurs, les mêmes coutumes qui dictent les lois civiles et ces fausses lois qu'on appelle

---

[1] Cf. Albert Sorel, ouvrage cité, p. 125. — Frédéric Masson, ouvrage cité, pp. 485, 486.

religieuses; c'est la même chose dans son origine et dans ses effets. Il n'y a point de distinction entre les lois humaines et toutes les religions, excepté une; et le fanatisme ou la superstition n'est que la corruption et des mœurs et des lois.

« Quand on lit que la religion dépend des législateurs de la terre, on suppose que Jésus-Christ ne lui a point donné ses législateurs et ses guides, on suppose que sa législation ne vient pas du ciel; mais nous n'avons pas fait notre religion, nous l'avons reçue de nos pères, telle qu'ils l'avaient reçue des leurs jusqu'à remonter aux apôtres. Il faut plier notre raison pour nous soumettre à l'autorité des premiers temps, non seulement pour les dogmes, mais pour les pratiques.

« On ne peut pas croire que la religion est l'œuvre de Dieu, quand on veut l'assujettir aux pensées des hommes.

« Il semble qu'on raisonne sur la discipline de l'Église comme sur la police des États.

« Il semble que les peuples puissent varier les formes de leur religion comme celles de leur gouvernement.

« La religion chrétienne est la loi que le Père de tous les hommes leur a donnée pour les conduire dans les voies de l'éternité : il faut qu'elle convienne à tous les hommes ; elle ne peut pas être vraie pour un peuple et fausse pour un autre. La religion chrétienne a fait tomber les barrières qui séparaient les nations des nations ; et sa première mission fut de confondre le juif et le gentil, et le romain et le barbare. Elle enseigne des vérités d'un ordre surnaturel qui n'ont point de rapport avec l'administration des empires. Elle embrasse dans sa morale les devoirs de tous les états. Ses récompenses et ses peines sont celles d'une autre vie ; et ses espérances et ses craintes sont, dans toutes les conditions et dans tous les gouvernements, l'encouragement des vertus et l'épouvante des crimes. Ce n'est point selon les intérêts politiques et les différences locales qu'on peut changer les principes d'une religion dont les dogmes sont les objets d'une foi surnaturelle et dont la morale est universelle. Les lois civiles peuvent concourir à la publicité de son enseignement, à la sûreté de son administration, à l'exercice de la juridiction de ses ministres : ses institutions, émanées de Jésus-Christ et des apôtres, ses divines institutions, qui sont les principes de la discipline générale de l'Église, ne peuvent pas former une législation purement civile.

« Nous voulons éviter le schisme ; nous voulons employer tous les moyens de la sagesse et de la charité pour prévenir les troubles dont une déplorable scission peut devenir l'ouvrage. Nous ne pouvons pas transporter le schisme dans nos principes, quand nous cherchons, dans notre conduite, tous les moyens d'en préserver la nation.

« Nous n'avons pas seulement exposé les principes; nous avons considéré leurs rapports avec les différentes mesures que peuvent occasionner les dispositions variées du zèle de la religion dans des circonstances difficiles; et nous pensons que notre premier devoir est d'attendre avec confiance la réponse du successeur de saint Pierre, qui, placé dans le centre de l'unité catholique et de la communion, doit être l'interprète et l'organe du vœu de l'Église universelle [1] ».

Il importait peu, malheureusement, que le Saint-Siège et l'épiscopat français fussent préoccupées de la sage pensée d'éviter le schisme, puisque l'Assemblée nationale s'entêtait à y descendre avec une obstination lamentable. Une fois promulguée, la Constitution civile n'avait pas tardé à soulever des conflits d'application. Le Comité ecclésiastique, s'emparant, selon l'exemple des autres comités, des attributions du pouvoir exécutif,

---

[1] *Archives parlementaires*, t. XX, p. 165.

s'attachait à vaincre la résistance passive du clergé de France, et encourageait à la violence le zèle, déjà enflammé, des autorités locales, notamment des municipalités urbaines.

Ce zèle s'exerça tout d'abord contre les chapitres des églises cathédrales qui, ne pouvant souscrire à leur abolition anticanonique, continuaient de s'assembler pour remplir leurs devoirs spéciaux de prière et de liturgie. La force armée fut requise contre les chanoines et les scellés apposés sur les grilles qui donnaient accès aux chœurs où étaient leurs stalles. Nombre de basiliques, ainsi placées en état de siège, devinrent inaccessibles aux prêtres et aux fidèles.

Mais le Comité fut encore plus irrité de l'attitude des évêques. Ceux-ci, en attendant les décisions du Saint-Siège, ne pouvaient tenir et ne tenaient aucun compte de la nouvelle répartition et circonscription des diocèses et ne procédaient point à la nouvelle organisation des paroisses.

La mort du vénérable évêque de Quimper, Mgr Conen de Saint-Luc, vint poser la question sur un terrain encore plus brûlant. Aux termes de la Constitution civile, les électeurs furent convoqués pour procéder au remplacement du prélat défunt. Il y eut peu d'empressement au scrutin. L'abbé Expilly, curé de Morlaix et membre de l'Assemblée nationale, fut élu le 31 octobre par 233 voix contre 125, données à Mgr de la Marche, évêque de Saint-Pol-de-Léon, dont l'évêché se trouvait supprimé dans l'organisation nouvelle. Expilly écrivit au Pape, selon la formule janséniste adoptée par l'Assemblée, pour *l'informer* de sa promotion à l'épiscopat, et M. de Montmorin, dans une dépêche en date du 23 novembre, exprima l'espoir que le Souverain Pontife trouverait « un moyen de valider l'élection sans déroger essentiellement aux lois canoniques ». Pie VI ne se prêta point à un tel accommodement. Le cardinal de Bernis qui, comme archevêque d'Albi, se trouvait sommé lui-même d'adhérer à la Constitution civile et se refusait à cette sommation, ne dissimulait pas à son gouvernement que, comme ambassadeur, on le chargeait d'une tâche impossible. Il rendait d'ailleurs hautement témoignage à la sagesse de Pie VI.

« Jamais pape, avait-il écrit le 17 novembre, n'a été plus porté à la conciliation que celui-ci, et son amour pour la tranquillité générale et le repos des consciences n'a d'autres bornes que celles du devoir prescrit par les canons de l'Église dont il est le chef. Si l'on se décidait à s'entendre avec lui et avec les évêques du royaume au lieu de jeter à bas toutes les formes de la catholicité, on parviendrait avec un peu de temps à tout concilier et arranger. »

Concilier, arranger, c'est justement à quoi l'Assemblée nationale ne songeait en aucune manière. Elle voulait vaincre, dominer, écraser toute résistance[1].

Dans le séance du 26 novembre au soir, au nom de quatre comités réunis, ceux dits des rapports, ecclésiastique, de l'aliénation des biens nationaux et des recherches, Voidel donna lecture d'un rapport « sur les protestations de divers évêques et chapitres du royaume contre ce qui s'est fait à leur égard sans le consentement de Rome ». Après un hommage ridiculement hypocrite à la « religion de ses pères » et la révérence obligée aux vertus des pasteurs des premiers âges, suivis d'une diatribe contre le clergé des siècles suivants, le rapporteur y énumérait les principaux cas de résistance à la Constitution civile dénoncés aux comités ou relevés par ceux-ci. Comme cette résistance était fondée sur l'incompétence de l'Assemblée et la nécessité de recourir au Saint-Siège en pareille matière, Voidel faisait semblant d'examiner cette objection capitale, à laquelle il ne

---

[1] Cf. Ludovic Sciout, *Histoire de la Constitution civile du clergé*, t. I, p. 295 et suiv. — Frédéric Masson, ouvrage cité, pp. 486-488.

répondait d'ailleurs que par des affirmations et des négations contraires à l'évidence même, et par l'annonce du prochain recours à la force contre les récalcitrants. « Ce que les conciles, les pontifes de Rome, le clergé, les rois n'avaient pu faire, vous l'avez fait, Messieurs; la nation s'est levée dans sa puissance; elle a dit : Je veux que cette réforme se fasse et elle s'est faite. Vous mépriserez d'odieuses clameurs et la loi punira ceux que la raison n'aura pu soumettre. » Le projet de décret qu'il présentait au nom des comités n'en était pas moins qualifié par lui de « mesure d'indulgence ». En prétendant astreindre à bref délai le clergé de France à une adhésion explicite, en forme de serment solehnel, à la Constitution civile, ce projet, en réalité, inaugurait l'ère du schisme et de la persécution religieuse.

La discussion eut lieu les 26 et 27 novembre. Mgr de Bonnal, évêque de Clermont, reproduisit avec une simplicité ferme l'inébranlable thèse, opposée par l'Église de France à l'usurpation de l'Assemblée, et les conditions nécessaires d'une transaction raisonnable.

« Dans cette constitution que vous appelez civile et qui, dès lors, ne devrait traiter que d'objets civils et politiques, nous n'avons pu méconnaître une législation sur des objets spirituels. Accorder la juridiction, l'ôter, l'étendre ou la restreindre, en régler l'exercice, en déterminer les fonctions, voilà ce qu'elle fait, mais voilà aussi ce que les livres saints et la tradition, aussi vénérable que constante, qui forme la chaîne dont le premier anneau tient à la pierre angulaire sur laquelle l'Église est bâtie, nous disent qu'elle ne peut pas faire ; voilà ce que nous ne pouvons jamais regarder comme compatible avec les principes de l'Église catholique...

« Qu'on daigne nous permettre de nous assembler en concile, et là, toujours unis au successeur de Pierre, nous chercherons dans toute la pureté des vues qui doivent nous animer, à concilier, autant qu'il sera en nous, les intérêts de la nation avec ceux de la religion sainte que nous devons tous regarder comme le bien national le plus précieux. Qu'on attende du moins, comme nous l'avons demandé plusieurs fois, que le Chef de l'Église, consulté par le Roi, se soit expliqué...

« Au surplus, Messieurs, nous le répétons et nous aimons à le répéter : dans tout ce qui est civil et politique, nulle soumission ne l'emportera sur la nôtre ; nous ne cesserons de montrer, par notre conduite, comme nous l'avons plusieurs fois ici solennellement exprimé, notre fidélité à la loi, à la nation et au Roi; notre ministère sera toujours consacré, comme il doit l'être, à procurer et à affermir la paix, l'ordre, l'obéissance à l'autorité légitime, dont la religion catholique est le plus ferme appui, et nos cœurs seront toujours occupés à former des vœux pour le bonheur public. »

Mirabeau avait jugé utile à ses intérêts d'intervenir dans ce débat et il s'y préparait depuis quelque temps. Matérialiste et athée, ou peu s'en faut, la question religieuse ne se présentait à son esprit que comme une dépendance inévitable de la question politique. Sa conception du clergé de France, dans l'organisation nouvelle du royaume était celle d'un corps de fonctionnaires chargés des pratiques matérielles du culte et de l'enseignement de la morale, choses qu'il estimait nécessaires au peuple, quoique inutiles à lui-même. En d'autres termes, il souhaitait en France un établissement analogue à celui de Henri VIII et d'Élisabeth en Angleterre, c'est-à-dire placé non seulement dans la dépendance étroite, mais sous la direction du pouvoir politique. La Constitution civile répondait donc bien à ses vues, sauf qu'il aurait voulu la voir compléter par l'abrogation du célibat ecclésiastique. Il n'avait même pas craint de recommander cette mesure, que la gauche de l'Assemblée songea en effet à mettre sur le tapis, dans une de ses notes à la cour[1].

Le sens dans lequel il était résolu à porter le poids de sa parole, à la fin du mois de novembre 1790, ne paraît donc au fond pas douteux[2]. Il fit préparer son discours par un ecclésiastique, nommé Lamourette, ancien Lazariste devenu grand-vicaire du diocèse d'Arras, dont la foi chrétienne était mêlée dans une large proportion de préoccupations jansénistes et d'illusions de philosophie révolutionnaire. Mirabeau en avait fait son principal conseiller et collaborateur en matière de théologie : seulement, il lui arrivait, ce semble, de ne pas toujours le bien comprendre, ce qui exposait son inexpérience à de véritables énormités. D'autre part, comme il n'ignorait pas les sentiments profondément orthodoxes de Louis XVI et sa piété pratiquante, c'est sans que le Roi s'en rendît compte qu'il voulait essayer (nous le croyons du moins) de

[1] Cf. *Correspondance Mirabeau-La Marck*, t. II, p. 154.
[2] Il ne faut pas oublier qu'à ce moment Mirabeau n'avait pas encore lié partie avec M. de Montmorin, ni, à plus forte raison, rédigé pour la cour le grand plan dont l'un des articles capitaux devait être la déconsidération systématique de l'Assemblée.

le pousser peu à peu dans le rôle d'un Henri VIII.

En attendant, pour le ménager, lui et la Reine, et aussi l'archevêque de Toulouse qui, de concert avec M. de la Marck, servait d'intermédiaire à ses fructueuses relations avec la cour, Mirabeau tâcha de leur persuader d'avance que son discours aurait en grande partie le caractère d'une feinte destinée à tromper l'Assemblée et à lui faire voter, en place du projet de Voidel, un autre projet conçu par lui, Mirabeau, et qu'il prétendait remarquablement dilatoire et conciliatoire [1].

Si l'on s'en tient à l'impression que l'on en reçoit et qu'il a dû faire sur ses auditeurs, le discours prononcé par Mirabeau le 26 novembre ne diffère pas très sensiblement, au fond, du rapport de Voidel. C'est la même faiblesse dialectique, mieux dissimulée par une rhétorique supérieure. C'est le même appel à la passion contre la raison et à la force contre la conscience [2]. Il n'y manque même

---

[1] Cf. *Correspondance Mirabeau-La Marck*, t. II, p. 355 et suiv. — Alfred Stern, *Das Leben Mirabeaus*, t. II, pp. 218-221. — Lomenie, *Les Mirabeau*, t. V, p. 249 et suiv.

[2] Comme il n'y a rien de simple avec Mirabeau et qu'il excelle à mêler le pour et le contre dans ses tissus oratoires, on pourrait noter çà et là dans son discours du 26 novembre quelques insinuations indi-

pas l'hypocrisie honteuse et burlesque de l'exorde : « Messieurs, tandis que de toutes parts les ennemis de la liberté publique vous accusent d'avoir juré la perte de la religion, je me lève en ce moment pour vous conjurer, au nom de la patrie, de soutenir, de toute la force dont la nation vous a revêtus, cette religion menacée par ses propres ministres et qui ne chancela jamais que sous les coups dont l'orgueil et le fanatisme des prêtres l'ont trop souvent outragée... »

Le projet de décret auquel cette harangue venait aboutir avait sur celui de Voidel, au point de vue conservateur, un seul avantage : il ne marquait point de date fixe à la contrainte qu'il proposait de faire subir au clergé de France, mais le caractère des mesures imaginées par Mirabeau était plus dangereux, plus perfide encore que celui du décret des comités. La rupture avec le Saint-Siège y était énoncée en termes explicites, puisque tout recours au Souverain Pontife pour en obtenir une institution ou une régularisation canonique, devait entraîner *ipso facto* la déchéance de l'évêque qui aurait fait cette démarche.

catives d'une politique plus saine, mais ces indications, trop peu apparentes, sont démenties par la tendance générale et les conclusions mêmes de ce discours.

De plus, par une usurpation plus audacieuse que toutes celles que l'Assemblée s'était permises, nul ecclésiastique ne pourrait dorénavant exercer le ministère de la confession s'il n'avait prêté publiquement le serment civique. Enfin, les ordinations sacerdotales était suspendues jusqu'à ce qu'il plût à l'Assemblée d'en ordonner autrement. Le discours de Mirabeau fut très applaudi, mais son projet n'eut qu'un succès de péroraison, non de vote.

Dans la séance du 27 novembre, ce fut la réponse de l'abbé Maury à Mirabeau qui fut le principal événement du débat. Souvent interrompu, comme d'ordinaire, par les murmures de la majorité de gauche, l'orateur de la droite n'en obtint pas moins un succès manifeste en réduisant au silence, dans un colloque animé, son redoutable adversaire, qu'il prit en flagrant délit d'ignorance historique et d'erreur matérielle à propos de la fameuse déclaration de 1682[1]. Sur le fond de la question, son argumentation détaillée

---

[1] Mirabeau avait affirmé que « le premier des quatre articles qui servent de base aux libertés de l'Eglise gallicane énonce que les évêques tiennent immédiatement de Dieu la juridiction spirituelle qu'ils exercent dans l'Eglise ». Or cette énonciation ne figure ni dans le premier article de la déclaration de 1682 ni d'ailleurs dans les trois autres.

et polémique paraît aujourd'hui inférieure à la forte simplicité de l'évêque de Clermont. Il eut toutefois une belle inspiration quand il s'écria : « Prenez-y garde, Messieurs, il n'est pas bon de faire des martyrs. » Il conclut à l'ajournement de la discussion jusqu'à ce que le Roi eût reçu et transmis à l'Assemblée la réponse demandée au Souverain Pontife.

La perspective d'une intervention du Souverain Pontife, voilà précisément ce qui excitait au plus haut point la bile du groupe de doctrinaires, de sectaires jansénistes dont Camus était le chef[1]. Celui-ci parut donc à la tribune pour s'opposer à tout ajournement et lancer contre la Papauté une diatribe de plus. « Qu'a-t-on dit, conclut-il, dans toute cette discussion? On s'est perdu dans des divagations étrangères, dans des raisonnements inutiles, auxquels il eût suffi de répondre un seul mot : ou détruisez les libertés de l'Église gallicane, ou reconnaissez que le Pape ne peut avoir aucun pouvoir direct en France. Je demande qu'on aille aux voix sur-le-champ,

---

[1] Il semble au contraire que l'abbé Grégoire, si imbu qu'il fût des préjugés de la secte, mais par un sentiment de foi catholique et sacerdotale dont il était encore profondément pénétré et qui même, malgré son obstination schismatique, ne l'abandonna jamais complètement, aurait désiré alors le succès des négociations avec le Saint-Siège. Cf. Albert Sorel, ouvrage cité, pp. 125-126.

que la priorité soit accordée au projet de décret du Comité ecclésiastique et refusée à celui de M. Mirabeau ». Il en fut fait selon le désir de Camus. Le projet présenté par Voidel fut adopté.

Selon le texte définitif de ce déplorable décret, les évêques, curés et tous autres ecclésiastiques pourvus de fonctions reconnues et salariées par l'État, étaient astreints à prêter solennellement, dans la huitaine de la promulgation du décret, un serment qui impliquait une adhésion formelle à la Constitution civile. Pour les ecclésiastiques membres de l'Assemblée, ce serment devait être prêté à l'Assemblée même, dans le même délai, courant ici du jour où la sanction royale aurait été officiellement annoncée. Le refus de ce serment entraînait la déchéance des fonctions ecclésiastiques publiques. Le fait de continuer à les remplir en contravention à la Constitution civile et au décret sur le serment, plaçait les contrevenants sous la qualification de « perturbateurs de l'ordre public ». Comme tels, ils devaient être poursuivis devant les tribunaux et punis de la privation des droits civiques, « sauf plus grandes peines, s'il y échet, suivant l'exigence de la gravité des cas [1] ».

[1] Cf. *Archives parlementaires*, t. XXI, pp. 3 et suiv., 74 et suiv., 80-81. — Les détails donnés sur

Ce décret plaça le malheureux Louis XVI dans une terrible angoisse. Il recourut aux conseils de Mgr de Boisgelin, le rédacteur de l'*Exposition des principes*. Chose remarquable et qui montre bien que l'épiscopat français, la foi et l'honneur saufs, n'était en aucune manière opposé de parti pris à une transaction, le mémoire de l'archevêque d'Aix, remis au Roi le 1er décembre, inclinait plus qu'il n'était raisonnable vers une capitulation devant l'Assemblée, pourvu que les principes fussent en apparence conservés au moyen de concessions pontificales. Ce mémoire fut envoyé à Rome avec une lettre du Roi au Pape en date du 3 décembre.

Louis XVI ne cachait pas au Souverain Pontife qu'il ne pourrait suspendre sa sanction du décret sur le serment « au delà du temps rigoureusement nécessaire. Protecteur, continuait-il, de la religion dans mes États, j'ai fait à ce titre tout ce qui pouvait dépendre de moi : c'est à Votre Sainteté qu'il appartient à présent de la préserver du danger dont elle pourrait être menacée. C'est son autorité,

ce débat par le marquis de Ferrières dans ses *Mémoires* (édition 1822, t. I, p. 183 et suiv.) sont fort sujets à caution. Son exposé présente des lacunes et des assertions étranges, et l'impartialité que volontiers on lui attribue laisse ici et ailleurs singulièrement à désirer.

consultée par ma voix et sollicitée par le vœu général de tous les évêques de mon royaume, qui peut donner une forme canonique à des changements auxquels les circonstances ne permettent plus de se refuser. Le silence ou le refus de Votre Sainteté déterminerait infailliblement le schisme. C'est donc pour le plus pressant intérêt de la religion catholique, pour celui du clergé de tout mon royaume et pour le maintien de la tranquillité, auquel j'ai déjà fait tant de sacrifices, que je conjure Votre Sainteté de me donner la réponse la plus prompte et la plus satisfaisante. »

Cette lettre et le mémoire de Mgr de Boisgelin furent remis au Pape le 15 décembre. Dès le lendemain 16, Pie VI informa par un billet le cardinal de Bernis qu'il avait consulté les cardinaux et que pas un n'était d'avis d'accorder les demandes du Roi. Toutefois, il ne se prononça pas encore lui-même d'une façon absolue et dans une dépêche en date du 23, Bernis crut pouvoir annoncer seulement à M. de Montmorin que la réponse du Pape ne tarderait pas[1].

Le jour même où cette dépêche partait de Rome, Camus soulevait à l'Assemblée la question de la sanction royale non encore donnée

---

[1] Cf. Frédéric Masson, ouvrage cité, pp. 489-490. — Ludovic Sciout, ouvrage cité, t. I, pp. 336-337.

au décret du 27 novembre. N'ignorant pas sans doute, soupçonnant tout au moins la démarche du Roi auprès du Souverain Pontife, il voulait, janséniste enragé, barrer le passage à tout accord avec Rome. C'était à la séance du matin. Il fit décider par l'Assemblée que son président (M. d'André) irait, cette matinée même, « prier Sa Majesté de dire si elle a accepté et sanctionné le décret dont il s'agit ». A la séance du soir M. d'André rapporta la réponse du Roi, qui, pour plus de précision, la lui avait remise en un texte écrit. Elle était ainsi conçue :

« En acceptant le décret sur la Constitution civile du clergé, j'ai fait annoncer à l'Assemblée nationale que je prendrais les mesures convenables pour en assurer la pleine et entière exécution; depuis cet instant, je n'ai cessé de m'en occuper. Le décret du 27 novembre n'étant qu'une suite de celui du mois de juillet, il ne peut rester aucun doute sur mes dispositions; mais il m'a paru mériter la plus grande attention dans son exécution; mon respect pour la religion et mon désir de voir établir la Constitution sans agitation et sans troubles, m'ont fait redoubler d'activité dans les mesures que je prenais : j'en attends l'effet d'un moment à l'autre, et j'espère que l'Assemblée nationale s'en rapportera à moi avec d'autant plus de confiance que, par ses décrets, je suis chargé de l'exécution des lois, et qu'en prenant les moyens les plus doux et les plus sûrs pour éviter tout ce qui pourrait altérer la tranquillité publique, je pense contribuer par là à consolider les bases de la Constitution du royaume ; je le répète encore à l'Assemblée, qu'elle prenne en moi toute la confiance que je mérite. »

Si piteuse qu'elle fût, cette réponse ne satisfit aucunement Camus. Quoique en termes très enveloppés, il y était fait allusion à la réponse attendue de Rome. Aussitôt le haineux disciple de Saint-Cyran et de Quesnel épancha furieusement sa bile. Il s'éleva non seulement contre tout délai de la sanction, mais contre tout ajournement du débat sur la réponse royale. Il fit une nouvelle et violente sortie contre l'épiscopat et tint au sujet du Pape un langage, non plus même de janséniste, mais de protestant, déniant en termes catégoriques au successeur de saint Pierre la qualité de souverain pontife[1]. Il traita d'illégale la communication de Louis XVI, parce qu'elle

---

[1] « Les évêques, dit-il, déclarent qu'ils attendent la sanction de celui qu'ils appellent souverain pontife de l'Eglise, comme s'il y en avait un autre que Jésus-Christ, son fondateur. » Sur quoi, un membre du côté droit l'interrompit en ces termes : « Nous demandons de quelle religion est M. Camus. »

ne portait pas la signature royale ni le contreseing d'un ministre. Il exigea du Roi une nouvelle réponse, immédiate et dans les formes. Son obstination sectaire correspondait aux passions de l'Assemblée[1]. En dépit de la droite et de quelques timides efforts de la gauche modérée, il en obtint gain de cause. Il fut décrété « que M. le président se retirera demain devers le Roi, pour le prier de donner une réponse signée de lui et contre-signée d'un ministre, sur le décret du 27 novembre dernier ».

Cette sommation mettait l'infortuné monarque tout à fait au pied du mur. Il ne trouva pas, dans les conseils qu'il prit, d'encouragement à la résistance. Mgr de Boisgelin lui-même était de plus en plus terrifié. On représenta au Roi que Paris commençait à s'agiter et qu'un soulèvement était à craindre. Le danger pour lui-même ne l'inquiétait pas, mais on lui fit valoir celui que courrait sa famille et surtout les violences à redouter

---

[1] Il faut remarquer toutefois que, parmi les adeptes des innovations révolutionnaires, la Constitution civile ne rencontra pas que des approbateurs. Ainsi nos *deux amis de la liberté*, tout en la prétendant parfaitement orthodoxe, la considèrent comme « une grande faute » de l'Assemblée, et s'expriment notamment en termes fort durs sur le « parti janséniste » qui y entraîna celle-ci. Ouvrage cité, t. VI, p. 269 et suiv.

contre le clergé fidèle. Ce dernier argument fut sur lui décisif. L'Assemblée, dans sa séance du dimanche 26 décembre, reçut communication de la lettre suivante, dûment signée et contresignée :

« Messieurs, je viens d'accepter le décret du 27 novembre dernier. En déférant au vœu de l'Assemblée nationale, je suis bien aise de m'expliquer sur les motifs qui m'avaient déterminé à retarder cette acceptation; sur ceux qui me déterminent à la donner en ce moment : je vais le faire ouvertement, franchement, comme il convient à mon caractère. Ce genre de communication entre l'Assemblée nationale et moi doit resserrer les liens de cette confiance mutuelle, si nécessaire au bonheur de la France.

« J'ai fait plusieurs fois connaître à l'Assemblée nationale la disposition invariable où je suis d'appuyer, par tous les moyens qui sont en moi, la Constitution que j'ai acceptée et juré de maintenir.

« Si j'ai tardé à prononcer l'acceptation sur ce décret, c'est qu'il était dans mon cœur de désirer que les moyens de sévérité pussent être prévenus par ceux de la douceur; c'est qu'en donnant aux esprits le temps de se calmer, j'ai dû croire que l'exécution de ce décret s'effectuerait avec un accord qui ne serait pas moins agréable à l'Assemblée nationale qu'à moi ; j'espérais que ces motifs de prudence seraient généralement sentis ; mais, puisqu'il s'est élevé sur mes intentions des doutes que la droiture connue de mon caractère devait éloigner, ma confiance en l'Assemblée nationale m'engage à accepter.

« Je le répète encore, il n'est pas de moyens plus sûrs, plus propres à calmer les agitations, à vaincre toutes les résistances, que la réciprocité de ce sentiment entre l'Assemblée nationale et moi ; elle est nécessaire, je la mérite, j'y compte. »

Puisque Louis XVI se soumettait, une petite et vaine récompense lui était bien due. « La lecture de la lettre du Roi est suivie d'applaudissements réitérés et des témoignages les plus vifs de satisfaction, de reconnaissance et de respect [1]. »

On comprend assez l'effet que dut produire à Rome cette capitulation dont M. de Montmorin transmit la nouvelle sans un mot d'excuse. « C'est pour la seconde fois, écrivit au ministre le cardinal de Bernis, que le Pape, sollicité par le Roi d'indiquer les moyens de concilier les décrets de l'Assemblée nationale

---

[1] *Archives parlementaires*, t. XXI, pp. 630, 638 et suiv., 674. — Cf. Ludovic Sciout, ouvrage cité, p. 338 et suiv.

avec les règles canoniques, n'a pas le temps matériel d'examiner des propositions si importantes, et qu'il apprend que ces mêmes décrets ont été sanctionnés et publiés sans attendre sa réponse d'où dépendait en France le sort de l'Église catholique [1]. »

L'exécution du décret sanctionné par le Roi commença dès le lendemain 27 décembre. L'abbé Grégoire se chargea de donner l'exemple au clergé français. Il parut à la tribune et après un petit discours dans lequel, contre toute évidence, il soutint que « ce serait injurier, calomnier l'Assemblée nationale, que de lui supposer le projet de mettre la main à l'encensoir », et que jamais elle n'avait voulu « porter la moindre atteinte à l'autorité spirituelle du Chef de l'Église », il prêta le serment « de maintenir de tout son pouvoir la Constitution française et notamment les décrets relatifs à la Constitution civile du clergé [2] ».

Une soixantaine de curés l'imitèrent dans la même séance. Quoique l'Assemblée eût

[1] Frédéric Masson, ouvrage cité, p. 490.
[2] Cette dernière énonciation : « et notamment etc. » dépassait la formule officielle des exigences de l'Assemblée. Cf. l'article I du décret du 27 novembre. Il resterait à vérifier si le texte du serment de Grégoire, tel que le donne le compte rendu inséré dans les *Archives parlementaires*, est d'une parfaite exactitude.

ordonné l'insertion du discours de Grégoire dans son procès-verbal, elle fit un fort mauvais accueil à l'abbé Tridon, qui essaya d'introduire dans la formule même de son serment la thèse soutenue par le curé d'Embermesnil. « Comme citoyen, dit-il, je jure d'être fidèle à la Constitution décrétée par l'Assemblée nationale et acceptée par le Roi; comme pasteur, je jure de veiller avec soin sur les fidèles qui me seront confiés; comme chrétien, je jure de ne reconnaître, comme vous, d'autre autorité spirituelle que celle du Saint-Siège et des évêques. » — Son serment fut refusé.

Un petit nombre de serments, parmi lesquels celui de Talleyrand, comme évêque d'Autun, furent encore prononcés dans les séances qui suivirent, jusques et y compris celle du 31 décembre 1790. L'année, en expirant, léguait à celle qui allait naître cette question terrible et les sombres perspectives qui s'y rattachaient.

« J'aimerais mieux être roi de Metz que de demeurer roi de France dans une position pareille, avait dit Louis XVI, mais cela finira bientôt. » — Hélas! non, cela ne devait pas sitôt finir [1].

---

[1] *Archives parlementaires*, t. XXI, pp. 677 et suiv., 687, 695, 703, 710, 734. — Cf. Albert Sorel, ouvrage cité, p. 129.

Un événement d'ordre privé, mais qui, en égard aux circonstances, ne fut pas sans lien avec la question religieuse, occupa quelque peu l'attention parisienne dans les derniers jours de l'année 1790. Camille Desmoulins, quand il faisait son droit, sous l'ancien régime, avait, durant ses promenades d'étudiant au jardin du Luxembourg, lié connaissance avec une aimable enfant, qui s'y promenait aussi sous la garde de sa mère. L'enfant était devenue jeune fille et l'affection fraternelle de Camille s'était transformée en une inclination plus vive, que ne lui firent oublier ni sa carrière tempêtueuse de journaliste révolutionnaire, ni les voluptés faciles dont il ne se faisait pas faute pour en charmer les orages. Sous les passions mauvaises et sous la cruelle étourderie du « procureur général de la lanterne » il était resté quelque chose des sentiments et des qualités traditionnelles de la bourgeoisie du vieux pays de France.

Son inclination honnête était partagée. Toutefois, elle fut longtemps tenue en échec par le père de Lucile, M. Duplessis, fils d'un maréchal-ferrant de village, mais parvenu au poste de premier commis au Contrôle général des finances et jouissant d'une pension royale et d'une belle aisance. Ni la situation de fortune, ni la profession, ni les opinions de

Camille ne lui agréaient. Il finit pourtant par céder, entraîné peut-être, outre les instances de sa fille et de sa femme, par le sentiment bourgeois de l'importance croissante de Camille dans le progrès de ce même mouvement révolutionnaire dont lui-même s'effrayait, et, par suite, en vue des hautes perspectives qui pourraient s'ouvrir un jour devant son futur gendre.

Quoi qu'il en soit, le mariage fut décidé. A cette date encore, cet acte avait, même au point de vue légal, un caractère essentiellement religieux. Les manifestations précédentes du jeune pamphlétaire ne laissèrent pas de lui créer à cet égard quelques difficultés. Il eut des regrets à exprimer et des engagements à prendre. L'appui de l'abbé Bérardier, membre suppléant de l'Assemblée nationale, ancien principal du collège Louis-le-Grand, prêtre très orthodoxe, mais très indulgent, et qui avait conservé pour Camille une affection d'ancien maître, lui fut fort utile en cette circonstance. Enfin le mariage fut célébré, le 29 décembre, à Saint-Sulpice, par ce bon abbé, en présence du curé, M. de Pancemont. Les témoins des deux époux étaient des notabilités révolutionnaires : Pétion, Robespierre, Brissot, Mercier, et avec eux une notabilité *orléaniste* : Charles-Alexis

Brulard, marquis de Sillery. L'abbé Bérardier prononça une allocution où il ne négligea pas d'adjurer affectueusement, mais fortement Camille, de s'abstenir désormais de toute attaque contre la religion qui allait sceller son union avec Lucile. Ses paroles, sorties du cœur, furent si touchantes que les fiancés se mirent à pleurer et que les larmes vinrent aux yeux des témoins et de toute l'assistance. On rapporte même que comme Camille, un peu honteux, essayait de se retenir : « Pleure donc, si tu en as envie ! » lui aurait dit Robespierre [1].

L'attitude catholique de Camille en cette occasion et son émotion attendrie lui valurent les railleries méchantes de ses confrères de la presse révolutionnaire [2]. Il leur répondit

[1] Robespierre aurait dit, selon une autre version : « Ne pleure donc pas, hypocrite ! » Mais cela paraît moins vraisemblable. Il semble bien en effet que Robespierre, ancien élève aussi de l'abbé Bérardier, a partagé, ce jour-là, l'émotion de Camille. « Nous n'étions pas seuls attendris, écrivait celui-ci à son père le 3 janvier suivant, tout le monde avait les larmes aux yeux autour de nous. » L'abbé Bérardier, quoique résolument réfractaire à la Constitution civile, dut à la reconnaissance persistante de Camille d'échapper aux massacres de septembre, et à celle de Robespierre de pouvoir mourir en paix en 1794.

[2] Certains organes de la presse de droite se montrèrent aussi fort odieux en cette circonstance. Le *Journal de la cour et de la ville* alla jusqu'à mettre en cause la légitimité de la naissance de Lucile et

dans son pamphlet périodique sous la forme d'une lettre adressée à l'abbé Rive d'Aix, cet énergumène dont nous avons ci-dessus fait connaître l'esprit et le caractère. Camille y avouait ses engagements récents et s'en dégageait d'un esprit et d'un cœur légers.

« L'aristocratie à part, écrivait-il, je ne connais aucun ministre des autels plus respectable que M. Bérardier, député à l'Assemblée nationale, sous les yeux ou plutôt dans le sein de qui j'ai été élevé. Je lui devais, dans les jours de la prospérité, cette marque de mon souvenir des jours de l'affliction. Mais j'ai pris de fortes précautions contre les pièges de l'aristocratie, et je ne suis pas allé à l'autel sans m'être muni d'un contre-poison. Pétion, Robespierre, Sillery, Mercier, Brissot, c'est tout dire, m'honoraient de leur présence et avaient bien voulu me servir de témoins. Ils vous attesteront eux-mêmes que l'Église ne pouvait mieux prendre son temps pour m'envelopper dans les filets de saint Pierre. Le bon Bérardier, avant de prononcer les trois mots latins, les seuls que je lui demandais, fit un discours des plus

---

la vertu de sa mère. Les deux familles méprisèrent à bon droit cette calomnie. Les haines politiques sont sans pudeur, mais Camille en avait donné tristement l'exemple.

touchants. C'était me faire trop d'honneur que d'employer l'obsécration pour que j'écarte de mon journal tout ce qui ne tenait point au civil et était étranger au patriotisme ; il me demanda en grâce la même déclaration que vient de faire l'Assemblée nationale, *que je ne toucherais point au spirituel* ; c'était gêner un peu la liberté des opinions religieuses et porter atteinte à la Déclaration des droits, mais que faire? Je n'étais point venu là pour dire *non*. C'est ainsi, mon cher abbé Rive, que je me trouvai pris et engagé par serment à ne me mêler dans mes numéros que de la partie politique et démocratique, et à retrancher l'article *théologie*. Sans avoir approfondi la question, je me doute bien que ce serment accessoire au principal n'est pas d'obligation étroite comme l'autre; dans peu je pourrai mettre cette question à l'ordre du jour dans mon conseil de conscience. »

Le même numéro 59 des *Révolutions de France et de Brabant*, qui contenait les lignes précitées, mettait aussi aux mains des souscripteurs ou acheteurs de cette feuille une gravure ainsi conçue : « C'était un conseil d'ecclésiastiques présidés par Satan au milieu d'une colonnade illuminée par la foudre, qui serpentait en longs jets apportant des torches de discorde, des poignards, des serpents; l'ange maudit brandissait un stylet d'une main et de l'autre un flambeau. Coiffé de vipères comme une Furie de la fable, le diable haranguait des évêques mitrés, des prêtres, des moines, sans nul doute ceux des ecclésiastiques de l'Assemblée nationale qui répugnaient à la Constitution civile du clergé. L'un d'eux, assis au premier plan, tenait un papier où se lisaient ces mots : « Faisons serment d'être mauvais sujets! » et tous, dans un transport d'enthousiasme, causé par les paroles de Satan, répétaient cette phrase, la main étendue comme pour un serment[1]. »

Les larmes de Camille Desmoulins s'étaient vite séchées. La persécution religieuse, désormais à l'ordre du jour, devait en faire verser de moins éphémères et de moins douces.

[1] Cf. *Études révolutionnaires. Camille Desmoulins et Roch Marcandier. La Presse révolutionnaire*, par Ed. Fleury, 2ᵉ édition, t. I, pp. 148 et suiv., 177 et suiv., 189-190. — Jules Claretie, *Camille Desmoulins, Lucile Desmoulins. Etude sur les Dantonistes*, p. 129 et suiv.

CHAPITRE X

LA SÉANCE DU 4 JANVIER 1791. — LA FIN DE L'ANCIENNE ÉGLISE DE FRANCE.

Le sentiment dont étaient animés à l'égard l'un de l'autre Louis XVI et l'Assemblée, telle que la marche de la Révolution l'avait faite, était une profonde méfiance réciproque, dont la divergence de leurs vues en matière religieuse était la cause la plus invincible. Les compliments échangés entre eux à l'occasion de la nouvelle année ne furent donc qu'une manifestation illusoire.

Dans sa séance du vendredi 31 décembre l'Assemblée avait décidé qu'une députation, conduite par son président, se rendrait le soir aux Tuileries. Mais, dans son zèle exubérant pour l'exercice de son pouvoir constituant et législatif, elle avait résolu aussi de tenir néanmoins, ce soir-là même, une seconde séance, et de se réunir, comme à l'ordinaire, le lendemain 1ᵉʳ janvier 1791. La proposition en avait été appuyée en ces termes par l'ex-vicomte de Noailles : « L'Assemblée nationale a manifesté son profond respect pour la religion en suspendant ses séances les jours des fêtes solennelles ; mais elle ne les suspendra point pour vaquer à des cérémonies d'usage [1]. »

Au début de la séance du 1ᵉʳ janvier, le président, M. d'André, rendit compte de sa mission. Il donna lecture des discours adressés par lui au Roi et à la Reine et des réponses qu'il en avait reçues.

« Sire, avait-il dit au Roi, nous voyons s'approcher enfin le moment désiré qui, en terminant nos travaux, affermira invariablement la félicité publique. Rendre les Français heureux, Sire, c'est vous rendre heureux vous-même, vous dont l'âme franche et pure ne connaît de bonheur que le bonheur général ; vous qui vous êtes déclaré le chef de notre Révolution ; vous dont l'exemple éternellement mémorable doit servir de leçon à tous les bons rois.

« Que l'accord qui règne entre Votre Ma-

---

[1] *Archives parlementaires*, t. XXI, p. 734.

jesté et l'Assemblée nationale est consolant pour les vrais citoyens ! Puisse cette confiance mutuelle détruire le frivole espoir de nos ennemis, qui sont aussi les vôtres ! Puisse-t-elle assurer à jamais la paix que vous méritez si bien, et dont tous les bons Français veulent vous voir jouir ! »

Louis XVI lui avait répondu :

« Je recevrai toujours avec sensibilité l'assurance des sentiments de l'Assemblée nationale pour moi. Ceux que vous venez de m'exprimer en son nom sont parfaitement conformes à mes vœux les plus chers : c'est par la confiance et le concert qui doivent régner entre elle et moi, que nous parviendrons à achever et à consolider le grand ouvrage de la Constitution du royaume.

« Agissons donc dans un même esprit, avec une seule âme, et réunissons tous nos efforts pour ramener la paix et l'ordre, dont nous avons tant besoin, et pour prévenir les malheurs qui viennent d'affliger plusieurs parties du royaume, et dont mon cœur est encore déchiré.

« Tous mes vœux tendent à assurer le bonheur du peuple et la prospérité de l'État, sans lesquels, comme vous avez bien raison de le dire, je ne saurais être heureux. »

M. d'André s'était adressé en ces termes à la Reine et au jeune dauphin :

« Madame, l'Assemblée nationale vient vous offrir les vœux qu'elle fait pour votre bonheur; elle se rappelle avec un vif intérêt que vous avez promis d'apprendre à l'héritier du trône à respecter la liberté publique et à maintenir les lois : cet engagement nous assure que cet enfant précieux, destiné à gouverner une nation libre, sera l'inébranlable appui de notre constitution.

« Et vous, que la Providence et nos lois appellent à porter une couronne embellie par la liberté, imitez les vertus des auteurs de vos jours; apprenez d'eux que les rois sont établis pour rendre le peuple heureux, et que leur véritable puissance consiste dans l'obéissance aux lois. »

La Reine avait répondu en son nom et au nom de son fils :

« Je suis très touchée, Messieurs, des sentiments de l'Assemblée nationale : quand mon fils sera en âge de répondre, il exprimera lui-même ce que je ne cesse de lui inspirer, le respect pour les lois et le désir de contribuer au bonheur des peuples [1]. »

[1] *Archives parlementaires*, t. XXI, pp. 745-746. C'est le même caractère sentimental et illusoire qui se manifeste dans l'audience royale donnée au

Dans cette même séance l'abbé Le Brun, curé de Lions-la-Forêt (Eure), prêta le serment exigé par le décret du 27 novembre. Ce fut, ce jour-là, le seul ecclésiastique membre de l'Assemblée qui se soumit à cette exigence.

Le décret sur le serment ecclésiastique,

maire de Paris et à la députation du corps municipal. Toutefois, la naïveté pompeuse de Bailly ne laisse pas d'y joindre une note d'éloquence plus sentie, mais légèrement ridicule :

« Sire, nous offrons à Votre Majesté les respects et les hommages de la ville de Paris. Les années se renouvelleront, et vous recevrez les mêmes tributs d'amour; la France et la capitale seront toujours fidèles et sensibles pour le meilleur des rois ; elles n'oublieront point ce qu'elles doivent à Votre Majesté tant que la liberté et la vertu leur seront chères. Que la paix et la loi règnent dans cet empire; c'est ce que nous souhaitons à votre cœur paternel. Le seul vœu digne de Louis XVI est qu'il voie son peuple heureux...

« Madame, la ville de Paris vient offrir ses hommages à Votre Majesté ; elle vous apporte ses vœux dans ce renouvellement d'année. Elle a souhaité au Roi le bonheur du peuple; elle souhaite à Votre Majesté le bonheur du Roi.

« Et vous, illustre enfant qui vous formez sur un si digne modèle, en aimant vos augustes parents, exercez-vous à la félicité d'une grande nation. »

Vu l'état de la capitale, la réponse de Louis XVI pourrait passer pour quelque peu épigrammatique :

« Je reçois avec plaisir les vœux et les hommages du corps municipal ; je compte sur les soins et le courage de la municipalité pour y maintenir l'ordre et la tranquillité. C'est la preuve de son attachement qui me sera la plus agréable parce que c'est la plus utile au bonheur du peuple et la plus nécessaire à la prospérité de Paris. »

(Buchez et Roux, t. VIII, pp. 392-393.)

revêtu de la sanction royale, était devenu loi de l'État. Dans la matinée du dimanche 2 janvier, avant le jour, une affiche qui en contenait le texte fut placardée sur les murs de la capitale. Elle avait été rédigée dans les bureaux du ministère de la justice, où l'on s'était permis d'y joindre, au-dessous du titre, une sorte de sommaire ou de préambule, dans lequel les ecclésiastiques qui refuseraient le serment était, pour ce fait seul, qualifiés de « perturbateurs du repos public ». D'après les explications fournies ultérieurement à l'Assemblée par Bailly et par le ministre Duport-Dutertre, cette addition aurait été le résultat d'une simple erreur, qui ne put d'ailleurs être rectifiée par l'apposition de nouvelles affiches que dans la journée du lundi 3. Nombre de personnes, même peu favorables au clergé, comme le marquis de Ferrières, n'en jugèrent pas de la sorte. « Cette affiche, prodiguée dans tous les quartiers de Paris, dit ce gentilhomme anticlérical, était une manœuvre des révolutionnaires pour exciter le peuple contre les prêtres qui refuseraient de prêter le serment, et pour les intimider par la crainte des événements qu'entraînerait un refus[1]. »

[1] *Archives parlementaires*, t. XXII, pp. 14, 15, 21. — *Mémoires du marquis de Ferrières*, t. II pp. 202-203.

La redoutable affaire qui occupait alors tous les esprits tint une place importante dans la séance du 2 janvier. Gobel, évêque de Lydda, parut à la tribune et s'exprima en ces termes :

« Une altération de santé, qui m'a retenu dans ma chambre, m'a empêché de venir plus tôt m'acquitter d'un devoir que je m'empresse de remplir. Persuadé que l'Assemblée nationale ne veut pas nous obliger par ses décrets à faire quelque chose de contraire à la juridiction spirituelle, en ce qui concerne le salut des fidèles, je demande à prêter le serment que l'Assemblée a ordonné par son décret du 27 novembre. »

Le prélat prononça ensuite la formule du serment. Ravie de cette soumission épiscopale, l'Assemblée, négligeant la légère réserve contenue dans les paroles de l'évêque de Lydda, le couvrit d'applaudissements.

L'évêque de Clermont reçut un tout autre accueil. Mgr de Bonnal avait résolu de tenter un suprême effort. D'accord avec ses collègues, il se proposait de mettre l'Assemblée en demeure d'enlever au serment prescrit son caractère illicite, en laissant introduire dans sa formule même la restriction relative aux droits de l'autorité spirituelle. Il avait composé et il commença de prononcer un discours destiné à justifier cette restriction et à maintenir catégoriquement ces droits. Mais il ne tarda pas à être interrompu par les murmures de la gauche. Treilhard se fit l'interprète de la majorité intransigeante.

« Je demande, dit-il, que M. l'évêque de Clermont soit tenu de déclarer s'il entend prêter le serment pur et simple. (*La grande majorité applaudit.*) On prépare des protestations, on les apporte à la tribune pour les répandre dans les papiers publics et pour exciter des malheurs dont nous gémissons. C'est un serment pur et simple que nous avons décrété; ce n'est qu'un serment pur et simple que le Roi a sanctionné.

« Je ne pense pas que l'Assemblée puisse jamais permettre d'ouvrir une discussion nouvelle sur un décret rendu; mais surtout lorsque ce décret a force de loi, par l'effet de l'acceptation que le Roi lui a donnée. Remarquez, d'ailleurs, que cette discussion, dans laquelle M. l'évêque de Clermont se permet de rentrer, toute contraire qu'elle est aux vrais principes, peut causer les plus fâcheuses conséquences, en ce que son objet est sans doute de porter l'alarme, ou au moins l'inquiétude dans l'âme des respectables pasteurs, qui, en citoyens vertueux, autant qu'éclairés et soumis aux lois de leur patrie, ont déjà prêté leur serment pur et simple, tel enfin que le décret du 27 novembre dernier l'a prescrit.

« Il est bien temps de faire cesser toutes ces vaines disputes. L'intérêt de la religion le commande ; c'est le premier de nos devoirs.

« Je demande que M. l'évêque de Clermont soit interpellé par M. le Président, au nom de l'Assemblée, de déclarer s'il entend, oui ou non, prêter un serment pur et simple. »

Un vif conflit se produisit entre la droite et la gauche. Mais Mgr de Bonnal ne put obtenir la parole et la motion de Treilhard fut adoptée.

Le président, s'adressant alors à l'évêque de Clermont, « je vous interpelle, Monsieur, lui dit-il, de déclarer si vous voulez prêter un serment pur et simple ».

« Je dois parler catégoriquement, répondit le prélat, comme il convient à mon caractère. Je déclare donc que je ne crois pas pouvoir, en conscience, prêter le serment exigé. »

L'Assemblée passa à l'ordre du jour[1].

En quittant la tribune, Mgr de Bonnal avait déposé sur le bureau le texte du discours et du serment qu'il n'avait pu prononcer. Ce

---

[1] *Archives parlementaires*, t. XXI, pp. 751-753.

texte fut aussitôt imprimé et distribué par les soins du prélat et de ses amis et fît une vive et juste impression sur un grand nombre d'ecclésiastiques. On peut le considérer, à ce moment, comme l'expression authentique des sentiments de l'épiscopat et du clergé orthodoxe. A ce titre, il nous semble bon de le reproduire ici.

« Messieurs, nous n'avons cessé de rendre hommage à la puissance civile, de célébrer, avec une religieuse gratitude, l'appui que l'Église en a reçu depuis le commencement de la monarchie ; nous avons reconnu et nous le reconnaîtrons toujours, que c'est d'elle que nous avons reçu tous les avantages dont nous avons joui dans l'ordre politique ; mais nous avons dit en même temps et nous répéterons toujours que, dans l'ordre spirituel, nous ne tenons et ne pouvons tenir nos pouvoirs de cette puissance ; que notre juridiction nous vient de Jésus-Christ ; que ce n'est que par l'Église qu'elle peut nous être transmise ou retirée. Nous regardons comme un point de la doctrine catholique, que l'autorité spirituelle doit établir, régler et déterminer ce qui appartient à la hiérarchie, à la juridiction et à la discipline ecclésiastique. Cette doctrine, que l'Écriture et la tradition nous ont apprise, nous sommes obligés, comme ministres de la religion, de la professer, de la défendre, de l'enseigner et de la transmettre dans toute son intégrité. Nous avons toujours soutenu, comme une vérité consacrée par toutes les lois canoniques, que nos fonctions étaient tellement limitées à la portion du territoire pour lequel nous avons reçu notre mission, que les étendre au delà, sans l'autorité de l'Église, ce serait rendre illégitimes celles qui dépendent de l'ordre, et nulles celles de la juridiction. Quelle anxiété, quel trouble, quelle désolation ne jetterions-nous pas dans les consciences, si, entraînés par une coupable condescendance, nous venions à étendre, par notre seule autorité, un pouvoir que l'Église a circonscrit!

« Le suprême législateur nous a dit que son royaume n'était pas de ce monde. On en a tiré cette conséquence que nous avouons et que l'Église gallicane s'est toujours empressée de reconnaître, que l'Église n'a aucun droit à exercer sur le gouvernement des empires, nulle autorité sur le temporel, mais il en est une autre aussi directe et aussi naturelle, et c'est celle-ci : que la puissance séculière n'a point de législation à exercer dans le royaume spirituel par sa nature. Partout ailleurs, dit le grand Bossuet, « la puissance royale donne la loi et marche la première en souveraine. Dans les affaires ecclésiastiques, elle ne fait que seconder et servir : *famulante, ut decet, potestate nostra;* ce sont les propres termes d'un capitulaire; dans les affaires, non seulement de la foi, mais de la discipline ecclésiastique, à l'Église, la décision; au prince, la protection, la défense, l'exécution des canons et règles ecclésiastiques [1].

« Observez, Messieurs, que ce royaume spirituel étant l'ouvrage du Fils de Dieu, il n'a pu sortir de ses mains sans avoir une constitution divine, une constitution indépendante, quant à ses bases fondamentales, de toute puissance humaine, une constitution dont les premiers principes sont inaccessibles à l'altération que les siècles produisent dans les établissements humains. Ce royaume n'a d'autres limites que celles de l'univers; il doit être gouverné par des lois générales, applicables à toutes les régions, à tous les génies, à tous les peuples, et ne serait-ce pas le diviser en autant de parties qu'il y a, dans le monde, d'États différents, si chaque gouvernement civil pouvait lui donner une constitution particulière ? Non seulement dans la foi, mais dans les principes généraux

---

[1] *Polit. sacrée*, liv. VII, prop. I. — Nous reproduisons ces renvois tels qu'ils figurent au bas du texte de Mgr de Bonnal.

de la discipline, l'unité est absolument nécessaire; sans elle, le royaume ne pourrait subsister.

« Ce royaume doit avoir un chef, et la foi nous apprend que Jésus-Christ n'a point cessé et ne cessera point de l'être, jusqu'à la consommation des siècles : elle nous apprend qu'en quittant la terre il a laissé dans la personne de saint Pierre et de ses successeurs un chef visible, comme son représentant et son vicaire; chef auquel il a attribué cette primauté d'honneur et de juridiction dans toute l'Église, que nul catholique ne peut méconnaître.

« Mais cette primauté ne peut être sans fonctions, et la Constitution du clergé [1] la réduit à une lettre de communion que doit écrire le nouvel élu à un évêché : pour tout autre objet, le Chef de l'Église n'a nulle influence. Serait-ce donc à tort que Bossuet se serait écrié : « Qu'elle est grande l'Église romaine soutenant toutes les Églises; portant, dit un ancien pape, le fardeau de tous ceux qui souffrent; entretenant l'unité, confirmant la foi, liant et déliant les pécheurs; ouvrant et fermant le ciel! qu'elle est grande, encore une

---

[1] Il s'agit ici, bien entendu, dans la pensée de Mgr de Bonnal, de la Constitution civile du clergé votée par l'Assemblée nationale.

fois, lorsque, pleine de l'autorité de saint Pierre, de tous les apôtres, de tous les conciles, elle en exécute, avec autant de force que de discrétion, les salutaires décrets! Quel aveuglement, quand des royaumes chrétiens ont cru s'affranchir en secouant, disaient-ils, le joug de la cour de Rome, qu'ils appelaient un joug étranger! comme si l'Église avait cessé d'être universelle, ou que le lien commun, qui fait de tant de royaumes un seul royaume de Jésus-Christ, pût devenir étranger à des chrétiens[1]. »

« Dans les causes portées à cet auguste tribunal, l'autorité ne s'exerce et ne doit pas s'exercer arbitrairement. « Il faut régler l'usage
« de la puissance apostolique par les canons
« faits par l'Esprit de Dieu et consacrés par
« le respect général de tout l'univers[2]. »

« Qu'on ne dise donc pas que nous invoquons, en nous adressant au Saint-Siège, la domination d'un souverain étranger : le Chef de l'Église universelle n'est, à ce titre, étranger nulle part, tandis que, comme souverain temporel, il l'est partout au delà des limites de ses États.

« S'il nous était permis, Messieurs, ce qu'à Dieu ne plaise, de regarder comme vos prin-

---

[1] *Sermon sur l'unité de l'Église.*
[2] *Declar. cleri gallicani*, art. 3.

cipes ceux que nous avons entendu avancer dans cette tribune, combien n'aurions-nous pas à gémir sur le sort de la religion! Vous avez déclaré que tous les pouvoirs venaient de la nation : de là l'on a conclu que ceux des fonctionnaires publics de l'Église avaient la même source. S'il en était ainsi, nous n'aurions donc plus qu'une religion humaine, qu'une religion de circonstances, qu'une religion de politique,

« Non, Messieurs, nous ne nous persuaderons jamais que les représentants de la nation puissent adopter de pareilles idées, et introduire dans le sanctuaire une suprématie civile que l'Église a proscrite et condamnée dans tous les temps.

« Pour venir au serment, qui est le véritable objet qui m'a conduit à cette tribune, je dois vous répéter, Messieurs, ce que j'ai eu l'honneur de vous dire dans une autre circonstance : qu'il est des points sur lesquels la religion ne permet pas de laisser d'équivoque. Nous n'oublierons jamais qu'un de nos premiers devoirs est de nous montrer citoyens, et de donner l'exemple de la soumission à l'autorité civile ; mais si les hommes nous prescrivent des choses opposées aux principes de notre religion, nous devons leur dire avec fermeté *qu'il vaut mieux obéir à Dieu qu'aux hommes.*

« Les formes canoniques, pour les objets susceptibles de changement dans l'ordre de la discipline ecclésiastique, sont incontestablement nécessaires. Cependant notre constitution[1] les méconnaît ou les oublie; sans l'intervention de l'autorité spirituelle, elle règle les droits respectifs du Pape, des métropolitains, des évêques et des curés, dans l'exercice de leurs fonctions; elle déplace les pouvoirs; elle donne, ôte, étend ou restreint la juridiction; elle détermine les conditions et qualités requises dans ceux qui doivent devenir les pasteurs des âmes; elle fixe et restreint la profession de foi qu'ils doivent faire; elle ordonne une forme d'élection inconnue à tous les siècles; elle change l'ordre établi pour la mission divine.

« Il faut vous le dire, Messieurs, telle est la maxime de tous les âges : Que l'Église ne peut être constituée sans l'Église. Une sage condescendance la portera sans doute toujours à concourir, dans tout ce qui ne sera pas opposé aux principes essentiels, ou au bien spirituel des fidèles, à ce qui pourra remplir le vœu de la puissance civile; mais il faut

---

[1] Il faut peut-être lire : *votre* constitution, à moins que Mgr de Bonnal n'ait voulu dire : la constitution que vous nous avez donnée. En tout cas, il est clair qu'il s'agit de la Constitution civile du clergé décrétée par l'Assemblée constituante.

attendre la décision et l'intervention de son autorité.

« Voilà les grands principes que nous avons exposés; ils sont gravés dans nos consciences; ce sont ceux des pasteurs du royaume. Enchaînés par le devoir, nous serons forcés de nous dévouer à la sévérité de vos décrets, plutôt que de trahir ces principes. Ils ne nous permettront jamais, Messieurs, de nous regarder comme déchargés de notre mission, tant que la voix de l'Église ne se sera pas fait entendre. Ceux qui s'ingéreraient, à nos places, dans nos fonctions, seraient sans juridiction et sans pouvoirs; ils tromperaient la religion des peuples, et nous, nous n'aurions que des larmes à verser sur le sort des fidèles, auxquels nous avons voué toute notre affection : mais nous pourrions au moins vous répondre que nous avons tout sacrifié, excepté notre conscience et notre amour pour eux.

« Permettez qu'en finissant je vous fasse observer que, dans vos vues, la constitution que vous avez décrétée pour le clergé ne doit être qu'une constitution civile; que c'est le titre que vous lui avez donné; que ses auteurs ont plusieurs fois répété, dans cette tribune, que vous ne prétendiez pas prononcer sur des objets spirituels. Si donc vous croyez qu'il n'y a, dans cette constitution, rien de spirituel et qui dépende essentiellement de l'Église, toutes les réserves et exceptions que nous pensons devoir réitérer, doivent vous être indifférentes; s'il y a, au contraire, des objets réellement spirituels, nous sommes dans vos principes en prononçant ces exceptions; vous devez les approuver et voir la pleine exécution de vos lois dans le serment de notre soumission à tout ce qui est dans l'ordre politique, ainsi que de notre zèle à le maintenir.

« Vous avez dit, Messieurs, et vous l'avez solennellement prononcé, que l'Assemblée nationale n'a et ne peut avoir aucun pouvoir à exercer sur les consciences. Eh! quel pouvoir plus terrible que celui qui placerait les ministres de la religion, pasteurs et citoyens, dans l'alternative de violer la loi de Dieu ou celle de l'Empire?...

« Votre justice est avertie; notre conscience va nous dicter le seul serment qu'il nous soit possible de faire :

« Je jure de veiller avec soin sur les fidèles dont la conduite m'a été ou me sera confiée par l'Église, d'être fidèle à la Nation, à la Loi et au Roi, et de maintenir de tout mon pouvoir, en tout ce qui est de l'ordre politique, la Constitution décrétée par l'Assemblée nationale et acceptée par le Roi ; exceptant formellement les objets qui dépendent essentiellement de l'autorité spirituelle [1]. »

Au début de la séance du lundi 3 janvier, vingt-trois ecclésiastiques se présentèrent successivement à la tribune et prêtèrent le serment dans les termes prescrits par l'Assemblée [2]. La restriction légère introduite ou plutôt insinuée, la veille, par l'évêque de Lydda, dans les paroles prononcées par lui avant la formule du serment, avait, à la réflexion, attiré l'attention de quelques personnes. Elle excita la vigilance de M. Lavie, député des bailliages de Belfort et de Huningue, qui crut devoir soulever un incident sur ce point. « Hier, dit-il, M. l'évêque de Lydda, avant de prêter le serment civique, a fait un discours que quelques personnes ont pris pour une restriction. Je l'interpelle de déclarer s'il n'a point fait un serment pur et simple. »

En termes quelque peu embarrassés Gobel tâcha de donner satisfaction au zèle soupçonneux de l'interpellant. « Je réponds,

[1] *Archives parlementaires*, t. XXI, pp. 763-765.
[2] Mais plusieurs d'entre eux firent précéder ce serment d'un préambule contenant des restrictions plus ou moins explicites, que la majorité de gauche fit semblant de ne pas entendre ou considéra, sur le moment, comme négligeables. Voir plus loin les réclamations et rétractations de l'abbé de Malartic et de l'abbé Pous.

dit-il, que MM. l'abbé Grégoire, et Hurault ont, comme moi, fait des discours que je crois très propres à rassurer les consciences : c'est pour cela qu'en adoptant leurs principes j'ai imité leur exemple. Personne n'est plus que moi attaché à la Constitution, et ne cherche davantage les moyens de la maintenir. Je n'ai eu d'autre intention que de déclarer aux ecclésiastiques de mon diocèse[1] que l'intention de l'Assemblée n'a pas été de blesser les droits spirituels de l'Église. J'énonce donc le vœu que mon discours soit rendu public. »

Sans être parfaitement nette, cette nouvelle déclaration du prélat assermenté recueillit de nouveau les applaudissements de l'Assemblée, qui ne redoutait pas beaucoup son zèle pour les droits de l'Église. M. Lavie se déclara lui-même satisfait. « Je ne doutais nullement, dit-il, des intentions de M. l'évêque de Lydda; mais je voulais empêcher que son discours ne servît d'arme aux ennemis du bien public. »

Un autre incident, plus vif et plus grave, fut soulevé au cours de la même séance. Interrompant tout à coup l'ordre du jour,

---

[1] Gobel, évêque de Lydda *in partibus*, était chargé de l'administration de la partie française du diocèse de Bâle.

c'est-à-dire la discussion sur le jury, un adhérent zélé à la Constitution civile, l'abbé Bourdon, curé d'Évaux, député du clergé de Riom, se leva et dit : « Je dénonce à l'Assemblée un imprimé qui contient le prétendu *serment de M. l'évêque de Clermont*. Il y est dit que ce serment a été adopté par un grand nombre de membres du clergé... (*Plusieurs membres de la droite crient :* Cela est vrai!) Je demande que les ecclésiastiques fonctionnaires publics qui ont donné leur adhésion se lèvent et articulent clairement leurs noms. Je demande si leur intention a été de faire une restriction mentale au serment que quelques-uns ont prêté. »

Une discussion s'éleva sur le point de savoir si dans l'imprimé en question la formule de Mgr de Bonnal était qualifiée de serment *prononcé* ou de serment *proposé*. Charles de Lameth le prit de haut et s'exprima dans les termes les plus durs. « L'Assemblée, dit-il, ne doit pas s'appesantir sur un imprimé qui ne mérite pas plus d'attention que toutes les protestations que l'on distribue jusqu'à la porte de cette salle. L'Assemblée a décrété que tous les fonctionnaires publics prêteraient un serment. Ce serait l'atténuer que de délibérer sur aucune espèce de modifications. S'il y avait encore des précautions à prendre, ce serait d'inviter les ecclésiastiques fonctionnaires publics à cesser une résistance coupable, en leur annonçant que si demain ils n'ont pas prêté leur serment, ils ne sont plus fonctionnaires publics, et que leurs places sont déclarées vacantes. (*On applaudit à plusieurs reprises.*) On peut leur donner le conseil salutaire de se soumettre aux lois, en leur annonçant que la loi portée sera maintenue dans toute sa vigueur. »

La réponse de Mgr de Bonnal fut modérée, mais ferme. « Autant, dit-il, je respecte l'Assemblée nationale, aussi peu je crains les sarcasmes. J'ai mis le mot *proposé* dans l'imprimé qui fait l'objet de votre délibération; j'ai eu raison de le mettre, puisque j'ai offert à l'Assemblée de prêter serment, et qu'après le refus qu'elle a fait de l'entendre, je l'ai déposé sur le bureau. Je n'ai point à répondre au préopinant. Si l'on discutait la question de savoir s'il peut exister une loi coactive pour les serments, si l'on peut me punir pour obéir à ma conscience, j'imagine que la justice de l'Assemblée s'éclairerait promptement. On se reprochera toujours d'avoir infligé une peine à un homme qui a refusé de prêter son serment. C'est dire à un homme : Quoi que vous dise votre conscience, prêtez votre serment. Je ne veux pas lasser la patience de l'Assemblée, et j'ajoute seulement que n'ayant pas donné la démission de ma place, que ne voulant pas la donner, je ne me regarderai jamais comme dépossédé. »

Barnave intervint dans le débat avec une raideur dont, si la générosité naturelle de son âme n'avait été dominée par l'ambition et par le fanatisme sectaire, sa qualité même de prostestant, faisant éclater à ses propres yeux son incompétence, aurait dû le préserver. « Je crois bon, dit-il, et même nécessaire que l'Assemblée prouve, par une résolution prise sur-le-champ, le peu de cas qu'elle fait de cette discussion. Je ne répondrai pas à la théorie qu'on vient de vous développer sur le serment. Il ne s'agit point ici d'un serment forcé, mais d'un serment attaché à des fonctions publiques, et nécessaire à l'exercice de ces fonctions. Je pense donc que l'Assemblée doit annoncer qu'elle persiste... Je pense qu'elle doit actuellement faire déclarer aux ecclésiastiques fonctionnaires publics, membres de cette assemblée, que le délai accordé par le décret pour prêter leur serment, expire demain à une heure. »

Cazalès monta à la tribune. Ce ne fut pas sans peine qu'il put expliquer sa pensée. A plusieurs reprises, il fut interrompu par les murmures de la gauche. On réclama contre lui le rappel à l'ordre et Charles de Lameth admonesta publiquement le président (M. d'André) pour sa tolérance jugée excessive. L'opinion de Cazalès dans ce débat n'était pourtant rien moins qu'intransigeante, puisqu'il soutint que les évêques ne cherchaient qu'un moyen acceptable de concilier les résistances de leur conscience avec les exigences de l'Assemblée. « Quiconque, dit-il, examinera sans prévention la conduite des évêques, verra que leur intention n'a pas été de résister à la loi ; ils ont cherché les moyens de sauver leur honneur et de défendre leur religion... Si l'Assemblée m'écoutait avec plus de bienveillance, il me serait facile de prouver en un instant ce que j'avance.... Soit que vous considériez les moyens que les évêques de France pouvaient employer, soit que vous considériez le grand intérêt qu'ils ont à la paix publique, il est impossible de ne pas voir qu'ils n'ont pas l'intention de vous résister, et qu'ils ne cherchent qu'un moyen d'obéir sans manquer à leur conscience... Comme je persiste à croire que l'Assemblée veut trouver des innocents, qu'elle aime mieux attendre que de punir ; qu'en exigeant ce serment elle n'a pas eu l'intention de destituer les évêques ;... je crois que vous accorderez un nouveau délai. Je conjure donc l'Assemblée, au nom de sa bonté, de sa sagesse, de sa prudence, de ne pas adopter la motion de M. Barnave. »

M. Démeunier, député de Paris, parla ensuite comme un de ces conciliateurs d'étrange, mais commune sorte, qui, rangés du côté de la tyrannie, supplient ses victimes de tendre respectueusement la gorge au couteau. Il rendit hommage aux « vertus patriotiques et religieuses » de l'évêque de Clermont, ce qui fit murmurer la gauche, mais il l'exhorta, pour trancher la difficulté relative au serment qui répugnait à sa conscience, à donner sa démission de son évêché, et conclut, en somme, à « l'exécution complète du décret » du 27 novembre.

MM. Dufraisse-Duchey et de Virieu, membres de la droite, essayèrent en vain d'obtenir la parole. La discussion fut fermée à une grande majorité. L'Assemblée repoussa par la question préalable l'ajournement à huit jours, demandé par plusieurs membres. Elle adopta la décision suivante, conforme à la motion de Barnave : « L'Assemblée décrète que le délai donné aux ecclésiastiques, fonctionnaires publics, pour prêter leur serment, expirera demain à une heure [1]. »

[1] *Archives parlementaires*, t. XXII, pp. 1, 4-7.

La séance du mardi 4 janvier 1791 était ainsi annoncée d'avance comme une journée à effet et de grande conséquence pour le mouvement révolutionnaire. Aussi les tribunes de l'Assemblée et ses abords furent-ils occupés plus encore que d'habitude par une foule recrutée avec soin et décidée à faire sentir au besoin son influence.

La lecture du procès-verbal, à neuf heures et demie du matin, donna lieu à un bref incident, relatif à la mention qui y était faite de l'imprimé intitulé : *Serment de l'évêque de Clermont*, écrit que Treilhard déclara « rempli d'impostures ». M. Emmery fut ensuite élu président et remplaça au fauteuil M. d'André, dont les pouvoirs étaient expirés. L'abbé Thirial, curé de Saint-Crépin, député du clergé du bailliage de Château-Thierry, se présenta à la tribune et s'exprima en ces termes : « Conformément à la restriction portée dans la profession de foi de M. l'évêque de Clermont pour les matières spirituelles... » Les murmures de la gauche l'interrompirent. « Je demande, dit un membre, que l'Assemblée décrète que le serment sera prêté purement et simplement et dans les propres termes du décret, sans qu'aucun ecclésiastique puisse se permettre de faire des explications, des restrictions ou des préambules. » — Cette motion fut adoptée. L'abbé Thirial descendit alors de la tribune sans avoir prêté serment.

Trois autres ecclésiastiques y montèrent successivement et jurèrent selon les termes prescrits. Mais, tout au contraire, l'abbé de Malartic, curé de Saint-Denis de Pille (Gironde), député du clergé de la sénéchaussée de Castel-Moron d'Albret, vint se plaindre d'avoir été rangé à tort parmi ceux de ses collègues qui avaient prêté un serment pur et simple au début de la séance de la veille. « Le procès-verbal d'hier, dit-il, ne fait aucune mention des restrictions que j'ai cru devoir apporter à mon serment civique. Je demande que cette omission soit réparée. » — « Point de commentaires, lui cria M. Bion, député du bailliage de Labour, retirez votre serment, si vous ne l'avez pas prêté avec franchise. » — L'abbé de Malartic retira en effet son serment et raya lui-même son nom sur le procès-verbal.

L'Assemblée reprit son ordre du jour, qui était la suite de la discussion sur l'organisation du jury. Le temps s'écoula et l'on vit s'approcher l'heure fatidique, fixée la veille comme dernier délai pour le serment des ecclésiastiques, membres de l'Assemblée. Si quelques fanatiques d'incrédulité pouvaient s'applaudir d'une abstention qui allait ouvrir la voie à des mesures violentes, il n'en était pas de même de l'ensemble du côté gauche qui, sinon pour les évêques, du moins pour les curés, aurait préféré de beaucoup trouver tout recruté son clergé constitutionnel. La fraction janséniste surtout désirait vivement être suivie dans ses desseins par le plus grand nombre possible de prêtres déjà en possession des cures, et dans cette fraction même, ce désir était, ce semble, plus intime et plus vif encore, et s'étendait au maintien, s'il était possible, d'une partie au moins de l'épiscopat actuel, chez les prêtres comme Grégoire, décidés avant tout sans doute à soutenir l'organisation nouvelle et à en prendre leur part, mais anxieux cependant sur les conséquences d'une rupture formelle avec l'orthodoxie. Ce fut donc Grégoire qui se chargea d'une tentative de la dernière heure pour apaiser les scrupules des ecclésiastiques jusqu'à présent réfractaires au décret sur le serment. La suite de la discussion en cours venait d'être renvoyée au lendemain. Il monta à la tribune et prononça les paroles suivantes :

« Vous avez bien voulu m'écouter quelquefois avec une indulgence que je réclame en ce moment. La religion, la patrie et la paix sont chères à mon cœur; c'est en leur nom que je vais articuler quelques mots. Parmi les ecclésiastiques, fonctionnaires publics, qui se trouvent dans cette assemblée, les uns ont prêté leur serment, les autres s'y sont refusés; de part et d'autre nous devons supposer des motifs respectables. Il ne s'agit que de s'entendre : nous sommes tous d'accord; il est certain que l'Assemblée n'a pas entendu toucher à ce qui est purement spirituel. (*On applaudit.*) Il est certain que tout ce qui est purement spirituel est hors de sa compétence; personne ne contredira cette assertion; l'Assemblée a déclaré formellement le principe : elle l'a toujours reconnu; elle a toujours applaudi ceux qui l'ont professé. (*On applaudit.*) C'est un premier motif pour calmer les inquiétudes. L'Assemblée ne juge pas les consciences, elle n'exige pas même un assentiment intérieur. (*Il s'élève beaucoup de murmures.*)

« Je suis bien éloigné de prétendre justifier des restrictions mentales, mais je veux dire seulement que l'Assemblée entend que nous jurions d'être fidèles, d'obéir, de procurer l'obéissance à la loi; voilà tout ce qu'elle demande par le serment qu'elle a prescrit. (*On applaudit.*) Il se peut qu'une loi civile ne soit pas conçue et rédigée comme beaucoup de citoyens l'auraient désiré; cependant, par le serment civique, ils se sont engagés à obéir et à procurer l'obéissance à la loi ; je ne pense donc pas que le serment demandé puisse effrayer les consciences. Attaché par une union fraternelle, par un respect inviolable à mes respectables confrères les curés, à nos vénérables supérieurs les évêques, je désire qu'ils acceptent cette explication, et si je connaissais une manière plus fraternelle, plus respectueuse de les y inviter, je m'en servirais. » (*On applaudit.*)

Quoi qu'il en eût dit, l'abbé Grégoire venait de professer publiquement et de conseiller à ses collègues du clergé la mise en pratique de cette fameuse théorie des restrictions mentales, tant reprochée aux casuistes par les disciples de Saint-Cyran. Il essayait de créer la plus habile, mais la plus dangereuse des équivoques. Son explication, quoique applaudie, ne laissa pas de paraître un peu trop subtile. Mirabeau vint l'appuyer et, selon lui, l'éclaircir. Il réussit à paraître simple et vigoureux en produisant à la tribune le machiavélisme audacieux de sa politique à multiple face [1].

« Il me semble, dit-il, que pour avoir un

---

[1] Sur l'attitude de Mirabeau en cette circonstance, cf. *Correspondance Mirabeau-La Marck*, t. II, p. 365. — Ludovic Sciout, t. II, pp. 8-10, 12-13. — Alfred Stern, *Das Leben Mirabeaus*, t. II, pp. 236-238.

assentiment général, la doctrine exposée par le préopinant doit être exprimée avec plus de clarté et de simplicité. L'Assemblée n'a aucun empire sur les consciences [1]; elle n'a jamais pu penser qu'elle avait le droit d'obliger à faire serment de telle chose; elle a pu seulement déclarer le refus d'un serment incompatible avec telles fonctions. Nul ne remplira telles fonctions, qu'il n'ait prêté tel serment; vous êtes maîtres de le dire, pourvu que vous regardiez comme démissionnaire celui qui refuse de prêter ce serment: en effet, à l'instant même de ce refus, il n'est plus fonctionnaire public. Je ne serais pas monté à la tribune pour donner cette explication, si on ne lisait sur les murs des carrefours une affiche inconstitutionnelle, inique; on y déclare perturbateurs du repos public les ecclésiastiques qui ne prêteront pas le serment que vous avez décrété. L'Assemblée n'a jamais permis, elle n'a jamais pu permettre une telle affiche. Celui qui, après avoir prêté le serment d'obéir à la loi, n'obéirait point à la loi, serait criminel et perturbateur du repos public. Celui qui s'obstinerait à ne pas prêter le serment et à

[1] Ce membre de phrase : « L'Assemblée n'a aucun empire sur les consciences », ne figure point dans le texte des *Archives parlementaires*. Nous l'empruntons aux *Mémoires du marquis de Ferrières*, t. II, p. 202.

conserver l'exercice de ses fonctions, serait également criminel et perturbateur du repos public; mais celui qui se résigne, qui dit : Je ne peux prêter le serment et je donne ma démission, n'est certainement pas coupable. (*Toute la partie gauche applaudit.*) C'est donc par une étrange erreur que ces affiches ont été placardées. La force publique doit réparer cette erreur. Avant de faire cette observation, à laquelle j'attache quelque importance, j'ai dit dans quel sens je concevais l'explication donnée par le bon citoyen, par l'ecclésiastique respectable qui a parlé avant moi. Dans ce sens, j'y donne mon assentiment; dans tout autre, elle n'offrirait qu'une restriction mentale, et il serait aussi indigne de ce membre de la proposer, que de l'Assemblée de la tolérer. » (*On applaudit.*)

Assez désagréablement affecté par la sortie de Mirabeau contre l'affiche placardée sur les murs de la capitale, Bailly vint donner des explications sur ce point et exposer les mesures prises par lui pour remédier au mal qui en pouvait résulter. Malouet réclama des poursuites contre les auteurs de cette « grande prévarication ». Barnave, avec sa passion froide et obstinée, espérant d'ailleurs que l'intérêt et la crainte agiraient enfin sur les ecclésiastiques présents à la séance, rapcela, sans désavouer le subtil procédé de Grégoire, l'Assemblée au point précis de l'exécution littérale de ses décrets :

« Je ne m'oppose pas aux mesures que l'Assemblée croirait devoir prendre, relativement à l'erreur commise dans la proclamation de la loi ; j'observe seulement qu'elle est déjà réparée... Je dis qu'il est dès lors un objet plus pressant dont nous devons nous occuper... L'intention de M. Malouet est de prévenir les inconvénients de cette erreur, et d'empêcher que, faite à Paris, elle ne puisse servir d'exemple ailleurs. Le premier moyen à employer est d'inscrire sur le procès-verbal la dénonciation qui en a été faite ; on pourra ensuite réclamer telle peine qui paraîtra convenable contre ceux qui l'ont commise. (*Il s'élève des murmures dans la partie droite.*) Quand le moment sera venu de prononcer sur eux, je ne serai pas plus indulgent qu'un autre ; mais je pense qu'en ce moment on doit exécuter le décret du 27 novembre, et se conformer à l'ajournement prononcé hier. MM. l'abbé Grégoire et de Mirabeau ont donné une explication qui était dans l'esprit de tout le monde ; il faut donc maintenant exécuter la loi, puisque le délai est expiré. J'observerai seulement que, quoique le décret lui-même prononce tout ce qui est nécessaire pour son exécution, il faut que le mouvement soit communiqué aux corps administratifs par le point central, par le pouvoir exécutif.

« Je demande donc que, sans préjudice de l'erreur commise dans la proclamation de la loi à Paris, M. le président interpelle les membres de cette assemblée qui sont fonctionnaires publics ecclésiastiques, de prêter serment conformément au décret. J'espère et je désire qu'ils ne répondent pas par un refus; mais, si cela arrivait, je demande que le président se retire par devers le Roi, pour le prier d'ordonner, au terme des décrets, qu'il soit procédé, suivant les formes constitutionnelles, à l'élection aux évêchés et cures vacants par le défaut de prestation de serment. Je conçois cependant que nulle mesure nouvelle n'est nécessaire, mais je crains que tant que l'Assemblée n'aura pas parlé, il n'y ait du doute sur l'exécution de la loi, des variations dans le mode de cette exécution, dans tel ou tel lieu, et que les résistances, en grossissant, n'affligent le patriotisme et ne troublent la paix publique. »

A propos d'un amendement formaliste de M. Lucas, député de la sénéchaussée de Moulins, Mirabeau (le bon apôtre!) eut un mouvement pathétique : « Il est impossible, remarqua-t-il, de prévoir par un décret qu'il y aura des refusants. Peut-on supposer, après les explications simples, les invitations charitables que vous venez d'entendre, que des ecclésiastiques, que des ministres de paix veuillent secouer sur leur patrie les torches de la discorde ! »

Pour venir en aide à cette exhortation de Mirabeau, Camus, l'un des chefs des jansénistes, demanda l'inscription spéciale du discours de Grégoire au procès-verbal de la séance, ce qui équivalait à sa ratification quasi-officielle par l'Assemblée. L'insinuante manœuvre du curé d'Embermesnil avait produit son effet sur la conscience hésitante d'un certain nombre d'ecclésiastiques. On en eut la preuve dans l'apparition à la tribune de l'abbé Thirial. Ce bon curé, confondant les réserves effectives de l'évêque de Clermont, auxquelles il s'était associé au début de la séance, avec les restrictions captieuses de l'abbé Grégoire, dans lesquelles il pensait retrouver maintenant, comme il le dit, l'expression de ses propres sentiments, prêta le serment dans les termes prescrits, aux applaudissements de la gauche [1].

La droite vit là, non sans raison, le résul-

---

[1] Selon M. Ludovic Sciout (t. II, p. 10), l'abbé Thirial fut promptement désabusé, car dès le lendemain il rétracta son serment.

tat d'une sorte d'escamotage, contre lequel il était nécessaire de protester. L'abbé Maury se présenta en son nom à la tribune. Mais la gauche en général et en particulier la fraction janséniste tenaient précisément à ce que l'équivoque ne fût point dissipée. Camus demanda la parole dans l'intention avouée de la faire interdire à l'abbé Maury. Celui-ci fut d'ailleurs efficacement réduit au silence par les clameurs furieuses de la gauche, accompagnées de gesticulations menaçantes. « Frappez, mais écoutez! » cria l'orateur de la droite. Mais on ne l'écouta point et il dut renoncer à se faire entendre. Barnave insista sur sa proposition, qu'il précisa en la divisant : « Ma proposition, dit-il, est composée de deux motions distinctes. La première, sur laquelle il s'agit de délibérer maintenant, consiste à demander que M. le président interpelle les ecclésiastiques fonctionnaires publics, membres de cette assemblée, de prêter le serment conformément au décret du 27 novembre. »

Camus et ses amis demandèrent de nouveau l'insertion au procès-verbal des explicacations de l'abbé Grégoire, appuyées par Mirabeau. L'un des chefs de la droite, Duval d'Éprémesnil, réussit alors à formuler un commencement de protestation : « L'explication donnée par M. Grégoire, dit-il, et développée par M. de Mirabeau, est un monument de mauvaise foi, un piège tendu à la simplicité des personnes pour lesquelles cette explication est proposée. Je demande à le prouver... » Mais il ne put en dire davantage. — D'autre part, un *assermenté* fanatique, l'abbé Gouttes, curé d'Argelliers, député du clergé de la sénéchaussée de Béziers, s'éleva contre toute explication. « Le serment, dit-il, doit être prêté sans préambule, sans restriction ; vous l'avez ainsi décrété ce matin. » Thouret l'appuya. — Camus alors retira sa motion et le président se souvint du décret rendu à propos du premier essai de serment de l'abbé Thirial. « Pourquoi, lui cria-t-on à droite, avez-vous entendu l'explication de M. l'abbé Grégoire ? Vous êtes vous-même en contravention avec le décret. » — A défaut d'insertion au procès-verbal, Mirabeau vint de nouveau couvrir de son autorité les restrictions du curé d'Embermesnil.

« On m'a demandé, dit-il, le résumé de l'explication de M. l'abbé Grégoire, telle que je l'entendais et que je l'ai développée. Je dis le résumé, parce qu'il m'est impossible de me rappeler mes propres expressions. Voici donc ce résumé : « La puissance civile ne pouvant exiger de chaque citoyen que la soumission à la loi et de chaque fonctionnaire public que le serment d'exécuter et de faire exécuter les lois en ce qui le concerne, l'Assemblée nationale n'a entendu, par son décret du 27 novembre, qu'assurer l'exécution des lois, laissant entière la liberté d'opinion et de conscience, qui ne peut être ravie à personne. »

La première motion de Barnave fut mise aux voix et adoptée. « En conséquence, dit le président, j'interpelle les ecclésiastiques fonctionnaires publics, membres de cette assemblée, de prêter serment en exécution du décret du 17 novembre. Ils répondront à l'appel nominal qui va être fait. »

Le moment décisif est arrivé. La foule essaie de jeter dans la balance un poids redoutable d'intimidation. A l'agitation tumultueuse des tribunes viennent s'ajouter des clameurs venues du dehors : « A la lanterne ceux qui refuseront! » Cazalès à bon droit s'indigne. « Entendez-vous, s'écrie-t-il, les cris que l'on pousse autour de cette assemblée? Que M. le maire aille faire cesser ce désordre et taire ces brigands! » — « Vous voyez, dit M. Dufraisse-Duchey, ce que font ces scélérats salariés par les factieux; ils investissent la salle de nos séances toutes les fois qu'il s'agit de porter atteinte à la religion et à la monarchie! » — « L'Assemblée n'est pas libre, dit M. de Saint-Simon, je proteste au nom de mes commettants. » — Plusieurs députés, dont quelques évêques, s'avancent vers le bureau, et déclarent qu'il est impossible de délibérer au milieu d'un pareil désordre. M. de Murinais somme le président de lever la séance. « J'ai donné des ordres, répond Emmery, pour le rétablissement du calme qui convient à nos délibérations. » Grâce à ces ordres, en effet, ainsi qu'à l'intervention de Bailly, un calme relatif se rétablit au dehors et par suite au dedans de la salle des séances.

Cependant l'appel nominal avait commencé. Mgr Dusson de Bonnac, évêque d'Agen, était à la tribune. Il lui fut alors possible de se faire entendre. Ses paroles furent d'une grande simplicité et d'une courtoisie parfaite. « Vous avez fait une loi, dit-il. Par l'article 4 vous avez dit que les ecclésiastiques, fonctionnaires publics, prêteraient un serment dont vous avez décrété la formule; par l'article 5, que s'ils se refusaient à prêter ce serment, ils seraient déchus de leurs offices. Je ne donne aucun regret à ma place, aucun regret à ma fortune; j'en donnerais à la perte de votre estime que je veux mériter; je vous prie donc d'agréer le témoignage de la peine que je ressens de ne pouvoir prêter le serment que vous exigez de moi. »

Le prélat regagna sa place, salué par les applaudissements de la droite. L'abbé Fournetz, curé de Puy-Miélan, au même diocèse, lui succéda à la tribune. « Je vous dirai avec la simplicité des premiers chrétiens, ainsi s'exprima cet excellent prêtre : Je me fais gloire et honneur de suivre mon évêque. Je le suivrai partout, comme le diacre Laurent suivit le pape Sixte, son pasteur, conduit au supplice. »

Les applaudissements de la droite redoublèrent. La gauche était stupéfaite. Ce n'est pas de cette façon que, selon les incitations jansénistes, elle avait entendu évoquer les exemples de la primitive Église. Son étonnement ne tarda pas à se changer en colère. L'abbé Leclerc, curé de la Cambe, député du clergé de la sénéchaussée d'Alençon, confessait à son tour sa foi. « Je suis, disait-il, l'enfant de l'Église catholique, apostolique et romaine... » Les murmures de la majorité l'interrompirent. « L'interpellation de prêter le serment, dit Rœderer, ne permet pas d'autre réponse que de le prêter ou de refuser de le prêter. » — « Pour se conformer au décret, dit le président, les fonctionnaires publics ecclésiastiques appelés doivent répondre : *Je jure*, ou : *Je refuse.* » — « C'est une tyrannie! s'écria M. de Foucault de Lardimalie. Les empereurs qui persécutaient les martyrs leur laissaient prononcer le nom de Dieu et professer les témoignages de leur fidélité à leur religion. »

L'appel nominal tournait à la confusion de la majorité sectaire. Dans une intention meilleure que les siennes, M. de Bonnay, député de la noblesse du bailliage du Nivernais, lui fournit le moyen de sortir de cet embarras. Il rappela le souvenir de l'affiche placardée sur les murs de Paris. « Cette erreur très grave, dit-il, a excité dans l'esprit des malintentionnés une animadversion très forte contre les ecclésiastiques, et un danger réel pour les fonctionnaires publics qui ne prêteraient pas le serment... Plusieurs serments individuels ont été prêtés; les noms des ecclésiastiques qui se sont soumis au décret sont consignés au procès-verbal. Le délai est expiré; il ne reste donc plus qu'à demander collectivement aux autres fonctionnaires publics ecclésiastiques, membres de cette assemblée, de se présenter à la tribune. Cette forme n'a pas les dangers de l'appel nominal. On inscrira sur le procès-verbal ceux qui auront prêté le serment; ceux qui ne s'y trouveront pas auront encouru la destitution. »

La motion de M. de Bonnay fut adoptée. En conséquence, le président substitua à l'appel nominal une interpellation collective. Celle-ci ne fut nullement efficace. Un seul ecclésiastique, l'abbé Landrin, curé de Garancières, député du clergé du bailliage de Montfort-l'Amaury, prêta le serment dans les termes exigés. La gauche se sentait dans un mauvais pas. Son étonnement, son désappointement permirent à Mgr de Bonnal de renouveler l'offre d'un serment réservant les droits de l'autorité spirituelle, et à Cazalès de faire la motion formelle que l'Assemblée acceptât la formule de l'évêque de Clermont.

Cependant Mgr de Beaupoil de Saint-Aulaire, évêque de Poitiers, se présente à la tribune. La gauche est dans la joie, elle croit qu'elle va recueillir une adhésion exemplaire. Mais le vieil évêque s'exprime ainsi : « Messieurs, j'ai soixante-dix ans; j'en ai passé trente-cinq dans l'épiscopat, où j'ai tâché de faire tout le bien qui m'était possible. Accablé d'années, d'infirmités, je ne veux pas déshonorer ma vieillesse. Ainsi je ne prêterai pas un serment... » Les murmures de la gauche interrompent le prélat. « Je prendrai mon sort, ajoute-t-il, en esprit de pénitence. » Et il descend de la tribune aux applaudissements de la droite.

Le temps s'écoule et personne ne prête serment. Cazalès insiste sur sa motion. Mais Mirabeau se range décidément du côté des sectaires. Avec autant de bonne foi et de vraisemblance que s'il eût prétendu qu'en France, sous un ciel serein et un plein soleil de juin, midi est l'heure des ténèbres, il soutient que non seulement l'Assemblée n'a pas entendu toucher au spirituel, mais qu'elle n'y a effectivement pas touché. « Il est évident, conclut-il, que l'heure fatale est arrivée... Je demande qu'après une nouvelle interpellation, on adopte la seconde motion de M. Barnave, afin que les mesures décrétées par l'Assemblée nationale soient graduellement exécutées. »

Malgré les derniers efforts de la droite, la proposition de Mirabeau est adoptée. Le président adresse aux ecclésiastiques une suprême sommation. Aucun d'eux n'y obéit. La motion de Barnave est alors mise aux voix et adoptée en ces termes :

« L'Assemblée nationale charge son président de se retirer devers le Roi, pour lui remettre les extraits des procès-verbaux des séances de l'Assemblée nationale depuis le 26 décembre dernier, et le prier de donner ses ordres pour la prompte et entière exécution du décret du 27 novembre dernier, envers les membres de l'Assemblée nationale, ecclésiastiques fonctionnaires publics, qui n'ont pas prêté le serment prescrit par ledit décret ; sauf à ceux qui seraient retenus hors de l'Assemblée nationale par maladie ou absence légitime, à faire valoir leur excuse dans le délai de quinzaine, en faisant ou en envoyant leur serment. »

La séance est levée à cinq heures de l'après-midi [1].

Cette mémorable journée fut pour la politique religieuse de l'Assemblée constituante un échec formidable. Cet échec s'accentua dans les séances qui suivirent, car plusieurs des ecclésiastiques qui avaient prêté le serment, avec ou sans préambule, le rétractèrent. Dans la soirée même du 4, l'un des représentants les plus modérés, les plus conciliants du clergé, l'abbé Pous, curé de Mazamet (Tarn), adressa au président la lettre suivante :

« Monsieur le Président, la restriction qu'avait mise M. l'évêque de Clermont à son serment civique était la même que celle que j'avais adoptée dans le préambule du serment que je prêtai hier, 3 janvier, à la suite de plusieurs de mes confrères. Celle de M. l'évêque

---

[1] *Archives parlementaires*, t. XXII, pp. 8-9, 14-18. — Cf. *Mémoires du marquis de Ferrières*, t. II, pp. 201-207. — Ludovic Sciout, t. II, pp. 7-12.

de Clermont a été rejetée ; la mienne n'a donc été admise que pour la forme, et aux yeux de l'Assemblée, je suis donc lié comme si j'avais prêté le serment sans restriction. Ce n'est pas cette obligation que j'ai voulu m'imposer. D'ailleurs, les principes que vient de manifester l'Assemblée nationale ne sont pas ceux que j'ai professés jusqu'ici, et que je professerai toute ma vie. Je vous prie donc, Monsieur le Président, de lui faire connaître que je retire mon serment. »

Le lendemain, 5 janvier, il expliqua ainsi sa conduite dans une lettre adressée à son ami l'abbé Fons-Lacaussade, curé de Saint-Germain près Puylaurens (Tarn) :

« Enfin le coup fatal est porté. Hier, sur le refus de tous les évêques de l'Assemblée et d'un grand nombre de curés, les sièges et les cures sont déclarés vacants, et le décret ordonne qu'il sera pourvu à leur remplacement. Je suis du nombre des supprimés ; mais d'une manière un peu différente des autres. Sur la promesse que l'Assemblée ne voulait pas toucher au spirituel, et sur la réserve expresse que j'en fis, je prêtai mon serment. J'avais reconnu tous les droits de la nation sur le civil, mais j'avais excepté les objets de la religion. M. l'évêque de Clermont présenta sa formule et excepta aussi les matières ecclésiastiques. Toute la différence de lui à moi consistait en ce que sa réserve était dans le corps du serment, et la mienne dans le préambule. L'Assemblée rejeta cette clause; les débats devinrent violents; l'esprit de l'Assemblée se montra à découvert. Je vis alors que mon explication n'était pas avouée, qu'on cherchait à nous jouer par des subtilités, et alors je pris le parti de retirer solennellement mon serment et de m'immoler en bonne compagnie. Quinze curés ont fait comme moi...

« J'ai donné longtemps des secours aux misérables, et aujourd'hui je suis réduit à en demander : Dieu soit béni ! Mon imagination s'effraie des malheurs qui vont accabler l'empire. Ceux de la religion sont encore plus grands. Dieu nous conserve la foi ! il ne faut rien moins qu'un grand miracle [1]... »

Le bon abbé Pous nous paraît un excellent type d'un très grand nombre de curés d'alors, très désireux de la paix, très respectueux du pouvoir civil, disposés à toutes les concessions compatibles avec l'orthodoxie, mais, une fois éclairés, intraitables sur leur conscience et

[1] *Le Curé Pous. Correspondance inédite d'un membre de l'Assemblée constituante, 1789-1791*, publiée par L. de la Sicotière et Jamme de la Goutine. Angers, Germain et G. Grassin, 1880, in-8°. (Extrait de la *Revue de l'Anjou*), pp. 20, 83-84.

sur leur honneur de prêtres. Le schisme constitutionnel et la violence terroriste vinrent s'y briser. Quant à l'épiscopat, il fut à peu près unanime. Sur cent trente-cinq évêques, pourvus des sièges français, quatre seulement défaillirent. L'un était une tête faible, qui mourut fou : Lafont de Savines, évêque de Viviers. Les trois autres : Talleyrand, évêque d'Autun; Jarente, évêque d'Orléans; le cardinal Lomenie de Brienne, archevêque de Sens, non seulement n'avaient rien des évêques de la primitive Église, mais nous offrent précisément des types parfaits des abus et des hontes des derniers temps de l'ancien régime [1].

C'est une joie pour l'historien vraiment et sainement patriote d'avoir à constater, dans cette chute universelle des institutions antiques, la dignité incomparable et de bon augure pour l'avenir, avec laquelle finit l'ancienne Église de France, fille de cette Église des Gaules qui, en baptisant Clovis par la main de saint Remy, avait créé la France elle-même. Quelle place, huit siècles durant, n'a-t-elle pas tenue dans nos annales! En dépit des faiblesses inhérentes à l'humanité, quel flot de bienfaits n'a-t-elle pas répandu sur tant

---

[1] Cf. Ludovic Sciout, t. II, pp. 14-18.

de générations successives, dans l'ordre religieux et moral d'abord, mais aussi dans l'ordre social, national et intellectuel! Sans entrer ici dans l'examen des services dont notre patrie, même au point de vue temporel, lui a été redevable, il suffira de rappeler que la France lui a dû, au dix-septième siècle, dans la personne de Richelieu, le plus grand de ses hommes d'État; le plus grand de ses orateurs et de ses écrivains dans la personne de Bossuet.

TABLE DES MATIÈRES

Avertissement........................... v

CHAPITRE PREMIER

Après la Fédération. — Le désordre et la fièvre générale. — Le camp de Jalez. — Le Comité diplomatique............................ 1

CHAPITRE II

L'insubordination militaire. — Le marquis de Bouillé. — La rébellion de Nancy........... 31

CHAPITRE III

Chute de Necker. — L'insubordination maritime et l'anarchie coloniale. — La rébellion de Brest et le pavillon tricolore. — Crise ministérielle................................ 91

CHAPITRE IV

Politiques et projets divers. — Le comte d'Artois. — Le Roi et la Reine. — Vues et plans de M. de Bouillé.................................. 137

CHAPITRE V

Politique et attitudes de Mirabeau. — L'affaire des 5 et 6 octobre 1789.................. 163

CHAPITRE VI

La Fayette. — Les Lameth. — Le duc d'Orléans. — Menaces contre la Reine................ 211

CHAPITRE VII

Les clubs et la presse........................ 228

CHAPITRE VIII

Incidents et troubles. — Le duel Lameth-Castries. — Émeutes provinciales. — Le meurtre de Pascalis. — Chute définitive des parlements. — Dessaisissement du Châtelet...... 247

CHAPITRE IX

La question religieuse. — Le serment ecclésiastique. — Mariage de Camille Desmoulins..... 285

CHAPITRE X

La séance du 4 janvier 1791. — La fin de l'ancienne Église de France...................... 331

ON TROUVE A LA MÊME LIBRAIRIE

Abbaye de Notre-Dame-de-Lône et ses succursales de Cluny. Étude historique d'après les documents originaux avec carte et plan des lieux, par P. Dhetel. 1 vol. in-8°.   4 fr.

Annam (l') et le Cambodge. Voyages et notices historiques, par Bouillevaux. 1 vol. in-8°.   5 fr.

Apôtre (l') saint Paul. Étude historique par M. Auguste Trognon, auteur de l'*Histoire de France*, couronnée en 1865 par l'Académie française. 1 vol. in-8°.   5 fr.

Associations (les) religieuses dans le catholicisme. De leur esprit, de leur histoire et de leur avenir, par Ch. Lenormant. 1 vol. in-8°.   2 fr.

Canonisation des saints martyrs du Japon et de saint Michel de Sanctis, par J. Chantrel. 1 vol. in-18.   1 fr. 50

Cause (la) du Pape est celle de la civilisation et de la liberté contre la barbarie et la tyrannie, par un libéral catholique, traduit de l'espagnol par Michel Fauli. 1 vol. in-8°.   2 fr.

Charles Ier et le Parlement, par M. Baptistin Poujoulat. 1 vol. in-12.   1 fr. 50

Chrétiens (les) en Syrie, par Mme la Csse Drohojowska. 1 vol. in-18.   1 fr.

Correspondance (une) pendant l'émigration (1792-1797). 48 lettres inédites de Louis-Joseph de Bourbon, prince de Condé, du duc de Berry et du duc d'Enghien, publiées par le R. P. Sommervogel. 1 vol. in-8°.   1 fr. 25

Derniers événements de Syrie, par F. Lenormant. — Une persécution du Christianisme en 1860. 1 vol. in-8°. 3 fr.

Dix-huitième (le) siècle, et la Révolution française, par M. Nourrisson. 1 vol. in-12. 1 fr. 50

Église (l') et la France au moyen âge, ou pouvoir temporel du clergé français depuis l'origine de la monarchie jusqu'au quinzième siècle par Chatelet. 3 vol. in-8°. 15 fr.

Église (l') de France et l'État au dix-neuvième siècle (1802-1900), par Bourgain, professeur aux Facultés d'Angers. 2 forts vol. in-12. 6 fr.

Entretiens sur l'Église catholique, par l'abbé Henri Perreyve. 4° édition, revue par son Em. le cardinal Perraud, de l'Académie française. 2 vol. in-12. 8 fr.

Études historiques. Leçons et fragments du cours d'histoire ecclésiastique, par l'abbé Henri Perreyve. 1 vol. in-12. 4 fr.

Étude sur l'Allemagne nouvelle, par Léon Lefébure, député de la Seine. 1 vol. in-8°. 5 fr.

Études sur les fragments coptes des conciles de Nicée et d'Éphèse, par Ch. Lenormant. 1 vol. in-4°. 5 fr.

Étude sur Rome et l'Angleterre, par Benjamin Galzain. 1 vol. in-12. 3 fr.

Europe (l') et le second empire, par M. le comte de Carné, de l'Académie française. In-18. 3 fr.

Grandeur et décadence des nations, par M. Jabouille. 1 vol. in-8°. 7 fr.

Guerre de la Prusse contre l'Église catholique, avec la complicité et pour le malheur de la France dans le passé et le présent, par Timothée Francœur. 1 fort beau volume in-12. 5 fr.

Histoire de la Commune, par l'abbé VIDIEU. 2 vol. in-12. 4 fr.

— LE MÊME, in-8°. 10 fr.

Histoire de la religion chrétienne au Japon, depuis 1598 jusqu'à 1651, comprenant les faits relatifs aux 205 martyrs béatifiés le 7 juillet 1867, par Léon PAGÈS; publiée en 2 vol. in-8°. 12 fr.

Histoire de France, par Edmond DEMOLINS. 4ᵉ édition. 6 vol. in-32. 5 fr.

Histoire populaire de Jeanne d'Arc, libératrice du royaume de France. Sa vraie nationalité, sa naissance, sa vocation, son œuvre, son martyre. — Injuste condamnation. — Réhabilitation solennelle. Documents inédits, par l'abbé Joseph NICOLAS, du clergé de Paris. 1 vol. in-8°. 5 fr.

Histoire générale de la Société des Missions-Étrangères, par Adrien LAUNAY, de la même Société. 3 beaux vol. in-8°. (Ouvrage couronné par l'Académie française.) 22 fr. 50

Histoire des Missions de l'Inde (Pondichéry, Maïssour, Coïmbatour), confiés à la Société des Missions-Étrangères, par le P. LAUNAY, de la même Société. — 4 vol. in-8° jésus de CXXVIII-496, 758, 716 et 598 p., accompagnés d'un volume de cartes et gravures. (Ouvrage couronné par l'Académie française.) 40 fr.

Jeanne d'Arc, Étoile de la France, par Mᵐᵉ Soudry DU KERVEN. 1 vol. in-12. 3 fr. 50

Journal du Siège de Paris, 18 septembre 1870, 29 janvier 1871, par Michel CORNUDET. — Impressions de chaque jour. État de l'opinion publique. Faits militaires et politiques. Actes officiels. Proclamation du gouvernement de la défense nationale. Dépêches de M. Gambetta. Extraits de journaux, etc., etc. — 1 vol. in-12. 3 fr. 50

9 janvier 57

— 384 —

Louis XVIII, par APER. 1 vol. in-12.   1 fr.

Magnifique (le) Sauvage, par un Vieux Celte. Brochure in-12.   50 c.

Maroc (le), relations de la France avec cet empire, par M. R. THOMASSY, ancien élève de l'École royale des chartes, membre du comité central de la Société de géographie de Paris. 2ᵉ édition. 1 vol. in-8°.   5 fr.

Martyrs (les), *tableau des trois premiers siècles de l'Église chrétienne*, par Mᵐᵉ la Comtesse IDA DE HAHN-HAHN, traduit de l'allemand par J. Turck, revu et corrigé avec soin par M. l'abbé Goschler, chanoine honoraire. 2 vol. in-12 de VIII-328 et VIII-340 pages.   5 fr.

Martyrs et Bourreaux, par M. J. GENOUD, professeur. 1 vol. in-12.   2 fr.

Mémoires du R. P. Gérard, missionnaire catholique en Angleterre, par le R. P. FORBES. 1 volume in-8°.   3 fr. 50

Mémoire historique sur la décadence et la ruine des missions des jésuites dans le bassin de la Plata, leur état actuel, accompagné de deux grandes cartes, par V. MARTIN DE MOUSSY. 1 vol. in-8°.   5 fr.

Mission de Chine, mémoire sur l'état actuel de la mission du Kiang-nan, suivi de lettres relatives à l'insurrection de 1851-1855, par le P. BROUILLON, de la Compagnie de Jésus. 1 vol. in-8°. 5 fr.

Mission de la Cochinchine et du Tonkin, avec gravures et carte géographique. In-12. 3 fr. 50

Moyen (du) âge, par l'abbé FAURE. 1 vol. in-12 de 500 pages.   3 fr.

Paris. — Imp. TÉQUI, 22, rue de Vaugirard.

www.ingramcontent.com/pod-product-compliance
Lightning Source LLC
Chambersburg PA
CBHW060557170426
43201CB00009B/811